ADALBERT PODLECH

Das Grundrecht der Gewissensfreiheit und die besonderen Gewaltverhältnisse

Schriften zum Öffentlichen Recht

Band 92

Das Grundrecht der Gewissensfreiheit
und die besonderen Gewaltverhältnisse

Von

Dr. Adalbert Podlech

DUNCKER & HUMBLOT / BERLIN

Alle Rechte vorbehalten
© 1969 Duncker & Humblot, Berlin 41
Gedruckt 1969 bei Buchdruckerei Bruno Luck, Berlin 65
Printed in Germany

Herrn Bundesverfassungsrichter a. D.

Prof. Dr. jur., Dr. h. c. Ernst Friesenhahn

Vorwort

Die vorliegende Arbeit hat der Juristischen Fakultät der Universität Heidelberg im Sommer 1968 als Dissertation vorgelegen. Zur Veröffentlichung wurde der Text geringfügig überarbeitet und ergänzt. Neu sind die zweite Hälfte der Einleitung und § 18.3 und 5.

Meine erste Arbeit über das Grundrecht der Gewissensfreiheit war Herrn Bundesverfassungsrichter a. D. Prof. Dr. E. Friesenhahn gewidmet. In seinem Seminar durfte ich mehrmals meine beginnenden Überlegungen zu der Methode vortragen und zur Diskussion stellen, die der vorliegenden Arbeit zugrunde liegt. Ihm sei auch diese Arbeit zum Dank gewidmet für die Förderung, die ich durch ihn erfahren habe.

Die Anregung zu dem Thema in der jetzigen Form gab Herr Prof. Dr. E. W. Böckenförde. Zahlreiche Probleme erfuhren im Gespräch mit ihm Klärung und ihre Lösung Förderung. Dafür und für die Möglichkeit, die Arbeit in kurzer Zeit fertigzustellen, sei ihm auch an dieser Stelle der Dank ausgedrückt.

Für Hilfen bei der Herstellung der Arbeit danke ich Frau H. Hirsch und Fräulein J. v. Kuhlberg.

Nicht zuletzt gebührt mein Dank Herrn Ministerialrat a. D. Dr. J. Broermann, der die Arbeit mit großem Entgegenkommen in sein Verlagsprogramm aufnahm.

Heidelberg, im Februar 1969

Adalbert Podlech

Inhaltsverzeichnis

Einleitung 17

I. Der Inhalt des Grundrechts der Gewissensfreiheit

§ 1. Der Kontext der Verfassungsbestimmungen des Art. 4 Abs. 1 und 2 GG 20

1. Explikationsbedürftigkeit der Bestimmungen über die Gewissensfreiheit (S. 20), 2. der Kontext der Bestimmungen über die Gewissensfreiheit (S. 22)

§ 2. Das Gewissen als irrationale Entscheidungsinstanz 25

1. das Paradoxon des Gewissens (S. 25), 2. die Aufgabe der rechtlichen Lösung des Paradoxons (S. 27), 3. die anarchische Interpretation des Art. 4 Abs. 1 GG (S. 28), 4. Einwände gegen die anarchische Interpretation (S. 29)

§ 3. Die Gewissensfreiheit als Ermöglichung konsistenter moralischer Selbstdarstellung 31

1. die gesellschaftliche Funktion des Grundrechts der Gewissensfreiheit (S. 31), 2. Ersetzung der Rechtsgutbetrachtung durch die Funktionsanalyse (S. 33)

§ 4. Interpretationsvorschlag für das Grundrecht der Gewissensfreiheit 35

1. die funktionale Interpretation des Art. 4 Abs. 1 GG (S. 35), 2. Schrankenklausel, Nichtigkeitsproblem und Zitiergebot des Art. 19 Abs. 1 Satz 2 GG (S. 35), 3. die Argumentationslastregel des Grundrechts der Gewissensfreiheit (S. 37), 4. Beispiele (S. 38), 5. die Berücksichtigung von Gewissenspositionen und der verfassungsrechtliche Gleichheitssatz (S. 40)

§ 5. Arbeitsfassung des Art. 4 GG 40

II. Zugang zur Problematik der besonderen Gewaltverhältnisse

§ 6. Problemlage und Skizzierung des Lösungsweges 44

1. Explikationsbedürftigkeit des Ausdrucks „besonderes Gewaltverhältnis" (S. 44), 2. Schwierigkeiten von Explikationen im Bereich der Sozialwissenschaften (S. 46), 3. Versuch zur Überwindung der Schwierigkeiten: Erstens, Konventionen über Leitgebilde (S. 47), 4. Zweitens, Anwendung des Permanenzprinzips (S. 48)

§ 7. Schulen, insbesondere Grundschulen, als Leitgebilde des Ausdrucks „besonderes Gewaltverhältnis" 48

§ 8. Schulen, insbesondere Grundschulen, als soziale Gebilde 50

1. soziale Gebilde (S. 50), 2. formale Gebilde (S. 51), 3. Freiwilligkeit der Mitgliedschaft (S. 51), 4. offene und geschlossene soziale Gebilde (S. 52), 5. primäre soziale Gebilde (S. 53), 6. Anordnungsverhältnisse (S. 54), 7. diffuse Anordnungsverhältnisse (S. 55), 8. Ergebnis (S. 57)

§ 9. Soziale Systeme und die Innen-Außen-Problematik besonderer Gewaltverhältnisse 58

§ 10. Die rechtliche Bedeutung diffuser Unterordnungsverhältnisse 60

1. der Ausdruck „Rechtsordnung" (S. 60), 2. Erlaubnis- und Verbotsordnungen (S. 62), 3. Beispiele für Erlaubnis- und Verbotsordnungen (S. 63), 4. diffuse Unterordnungsverhältnisse als Erlaubnisordnungen für Behördenhandeln (S. 64), 5. die rechtliche Eigenart der für besondere Gewaltverhältnisse geltenden Sonderrechtsordnungen (S. 65), 6. Grundrechte in besonderen Gewaltverhältnissen (S. 68)

§ 11. Vorschlag zu einer Wortgebrauchsregelung des Ausdrucks „besonderes Gewaltverhältnis" 69

1. Wortgebrauchsregelung (S. 69), 2. Ausgrenzung von Problemen (S. 70), 3. Körperschaften und Anstalten als mögliche besondere Gewaltverhältnisse (S. 71)

III. Die Bedeutung des Grundrechts der Gewissensfreiheit für die besonderen Gewaltverhältnisse der Grund- und Hauptschule (Volksschule)

§ 12. Der Begriffsrahmen der Untersuchung 73

§ 13. Das Verhältnis von Staat und Kirche als Ausgangspunkt 77

1. das Problem (S. 77), 2. der Ausdruck „Staat" (S. 78), 3. der Ausdruck „Kirche" (S. 80), 4. der Ausdruck „Hierarchie" (S. 81), 5. das Trennungsprinzip und sein Bereich (S. 82)

§ 14. Die Neutralität des Staates 85

1. das Problem (S. 85), 2. weltanschauliche Voraussetzungen (S. 88), 3. das Prinzip der Partialerziehung durch öffentliche Schulen (S. 89), 4. relative Neutralität eines weltanschaulichen Charakters (S. 91), 5. öffentliches Schulwesen kein Ersatz für fehlende elterliche weltanschauliche Erziehung (S. 93)

§ 15. Die Zulässigkeit der einzelnen Kombinationen von Schulformen 93

1. die Ordnung der abnehmenden Neutralität (S. 93), 2. Unzulässigkeit der Bekenntnisschule als Pflichtschule (S. 95), 3. formelle und materielle Gewissenspositionen (S. 96), 4. das katholische Schulideal — die staatlich subventionierte Privatschule (S. 99), 5. mögliche Gewissensbeeinträchtigungen in Gemeinschaftsschulen (S. 101), 6. Zulässigkeit religiösen Brauchtums (S. 102), 7. kein Anspruch auf Glaubensverkündigung (S. 103), 8. Zulässigkeit der Gemeinschaftsschule als Pflichtschule (S. 103), 9. Sonderproblematik der christlichen Gemeinschaftsschule (S. 104), 10. Ergebnis (S. 106)

§ 16. Einzelne Schulprobleme 106

1. Zulässigkeit des Schulgebets (S. 106), 2. Besuch einer abweichenden Bekenntnisschule (S. 110), 3. einzelne Gewissensprobleme (S. 113)

IV. Die Bedeutung des Grundrechts der Gewissensfreiheit für die besonderen Gewaltverhältnisse der Beamten, Soldaten und Ersatzdienstleistenden

§ 17. Die Rechtsverhältnisse der Beamten und Soldaten als Sonderordnungen 115

§ 18. Gewissensprobleme beim Eintritt in die besonderen Gewaltverhältnisse 118

1. Beamteneide (S. 118), 2. (Berufs- und Laien-)Richtereide (S. 122), 3. Gewissensproblematik der allgemeinen Wehrpflicht (S. 123), 4. Fahneneide (S. 129), 5. Kriegsdienstersatzverweigerung (S. 130)

§ 19. Sonstige Gewissensprobleme 134

1. Gewissensbeschränkungen durch Dienstpflichten (S. 134), 2. Religionsausübungsverweigerungsrecht und Dienstbetrieb (S. 135), 3. Religionsausübungsverweigerungsrecht speziell der Lehrer (S. 136), 4. Impf- und Operationsgegner (S. 138)

V. Die Bedeutung des Grundrechts der Gewissensfreiheit für die besonderen Gewaltverhältnisse der Untersuchungs- und Strafgefangenen

§ 20. Die Rechtsverhältnisse der Untersuchungs- und Strafgefangenen als Sonderordnungen 140

§ 21. Einzelne Gewissensprobleme 141

1. Allgemeines (S. 141), 2. Seelsorger- und Gottesdienstbesuche (S. 142), 3. Sonderprobleme für Sekten- und Weltanschauungsangehörige (S. 142), 4. Kult- und Speisevorschriften (S. 143), 5. Impf- und Operationsgegner (S. 144)

VI. Die Bedeutung des Grundrechts der Gewissensfreiheit für weitere besondere Gewaltverhältnisse

§ 22. Krankenanstaltsverhältnisse 145

1. Krankenanstalten als besondere Gewaltverhältnisse (S. 145), 2. Vorrangigkeit der Patienten-Position (S. 145)

§ 23. Zeugenverhältnisse 147

1. das besondere Gewaltverhältnis der richterlichen Sitzungspolizei (S. 147), 2. die Eidesleistung (S. 148), 3. Gerichtskruzifixe (S. 149)

VII. Die Bedeutung der erarbeiteten Ergebnisse

§ 24. Der Kreis der besonderen Gewaltverhältnisse nach den vorgeschlagenen Kriterien 151

§ 25. Die Bedeutung des Grundrechts der Gewissensfreiheit — ein Ausblick 154

Literaturverzeichnis 159

Personenverzeichnis 175

Sachverzeichnis 178

Abkürzungsverzeichnis

a. A.	anderer Ansicht
a. a. O.	am angegebenen Ort
AAS	Acta Apostolicae Sedis
Abg.	Abgeordneter
ABl.	Amtsblatt
AcP	Archiv für die civilistische Praxis
Act. Ap.	Acta Apostolorum, Neues Testament, Apostelgeschichte
a. F.	alte Fassung
Anm.	Anmerkung
AöR	Archiv des öffentlichen Rechts
ArbGG	Arbeitsgerichtsgesetz vom 3. 9. 1953 (BGBl. I S. 1267)
Art.	Artikel
ASS	Acta Sanctae Sedis
Aufl.	Auflage
bad.-württ.	baden-württembergisch
Bad.-Württ.	Baden-Württemberg
bay., Bay.	bayerisch, Bayern
BayVBl.	Bayerische Verwaltungsblätter
BayVerfGH	Verfassungsgerichtshof für den Freistaat Bayern
BayVerfGHE	Entscheidungen des Verfassungsgerichtshofs für den Freistaat Bayern
BBankG	Gesetz über die Deutsche Bundesbank vom 26. 7. 1957 (BGBl. I S. 745)
BBG	Bundesbeamtengesetz i. d. F. vom 22. 10. 1965 (BGBl. I S. 1776)
Bd., Bde.	Band, Bände
bes.	besonders
BGBl.	Bundesgesetzblatt
BGHZ	Entscheidungen des Bundesgerichtshofs in Zivilsachen
BNotO	Bundesnotarordnung vom 24. 2. 1961 (BGBl. I S. 98)
BRHG	Gesetz über die Errichtung und Aufgaben des Bundesrechnungshofs vom 27. 11. 1950 (BGBl. S. 765)
BRRG	Beamtenrechtsrahmengesetz i. d. F. vom 22. 10. 1965 (BGBl. I S. 1754)
BSeuchG	Bundesseuchengesetz vom 18. 7. 1961 (BGBl. I S. 1012)
BSHG	Bundessozialhilfegesetz vom 30. 6. 1961 (BGBl. I S. 815)
BVerfGE	Entscheidungen des Bundesverfassungsgerichts
BVerfGG	Bundesverfassungsgerichtsgesetz vom 12. 3. 1951 (BGBl. I S. 243)
BVerwGE	Entscheidungen des Bundesverwaltungsgerichts
BW GBl.	Gesetzblatt für Baden-Württemberg

c.	canon, capitulum
cap.	capitulum
cc.	canones
CDU	Christlich Demokratische Union
C. J. C.	Codex Juris Canonici *Pii* X. Pontificis Maximi iussu digestus *Benedicti* P. XV auctoritate promulgatus, Rom 1917
Conc. Trid.	Canones et Decreta sacrosancti et oecumenici Concilii Tridentini sub *Paulo* III., *Iulio* III. et *Pio* IV. Pontificibus Maximis, Regensburg 1910
Const.	Constitutio
Cor.	Neues Testament, Briefe an die Korinther
Corp. J. C.	Corpus Juris Canonici, ed. E. *Friedberg*, 2 Bde. Leipzig 1878, 1881
CSU	Christlich Soziale Union
decl.	declaratio
decr.	decretum
ders.	derselbe
Deut.	Deuteronomium, Altes Testament, 5. Buch Mose
d. h.	das heißt
DÖV	Die öffentliche Verwaltung
DRG	Deutsches Richtergesetz vom 9. 9. 1961 (BGBl. I S. 1665)
DVBl.	Deutsches Verwaltungsblatt
Dz.	H. *Denzinger,* Enchiridion Symbolorum, 26. Aufl. Freiburg i. Br. 1946
ebd.	ebenda
Enc.	Encyclica
ep.	epistula
Erl.	Erläuterung
ESVGH	Entscheidungssammlung des Hessischen und des Württembergisch-Badischen Verwaltungsgerichtshofs
Ex.	Exodus, Altes Testament, 2. Buch Mose
f., ff.	folgende
fasc.	fasciculum
FDP	Freie Demokratische Partei
FGO	Finanzgerichtsordnung vom 6. 10. 1965 (BGBl. I S. 1477)
fol.	folium
G	Gesetz
GG	Grundgesetz für die Bundesrepublik Deutschland vom 23. 5. 1949 (BGBl. 1) i. d. F. vom 24. 6. 1968 (BGBl. I S. 709)
GS NW	Sammlung des bereinigten Landesrechts Nordrhein-Westfalen 1945 bis 1. Januar 1957
GVBl.	Gesetz- und Verordnungsblatt
GVG	Gerichtsverfassungsgesetz vom 27. 1. 1877 (RGBl. S. 41) i. d. F. vom 12. 9. 1950 (BGBl. S. 513)
GV NW	Gesetz- und Verordnungsblatt für das Land Nordrhein-Westfalen
HessStGH	Hessischer Staatsgerichtshof
Hrsg. hrsg.	Herausgeber, herausgegeben

hom.	homilia
i. d. F.	in der Fassung
I. O. P.	Instrumentum Pacis Caesaro-Suecicum Osnabrugensis, in: Instrumenta Pacis Westphalicae, bearb. von K. *Müller*, 2. Aufl. Bern 1966.
i. V. m.	in Verbindung mit
Jos.	Altes Testament, Josue
jur. Diss.	juristische Dissertation
JuS	Juristische Schulung
JZ	Juristenzeitung
LAG	Landesarbeitsgericht
LBG	Landesbeamtengesetz
lib.	liber
LRichtG	Landesrichtergesetz
m. E.	meines Erachtens
MPG	Patrologiae cursus completus. Series graeca accurante J. P. *Migne*, Paris 1857 ff.
MPL	Patrologiae cursus completus. Series latina accurante J. P. *Migne*, Paris 1844 ff.
n. F.	neue Fassung
NJW	Neue Juristische Wochenschrift
nordrh.-westf.	nordrhein-westfälisch
Nr.	Nummer
NRW	Nordrhein-Westfalen
OLG	Oberlandesgericht
P.	Papst
qu.	quaestio
RAO	Reichsabgabenordnung vom 22. 5. 1931 (RGBl. I S. 418)
Rdnr.	Randnummer
RelKErzG	Gesetz über die religiöse Kindererziehung vom 15. 7. 1921 (RGBl. S. 939)
RGBl.	Reichsgesetzblatt
RVO	Reichsversicherungsordnung vom 19. 7. 1911 (RGBl. S. 509)
S.	Seite
SaBl.	Sammelblatt für Rechtsvorschriften des Bundes und der Länder
SCConc.	Sancta Congregatio Concilii
SchOG	Schulorganisationsgesetz
SchVG	Schulverwaltungsgesetz
SchVOG	(bad.-württ.) Gesetz zur Vereinheitlichung und Ordnung des Schulwesens vom 5. 5. 1964 (BW GBl. S. 235)
sess.	sessio
SGG	Sozialgerichtsgesetz vom 3. 9. 1953 (BGBl. I S. 1239)
Sp.	Spalte
SPD	Sozialdemokratische Partei Deutschlands
StGB	Strafgesetzbuch vom 15. 5. 1871 (RGBl. S. 127) i. d. F. vom 25. 8. 1953 (BGBl. I S. 1083)

StPO	Strafprozeßordnung i. d. F. vom 17. 9. 1965 (BGBl. I S. 1374)
u. a.	und andere(s), unter anderem(n)
u. ä.	und ähnliche(s)
Verf.	Verfassung
VG	Verwaltungsgericht
VGH	Verwaltungsgerichtshof
vgl.	vergleiche
Vorb.	Vorbemerkung
VVDStRL	Veröffentlichungen der Vereinigung der Deutschen Staatsrechtslehrer
VwGO	Verwaltungsgerichtsordnung vom 21. 1. 1960 (BGBl. I S. 17)
WPflG	Wehrpflichtgesetz i. d. F. vom 14. 5. 1965 (BGBl. I S. 391)
WV	Verfassung des Deutschen Reichs vom 11. 8. 1919 (RGBl. 1383) (Weimarer Verfassung)
z. B.	zum Beispiel
ZPO	Zivilprozeßordnung vom 30. 1. 1877 (RGBl. S. 83) i. d. F. vom 12. 9. 1950 (BGBl. S. 533)

Einleitung

> Ein Volk geht nicht unter, in dem jeder sich nach seinem Verstand und seinem Gewissen richten kann.
>
> A. *Dubček* in der Rede vom 27. August 1968

Das Grundrecht der Gewissensfreiheit steht im Grundrechtskatalog des Grundgesetzes der Bundesrepublik Deutschland an hervorragender Stelle. Darin drückt sich wohl die Bedeutung aus, die ihm von den Mitgliedern des Parlamentarischen Rates zugemessen wurde. Überblickt man jedoch heute nach fast zwanzigjähriger Geltung des Grundgesetzes die Fälle, in denen dieses Grundrecht streitentscheidend geworden ist, stellt man fest, daß es eine forensische Praxis mit Ausnahme der Kriegsdienstverweigerung kaum entfaltet hat. Eingespannt in den Versuch, politische Ziele zu erreichen — etwa bei der Auseinandersetzung um die Gestaltung der Schule — und anscheinend dazu verurteilt, in verfassungsrechtlichen Streitverfahren kaum eine Rolle zu spielen, verkümmerte seine dogmatische wissenschaftliche Behandlung.

Angesichts dieser Sachlage wird in der vorliegenden Arbeit versucht, die dogmatische Klärung des Grundrechts auf Gewissensfreiheit voranzutreiben und zu zeigen, daß auch diesem Grundrecht eine — wenn auch begrenzte — praktische Bedeutung zukommt. Allerdings ist es in den allerseltensten Fällen geeignet, politische Fragen der Zweckmäßigkeit unseres gesellschaftlichen Zusammenlebens normativ zu entscheiden. Bei dieser Gelegenheit ist es vielleicht nicht überflüssig, darauf hinzuweisen, daß das Ergebnis der vorliegenden Untersuchung keineswegs immer mit meinen persönlichen Ansichten über erstrebenswerte Zustände unserer Gesellschaft übereinstimmt.

Die vorliegende Untersuchung behandelt die Bedeutung des Grundrechts der Gewissensfreiheit nicht allgemein, sondern nur im begrenzten Rahmen besonderer Gewaltverhältnisse. Diese Themenstellung hat den Nachteil und zugleich den Reiz, das Hauptthema auf einem Gebiet untersuchen zu müssen, dessen dogmatische Behandlung zur Zeit seinerseits kontrovers ist. Aus dieser Problemlage ergab sich der Aufbau der vorliegenden Arbeit. In zwei noch nicht aufeinander verweisenden Abschnitten mußten zuerst Zugänge einerseits zum Grundrecht der

Gewissensfreiheit und andererseits zu dem verwaltungsrechtlichen Institut des besonderen Gewaltverhältnisses eröffnet werden. Die Fragestellung konnte und brauchte dabei jeweils nur so weit vorangetrieben zu werden, als es für die Behandlung des Hauptthemas erforderlich war. Dieser begrenzte Untersuchungsrahmen ist besonders für den zweiten Abschnitt zu betonen. Andererseits hoffe ich, daß auch diese begrenzten Untersuchungen einen Beitrag zur weiteren Klärung der zur Zeit kontroversen dogmatischen Fragen leisten.

Besondere Gewaltverhältnisse sind jedoch zur Zeit nicht nur Gegenstand dogmatischer, sondern auch ideologischer Kontroversen. Interpretiert als Einrichtungen obrigkeitsstaatlichen Denkens werden sie als Relikte einer vorrechtsstaatlichen Staatsauffassung bewertet. Während die dogmatische Kontroverse Gegenstand der vorliegenden Untersuchung ist, wird zur ideologischen Kontroverse nur indirekt und insofern Stellung genommen, als die Einrichtung besonderer Gewaltverhältnisse beschrieben und die Existenz derart beschriebener sozialer Gebilde als zur Erfüllung bestimmter gegebener staatlicher Aufgaben erforderlich nachgewiesen wird. Der Grund für diese Beschränkung liegt darin, daß es der in der vorliegenden Untersuchung vertretenen methodischen Richtung entspricht, Wertprämissen nur in dem Umfang in eine Argumentation einzuführen, als zur Entscheidung der gestellten Frage erforderlich ist. Das gestellte Thema erforderte eine Stellungnahme zur ideologischen Kontroverse nicht.

Dennoch scheint es angebracht, wenigstens in der Einleitung zur Untersuchung möglichen Fehlinterpretationen im Zusammenhang mit der ideologischen Kontroverse vorzubeugen. Ausdrücke wie „Gewaltverhältnis", „Verbotsordnung" oder „Unterordnungsverhältnis", mittels derer die Struktur besonderer Gewaltverhältnisse beschrieben wird, können — intuitiv verstanden — vorrechtsstaatliche oder gar schlimmere Assoziationen wecken. Ich habe mich bemüht, für alle maßgeblichen in der folgenden Untersuchung verwendeten Ausdrücke Wortgebrauchsregelungen zu formulieren, die intuitive Fehlinterpretationen vermeiden helfen. Der leitende Gesichtspunkt war dabei die Überzeugung, daß es — orientiert an der Idee des Rechtsstaats — wichtiger ist, überprüfbare und in ihren Folgerungen übersehbare dogmatische Strukturen herauszuarbeiten, als dem Zeitgeist ärgerliche und intuitiv bedenklich erscheinende durch dem Zeitgeist schmeichelnde und intuitiv lockende Termini zu ersetzen auf die Gefahr hin, daß eine rechtsstaatliche Verbalfassade errichtet wird, hinter der und gedeckt durch die Behördenverhalten unverändert wie seit eh und je geübt wird, wobei nicht nur an die Strafanstalten gedacht zu werden braucht. Solange und soweit über die „besondere Gewaltverhältnisse" genannten sozialen Gebilde deswegen mit der Idee des Rechtsstaats nicht oder nur schwer zu vereinbarende Aussagen gemacht werden, weil im Kontext der Aussagen Ausdrücke wie „Gewalt" oder „Untergebener" vorkommen — Gewalt wird geübt, und nicht nur gegen ersatzdienstverweigernde Zeugen Jehovas, aber man spricht nicht gerne von ihr, eher schon davon, daß jenen Recht geschähe, was jedoch erst noch zu erweisen ist, und Untergebenen, Rekruten z. B. oder Fürsorgezöglingen, ist weniger durch rechtsstaatliches Vokabular als durch rechtsstaatliche Folgerungen aus korrekten Analysen gedient — solange verdienen solche Aussagen und ihre Kontexte das Prädikat „wissenschaftlich" ohnehin nicht.

Meine Hoffnung ist, daß die folgende Untersuchung ein Beispiel für die Richtigkeit der These sein kann, daß man einer als Wert erfahrenen Überzeugung, d. h. einer solchen, die man entgegengesetzten vorzieht und deren Vorzug man nicht allein aufgrund logischer Überlegungen und empirischer Untersuchungen eingesehen hat, auch dadurch dienen kann, daß man sie zwar nicht verbirgt, sie aber auch nicht zur Prämisse im Argumentationszusammenhang in der Auseinandersetzung mit anderen macht. Moderner, wissenschaftstheoretisch ausgedrückt: Es ist zweckmäßig, daß man den Begründungszusammenhang einer These, der ihre Plausibilität dartun soll, trennt vom Findungszusammenhang, innerhalb dessen man selbst zu der These gekommen ist. Dieser Maxime bin ich in der folgenden Untersuchung gefolgt. Sollte ich gegen sie verstoßen haben, bin ich für Hinweise immer dankbar.

I. Der Inhalt des Grundrechts der Gewissensfreiheit

§ 1. Der Kontext der Verfassungsbestimmungen des Art. 4 Abs. 1 und 2 GG

1. Ehe nach der Bedeutung des durch Art. 4 GG gewährleisteten Grundrechts der Gewissensfreiheit für besondere Gewaltverhältnisse gefragt werden kann, bedarf es der Festlegung dessen, was durch dieses Grundrecht geschützt wird und in welchem Umfang. Darüber besteht keineswegs Einigkeit[1].

Bei G. *Anschütz*[2] kommt die Gewissensfreiheit bezeichnenderweise überhaupt nicht vor. Sie geht in der Religions- und Glaubensfreiheit auf. Fr. *Klein* bestimmt das Gewissen als das Bewußtsein des Menschen von dem Bestehen und der verpflichtenden Kraft des Sittengesetzes[3] und die Gewissensfreiheit demnach als die Freiheit dieses Bewußtseins[4]. Für W. *Hamel* ist die Gewissensfreiheit und die Bekenntnisfreiheit ein einheitliches Grundrecht[5] und umfaßt die Freiheit, den Glauben und die Entscheidungen des Gewissens ohne jede Beeinträchtigung im privaten und öffentlichen Leben zu vollziehen[6]. H. J. *Scholler* hat unter Rückgriff auf die phänomenologische Wertphilosophie den Gehalt des Art. 4 Abs. 1 GG dahingehend umschrieben, daß die „Anschauungen jedes Menschen von Gott, Welt und Staat sowie die innere Schau der Werte" unantastbar seien „und ihre Gestaltung... innerhalb der Geheimsphäre unverletzlich" sei[7].

---

[1] Man kann fast sagen „im Gegenteil". Vgl. dazu H. J. *Scholler*, Die Freiheit des Gewissens, S. 210: „Die Gewissensfreiheit, wie sie Art. 4 Abs. 1 GG als selbständiges Freiheitsrecht kennt, ist ihrem rechtlichen Gehalt nach so unfaßbar geworden..."; N. *Luhmann*, Die Gewissensfreiheit und das Gewissen, S. 257: „Wenn es ein Grundrecht gibt, das der juristischen Bearbeitung durch die Grundrechtsdogmatik entglitten ist, dann ist es das Grundrecht der Gewissensfreiheit".

[2] G. *Anschütz*, Die Verfassung des Deutschen Reichs, Art. 135.

[3] *v. Mangoldt-Klein*, Das Bonner Grundgesetz, Art. 4, Anm. III 1. Diese Formulierung ist von der Rechtsprechung übernommen worden: BVerfGE 12, 45 (54); BVerwGE 7,242 (247).

[4] Nimmt man diesen — wohl durch die Schachtelung — unklar gewordenen Satz wörtlich, bedeutet Gewissensfreiheit die Freiheit, ein solches Bewußtsein, d. h. ein Gewissen, zu haben oder nicht zu haben. Das dürfte jedoch kaum die Ansicht Kleins sein.

[5] W. *Hamel*, Glaubens- und Gewissensfreiheit, S. 56, 60. Ebenso früher A. *Podlech*, Der Gewissensbegriff im Rechtsstaat, S. 189, Anm. 38.

[6] Etwa in *ders.*, Die Bekenntnisfreiheit, S. 70; *ders.*, Glaubens- und Gewissensfreiheit, S. 45, 50, 54.

[7] H. J. *Scholler*, Die Freiheit des Gewissens, S. 217. Hinter dem Grundrecht der Glaubens- und Gewissensfreiheit steht nach *dems.*, Das Gewissen als Ge-

§ 1. Der Kontext der Verfassungsbestimmungen des Art. 4 GG

Diese Kontroverse über die Bedeutung der Gewissensfreiheit scheint darauf hinzudeuten, daß der Herausarbeitung dieser Bedeutung eine Explikation des Ausdrucks „Gewissen" vorauszugehen hat. Die Kontroverse über die Bedeutung dieses Ausdrucks ist jedoch mindestens ebenso groß wie die über die Bedeutung der Gewissensfreiheit[8].

Das Gewissen ist gedeutet worden als Stimme Gottes im Menschen[9], im Anschluß an das Neue Testament als Bewußtsein um die Sünden oder ein für die Vollendung des Verhältnisses zu Gott unwirksames Tun[10], als Organon der Werterfahrung[11], von Ch. *Darwin* als Kombination von Instinkt und Intellekt[12], von C. G. *Jung* als Manifestation der Archetypen[13], von der Existenzphilosophie u. a. als Schauplatz existentieller Entscheidungen[14] und von der Sozialpsychologie als Interiorisierung kindlicher Autoritätserfahrungen[15]. Kurz: Fast jede Weltanschauung hat die Gewissensphänomene theoretisch ihrem Deutungsschema vom Menschen eingefügt.

Eine juristische Explikation des Gewissensbegriffs als Bestandteil einer Norm und eine Interpretation der Bestimmungen über die Gewissensfreiheit muß gegenüber diesen Kontroversen relativ-neutral sein, d. h. im vorliegenden Zusammenhang, daß die Richtigkeit von Explikation und Interpretation nicht abhängig sein darf von der — ohnehin allgemeingültig kaum feststellbaren und darum möglicherweise wiederum der Kompetenz einer Gewissensentscheidung unterliegenden — Richtigkeit einer philosophischen, theologischen, kurz einer weltanschaulichen Ansicht[16].

---

stalt der Freiheit, S. 1, das metajuristische Postulat der Freiheit des Gewissens als dem Prinzip, „welches in einer Negation staatlicher Omnipotenz das Individuum zum alleinigen Träger aller sittlichen Werte macht und welches demzufolge für das Gewissen des einzelnen Souveränität gegenüber der Gemeinschaft fordert".

[8] Zur philosophischen Problematik dieser Kontroverse vgl. E. *Spranger*, Die Individualität des Gewissens und der Staat, S. 171 f.
[9] *Thomas* von Aquin, De veritate, qu. 17, 4, ad 2.
[10] M. *Kähler*, Das Gewissen, S. 324. Zur heutigen protestantischen Theologie vgl. E. *Wolf*, Vom Problem des Gewissens in reformatorischer Sicht; ders., Gewissen zwischen Gesetz und Evangelium.
[11] N. *Hartmann*, Ethik, S. 134 f.
[12] Ch. *Darwin*, Die Abstammung des Menschen, 1. Bd., S. 125.
[13] C. G. *Jung*, Das Gewissen in psychologischer Sicht, S. 198.
[14] K. *Jaspers*, Philosophie, 2. Bd., S. 268—275.
[15] Vgl. dazu das bissig enthüllende Wort von B. *Russel*, Woran ich glaube, S. 86, daß das Gewissen nicht klüger sein könne als das Kindermädchen oder die Mutter seines Besitzers.
[16] Ebenso BVerfGE 12, 45 (54); M. *Hinzmann*, Die aktuelle Kriegsdienstverweigerung, S. 61; U. *Scheuner*, Der Schutz der Gewissensfreiheit im Rechte der Kriegsdienstverweigerer, S. 203; W. *Geiger*, Gewissen, Ideologie, Widerstand, Nonkonformismus, S. 62; A. *Podlech*, a. a. O., S. 220; N. *Luhmann*, a. a. O., S. 259; H. *Simon*, Das Recht zur Kriegsdienstverweigerung, S. 46; W. *Keim*, Schule und Religion, S. 119. A. A. W. *Lewald*, in: NJW 1966, S. 151. Ungenau: S. *Grundmann*, Die Gewissensfreiheit im Verfassungsrecht, S. 181 f.

Da noch nicht feststeht, ob sich die Gewissensfreiheit so auf das Gewissen bezieht, wie sich Glaubens- und Religionsfreiheit auf den Glauben und die Religion beziehen[17], werde erst einmal versucht, Klarheit über die Gewissensfreiheit ohne Rückgriff auf eine Theorie über das Gewissen zu gewinnen[18]. Dabei ist zweierlei erforderlich, nämlich einmal Klarheit über den Kontext der Gewissensbestimmung und zum anderen die Vergewisserung über den historischen Topos der Gewissensfreiheit. Die erste Frage werde noch in diesem, die zweite im folgenden Paragraphen behandelt.

2. Als Arbeitshypothese, die vorläufig nur durch Stimmen der Literatur abgestützt ist, werde dabei davon ausgegangen, daß die durch Art. 4 Abs. 1 und 2 GG ebenfalls verbürgten Freiheiten den im folgenden formulierten Gehalt haben. Dabei ist zu beachten, daß Abgrenzung der einzelnen Freiheiten so lange reine Definitionsfrage und ihre Beantwortung somit nur zum Zwecke der Verständigung erforderlich ist, als der Gesamtheit der definierten Freiheiten die Gesamtheit der durch Art. 4 Abs. 1 und 2 GG verbürgten Freiheiten entspricht und die Grenzen aller Freiheiten dieselben sind.

Glaubensfreiheit heiße die Freiheit, einen beliebigen religiösen oder weltanschaulichen[19] Glauben zu haben oder nicht zu haben. Dem Schutz

---

[17] Skeptisch hätte man in diesem Punkt schon deswegen werden müssen, weil die Verneinungen nicht gleichwertig sind. Zwischen Glaubens- und Religionslosigkeit einerseits und Gewissenlosigkeit andererseits besteht ein deutlicher Unterschied. Es ist durchaus möglich, daß Art. 4 GG die ersteren schützt, die letztere hingegen nicht. Infolgedessen ist der Schluß von der nichtgeschützten Gewissenlosigkeit auf den fehlenden Schutz für die Glaubenslosigkeit nicht zwingend. Anders W. *Hamel,* Glaubens- und Gewissensfreiheit, S. 64; H. J. *Scholler,* a. a. O., S. 194 f.

[18] Die bisherigen Definitionsversuche leiden wissenschaftstheoretisch an einem ihnen zugrunde liegenden Begriffsrealismus. Sie gehen davon aus, daß es *das* Gewissen gäbe und daß sich bestimmen lassen müsse, was das sei, unabhängig davon, welchem Zweck die Begriffsbildung dienen soll. Da in der vorliegenden Untersuchung nicht versucht wird, eine Theorie des Gewissens aufzustellen, sei nur angedeutet, wie methodisch kontrollierbar vorgegangen werden müßte. Zuerst müßte eine Deskription der Gewissensphänomene versucht werden als Festlegung des zu erklärenden Bereichs. Dabei wäre, worauf J. *Stelzenberger,* Syneidesis, consciencia, Gewissen, S. 28 ff., hingewiesen hat, streng zu trennen zwischen Gewissen als Kenntnis oder Vorhandensein einer Wertnorm und Gewissen als funktionelle Stellungnahme in einer Konfliktsituation. Eine über diesem Bereich formulierte Theorie hätte zuerst das Erkenntnisziel anzugeben. *Ein* solches Erkenntnisziel ist die genetische Erklärung der Tatsache und des Inhalts von Gewissensphänomenen. Vgl. hierzu die allerdings etwas einseitige Auswahl in: Das Gewissen als Problem, hrsg. von N. *Petrilowitsch.* Ein *anderes* Erkenntnisziel ist die Analyse der Tragfähigkeit des Gewissens als Rechtfertigungsinstanz für Entscheidungen im Rahmen ethischer Theorien. Angedeutet ist dieses Problem bei A. *Podlech,* a. a. O., S. 200.

[19] Der weltanschauliche Glaube muß schon deswegen von der Glaubensfreiheit umfaßt sein, weil nach heute üblichem Sprachgebrauch religiöser Unglaube oder religiöser Skeptizismus kein religiöser Glaube ist — sondern eben

§ 1. Der Kontext der Verfassungsbestimmungen des Art. 4 GG

der Glaubensfreiheit dient das *Verschweigungsrecht*, d. h. das absolute Verbot, durch staatliche Anordnung nach einer Glaubensüberzeugung gefragt zu werden (Art. 136 Abs. 3 Satz 1 WV i. V. m. Art. 140 GG)[20].

Es ist oft die Ansicht vertreten worden, der Schutz der Glaubensfreiheit im gekennzeichneten Sinn sei deswegen überflüssig und entbehre des Rechtscharakters, weil eine Rechtsnorm nur dann vorliegen könne, wenn sie äußeres menschliches Verhalten regle[21]. Diese Ansicht beruht auf einer rechtstheoretischen Verkürzung des Normbegriffs. Zwar ist eine Norm „Glaube an den dreifaltigen Gott"! juristisch nahezu obsolet, nicht aber eine Norm „Wer nicht an den dreifaltigen Gott glaubt, muß, darf nicht oder..."! Diese Ansicht ist also nicht richtig[22]. Es kann Normen geben und hat Normen gegeben[23], die

---

weltanschaulicher Standpunkt —, die Freiheit des Unglaubens aber von der Glaubensfreiheit umfaßt wird. So h. L.: G. *Anschütz*, Die Verfassung des Deutschen Reichs, Art. 135, Erl. 4, bes. Fußn. 4; *ders.*, Die Religionsfreiheit, S. 681, 684; BVerfGE 12,1 (3); *v. Mangoldt-Klein*, Das Bonner Grundgesetz, Art. 4, Anm. II,3; A. *Hamann*, Das Grundgesetz, Art. 4, Erl. C 3; Th. *Maunz*, Deutsches Staatsrecht, S. 106; a. A.: C. *Schmitt*, Inhalt und Bedeutung des zweiten Hauptteils der Reichsverfassung, S. 584; W. *Hamel*, Die Bekenntnisfreiheit, S. 75; *ders.*, Glaubens- und Gewissensfreiheit, S. 64; H. J. *Scholler*, Die Freiheit des Gewissens, S. 199 f.

Wenn W. *Hamel*, Die Gewissensfreiheit im Grundgesetz, S. 322, meiner Wiedergabe seiner Thesen durch die Formulierung, er versage Atheisten den Schutz der Glaubensfreiheit (in: AöR 88 [1963] S. 188, 193 f.) als unrichtig zurückweist, so ist diese Kontroverse Definitionsfrage. Nennt man jede und nur die Ansicht ‚atheistisch', derzufolge Gott oder Götter nicht real existieren — so z. B. K. W. *Clauberg*, W. *Dubislav*, Systematisches Wörterbuch der Philosophie, Stichwort ‚Atheismus', S. 46; das Problem der Bedeutung von „real existieren" kann hier nicht angeschnitten werden —, dann teilt Hamel die Klasse dieser Ansichten in die Teilklasse der Ansichten, die trotz Leugnung eines (personalen?) Gottes transzendente Bindungen anerkennen — z. B. Buddhismus (a. a. O., S. 323) — und die Restklasse der Ansichten, die eine solche Bindung ablehnen — von Hamel Ansicht der Skeptiker und Nihilisten genannt (a. a. O.). Den Schutz des Grundrechts der Glaubensfreiheit gesteht er den Ansichten der ersten Teilklasse zu (a. a. O., S. 322 f.) und spricht ihn den Ansichten der Restklasse ab (a. a. O., S. 333). Die herrschende Lehre macht m. E. diesen Unterschied nicht und gewährt auch atheistischen Ansichten der Restklasse den Schutz des Art. 4 GG.

[20] G. *Anschütz*, Die Verfassung des Deutschen Reichs, Art. 136, Erl. 4; *ders.*, Religionsfreiheit, S. 684; W. *Keim*, Schule und Religion, S. 125. Nicht so streng H. *Mirbt*, Glaubens- und Gewissensfreiheit, S. 338; G. J. *Ebers*, Staat und Kirche im neuen Deutschland, S. 153; W. *Hamel*, Glaubens- und Gewissensfreiheit, S. 59.

[21] Vgl. dazu P. *Laband*, Das Staatsrecht des Deutschen Reiches, 1. Bd., S. 161; M. v. *Seydel*, Bayerisches Staatsrecht, 2. Bd., S. 458; G. *Meyer*, G. *Anschütz*, Lehrbuch des Deutschen Staatsrechts, S. 1000. Vgl. dazu die Darstellung bei H. J. *Scholler*, Die Freiheit des Gewissens, S. 86 ff., 89 ff., 93, mit der dort zitierten Äußerung des Abg. *Kahl* in der Weimarer Nationalversammlung, nach der man Gedankenfreiheit rechtlich nicht schützen könne, weil die Gedanken jeder äußeren Zwangsnorm von Natur aus entzogen seien. Nur eine halbe Generation trennt diese Äußerung von den umfassenden Praktiken, Glauben in dem hier verwendeten umfassenden Sinn zu manipulieren.

[22] Richtig W. *Hamel*, a. a. O., S. 58.

[23] Im kanonischen Recht war für den (Häresie-)Inquisitionsprozeß das Recht auf Verschweigen ausdrücklich aufgehoben. Vgl. etwa Corpus Juris Canonici, c. 7 (Alexander IV.) in VI° 5,2 (de haereticis).

an Glauben oder Nichtglauben als innere Vorgänge Rechtsfolgen knüpfen wenigstens für den Fall, daß — ob zufällig oder nicht — die Tatsache des inneren Vorgangs bekannt wird. Das heißt Tatbestandsmerkmal einer Norm kann auch ein innerer Vorgang sein und muß rechtstechnisch nicht das Bekanntwerden des Vorgangs sein[24]. Ist neben der Glaubensfreiheit im gekennzeichneten Sinn auch noch die Bekenntnisfreiheit geschützt, tritt naturgemäß die erstere zurück. Dennoch behält die Glaubensfreiheit auch dann noch ihre Bedeutung. Der Marxismus-Leninismus beispielsweise ist (auch) eine Weltanschauung und somit die Überzeugung von seiner Richtigkeit oder Unrichtigkeit durch die Glaubensfreiheit geschützt. Teilt ein Beamter — für sich und insgeheim — die Überzeugung von der Richtigkeit, ohne daß er sie in Ausübung der Bekenntnis- oder Meinungsfreiheit äußert und erfährt die Behörde hiervon — etwa auf Grund von Mitteilungen aus dem privaten Bereich —, dann ist es ihr verboten, hiervon Kenntnis zu nehmen. Erst recht darf sie nicht nach einer solchen Überzeugung fragen. Über die Zulässigkeit von Fragen nach der Zugehörigkeit zu Organisationen ist damit natürlich noch nicht entschieden.

Mittelbare Beeinträchtigungen der Glaubensfreiheit sind durch Art. 3 Abs. 3[25], 33 Abs. 3 GG und Art. 136 Abs. 1 und 2 WV i. V. m. Art. 140 GG verboten.

Die Tatsache, daß jemand einen religiösen oder weltanschaulichen Glauben hat oder nicht hat, werde sein *weltanschaulicher Standpunkt*[26] genannt. *Bekenntnisfreiheit* heiße dann die Freiheit, einen weltanschaulichen Standpunkt (auch) öffentlich äußern zu dürfen[27]. Das Recht, einen weltanschaulichen Standpunkt verschweigen zu dürfen, ist bereits durch das Verschweigungsrecht geschützt. Mittelbare Beeinträchtigung der Bekenntnisfreiheit sind durch Art. 3 Abs. 3, 33 Abs. 3 GG und Art. 136 Abs. 1 und 2 WV i. V. m. Art. 140 GG verboten.

Religionsausübungsfreiheit heiße die Freiheit, allein oder mit anderen die Bekenntnisfreiheit in kultischer Form auszuüben und Gottesdienste, speziell Gebete privat oder öffentlich vorzunehmen oder an ihnen teilzunehmen oder nicht teilzunehmen. Dem Schutz der Religionsausübungsfreiheit dient positiv die ausdrückliche Gewährleistung ihres Schutzes (Art. 4 Abs. 2 GG) und negativ das *Kultverweigerungsrecht*, das heißt das absolute Verbot, durch staatliche Anordnung zur Teil-

---

[24] In der Praxis lief das früher darauf hinaus, daß tatsächliche Vermutungen für das Vorliegen oder Nichtvorliegen des inneren Vorgangs aufgestellt wurden. Vgl. Corp. J. C., c. 2 (Leo) X 5,7 (de haereticis): Qui alios, cum potest, ab errore non revocat, se ipsum errare demonstrat.

[25] Vgl. dazu H. J. *Scholler*, a. a. O., S. 215 f.

[26] Dieser Ausdruck dient nur der Kürze der Formulierungen. Seine Verwendung soll nicht ausschließen, daß von der Selbstinterpretation eines Glaubens her ein solcher Glaube mehr oder auch etwas anderes sein kann als ein Standpunkt.

[27] Der Sache nach ebenso G. *Anschütz*, Die Verfassung des Deutschen Reichs, Art. 135, Erl. 14; *ders.*, Die Religionsfreiheit, S. 684.

§ 2. Das Gewissen als irrationale Entscheidungsinstanz

nahme an einem Gottesdienst oder einer anderen Kult- oder Gebetshandlung gezwungen zu werden (Art. 136 Abs. 4 WV i. V. m. Art. 140 GG).

Der im folgenden unternommene Interpretationsversuch geht von der Voraussetzung aus, daß das zu explizierende Grundrecht der Gewissensfreiheit in einem systematischen und angebbaren Zusammenhang mit den genannten ebenfalls durch Art. 4 Abs. 1 und 2 GG gewährleisteten Rechten steht.

§ 2. Das Gewissen als irrationale Entscheidungsinstanz

1. Der erste, der über das Gewissen[1] Aussagen derart machte, daß sich die gegen eine etablierte Ordnung eines Gemeinwesens gerichtete Forderung nach Gewissensfreiheit an das Gewissen anknüpfen kann, ist P. *Abaelard* gewesen. Seine damals revolutionäre[2], gegen die herrschende sogenannte juristische Imputationstheorie[3] gerichtete Ansicht, quod peccatum non est nisi contra conscientiam[4], löste die Frage nach dem rechten Tun aus der tradierten Ordnung, nach der Sünde und Fehlverhalten immer ein Verstoß gegen die dem einzelnen durch „Herkunft, Stand und Stellung in Reichs-, Kirchen- und Weltordnung" zugewiesene

---

[1] Eine eingehend aus den Quellen erarbeitete Begriffsgeschichte gibt J. *Stelzenberger*, Syneidesis, conscientia, Gewissen, Paderborn 1963. Damit sind ältere Arbeiten, wie die von H. G. *Stocker*, Das Gewissen, Bonn 1925, überholt. Stelzenberger vermeidet den häufig, bes. seit J. H. *Breastedt*, Die Geburt des Gewissens, Zürich 1950, anzutreffenden Fehler, nicht zwischen empirisch feststellbaren Gewissensphänomenen einerseits und dem Gewissensbegriff als Bestandteil einer philosophischen oder sonstigen Theorie andererseits zu unterscheiden. Die Bezogenheit der Wortfelder „Ehre", „Tugend" und „Gewissen" untersucht begriffsgeschichtlich und systematisch W. *Korff*, Ehre, Prestige und Gewissen, bes. S. 13—30, 60 f., 65—69, 81—95.

[2] Diese Ansicht ist denn auch 1140 von der *Synode zu Sens* verurteilt worden. P. *Innozenz II.* hat diese Synode bestätigt. Der Text der verurteilten Sätze findet sich bei P. *Ruf*, M. *Grabmann*, Ein neu aufgefundenes Bruchstück der Apologia Abaelards, S. 10. Die hier interessierenden Sätze lauten: Quod non peccaverunt, qui Christum ignorantes crucifixerunt. Quod non sit culpae ascribendum quicquid fit per ignorantiam. Vgl. auch Dz. 377. Weitere Stellen zur Gewissenslehre Abaelards finden sich in den Commentariorum super S. Pauli Epistolam ad Romanos, III,9 (MPL 178, Sp. 910 B), V, Init. (Sp. 947 C), V,14 (Sp. 957 B, 959 A).
Die These, daß das Gewissen und die Idee seiner Freiheit auf Wegen immer abseits der auf Herrschaftsstrukturen basierenden anerkannten Ordnung, durch Mönchtum, Ketzer, Sektierer und Utopisten, auf uns gekommen sei, vertritt E. *Bloch*, Thomas Münzer, S. 139, 142, 157, 180.

[3] Juristische Imputationstheorie nennt man die auf vormittelalterliche Praxis zurückgehende Theorie, nach der Strafen rein nach dem äußeren Befund zugeteilt werden. Vgl. dazu M. *Müller*, Ethik und Recht in der Lehre von der Verantwortung, S. 15 ff.

[4] P. *Abaelard*, Ethica, cap. 13 (MPL 178, Sp. 653).

Ordnung war⁵. Die kirchlich-weltlich vermittelte objektive Norm verlor damit die entscheidende Bindung, wenn sie nicht subjektiv als verpflichtend erfahren wurde⁶. Damit war für zuerst die Moraltheologie und später die Ethik und Staatslehre das Problem des moralischen Verhältnisses des einzelnen zur Ordnung der Gesamtheit aufgeworfen, das allerdings seine ganze praktische Schärfe erst nach der Reformation enthüllte und mit der rechtlichen Gewährung der Gewissensfreiheit eine praktische Lösung erfuhr. Diese Problematik hat zwei Seiten, die sich wechselseitig zeigen, je nachdem, ob man vom einzelnen oder der Ordnung der Gesamtheit an sie herantritt. Die *subjektive Problematik* erwächst der möglichen Erfahrung, daß die Evidenz geschichtlich überkommener Rechts- und Gesellschaftsordnungen⁷ verlorengehen kann⁸ und eine Ordnung sich als nicht akzeptabel erweist. Die klassische Formulierung für diese Erfahrung ist die Entgegnung des Apostels *Petrus* vor dem jüdischen Sanhedrium „Man muß Gott mehr gehorchen als den Menschen" (Act. Ap. 5,29). Die *objektive Problematik* erwächst einem doppelten Umstand. Zum einen hat es sich trotz eingehender, bereits bei den Nachfolgern *Abaelards* einsetzender Suche als unmöglich erwiesen, ein allgemein anerkanntes Kriterium für die Richtigkeit einer Gewissensentscheidung zu finden⁹. Zum anderen fehlt in einer

---

⁵ Fr. *Heer*, Aufgang Europas, S. 281.
⁶ Vgl. dazu M. *Müller*, a. a. O., S. 118—125; J. *Stelzenberger*, a. a. O., S. 101 bis 103.
⁷ Das erstmals sich in der *Französischen Revolution* zeigende Phänomen, daß sich eine einer Gesellschaft gewaltsam imputierte Ordnung ganz oder teilweise als moralisch nicht akzeptabel erweisen kann, ist demgegenüber neueren Datums und hat erst im 20. Jahrhundert zu Folgerungen für die Gewissensfreiheit geführt.
⁸ Genau in einer solchen Lage, nachdem der *Peloponnesische Krieg* und später die mazedonische und römische Besatzung die moralischen Grundlagen der Polis zerstört hatten und die Individuen in die Frage entlassen waren „Was ist das Rechte?", wurde im Bemühen der Tragiker und der Philosophen der Gewissensbegriff konzipiert als Rechtfertigungsgrund für ein sittliches Urteil. *Aristoteles*, der die Problematik im Gegensatz zu *Platon* bereits scharf herausgearbeitet hatte, hat in dieser Übergangslage noch einmal versucht, eine Lösung ohne Übernahme der alten verlorengegangenen Evidenzen und ohne Konzession an die bei den Sophisten vorbereitete Subjektivität auszuarbeiten. Dieser Übergangslage entstammt das, was zweitausend Jahre abendländischer Rechtsphilosophie als Naturrecht mißverstanden haben. Vgl. dazu J. *Ritter*, „Naturrecht" bei Aristoteles, S. 25 f. Zur Konzeption des Gewissensbegriffs vgl. E. *Schwarz*, Die Ethik der Griechen, S. 70 ff., 119; M. *Pohlenz*, Die Stoa, 1. Bd., S. 317; J. *Stelzenberger*, a. a. O., S. 21 ff.
⁹ Eine zum Nachdenken anregende Formulierung findet sich bei Chr. *Thomasius*, Fundamenta Juris Naturae et Gentium, IV, § 20 (S. 127): „Singuli putant, suam conscientiam esse rectam. Quis igitur hic iudex erit? in praxi quotidiana illa conscientia recta est, quae convenit cum iudicio plurimum in societate vel eorum, qui supra alios eminent potentia. Unde facile contingit, quod conscientia recta in hac societate habeatur, pro erronea in altera." Man vergleiche mit dieser nüchtern-skeptischen Einschätzung die nahezu hybride Auffassung von J. G. *Fichte*, Das System der Sittenlehre nach den Prinzipien der

§ 2. Das Gewissen als irrationale Entscheidungsinstanz

Gesellschaft, die jedem Glied das Verhalten nach seinem Gewissen freigibt, die für ihre Existenz erforderliche Verhaltenskomplementarität ihrer Glieder[10]. Eine zwar nicht klassische, aber klare und ehrliche Formulierung für die Vorrangigkeit der objektiven Problematik ist die Äußerung von G. *Anschütz* „Es ist dem Staatsbürger nicht gestattet, dem Gott, an den er glaubt, mehr zu gehorchen als dem Staatsgesetz"[11]. Als *Paradoxon des Gewissens*[12] kann man die Unvereinbarkeit möglicher Lösungen der subjektiven und der objektiven Problematik bezeichnen, also den Umstand, daß das Gewissen als letztentscheidende Instanz sozialen Verhaltens keine Ordnung garantiert, die gesellschaftserhaltend ist, und daß die Organe (Repräsentanten) der Gesellschaft als letztentscheidende Instanz sozialen Verhaltens keine Ordnung garantieren, die dem einzelnen eine moralische Existenz ermöglicht[13].

2. Zu beachten ist, daß die Formulierung des genannten Paradoxons keine Aussage darüber voraussetzt, *was* ein Gewissen ist, und über Moralregeln nicht mehr voraussetzt, als daß es für den einzelnen wenigstens eine oder mehrere solcher Regeln gibt, die er für verbindlich hält,

---

Wissenschaftslehre, § 15 V (S. 226) „Das Gewissen irrt nie und kann nicht irren; denn es ist das unmittelbare Bewußtsein unseres reinen ursprünglichen Ich ... das ... keinen höheren Richter über sich anerkennt." Auf den logischen Fehler, daß aus der fehlenden Anerkennung eines Richters auf Irrtumslosigkeit folgt, sei nur hingewiesen. Korrekt müßte die Fragestellung lauten, ob es sinnvoll ist, von ‚Irrtum' und ‚Richtigkeit' auch dann zu sprechen, wenn es prinzipiell keinen von allen Gewissensträgern anerkannten Richter und keinen von einem solchen anzuwendenden Maßstab — Thomasius spricht a. a. O. von der norma universalis in omnibus societatibus — gibt. Die korrekte Fragestellung findet sich — einschließlich einer negativen Antwort — bei I. *Kant*, Über das Mißlingen aller philosophischen Versuche in der Theodizee (1791), S. 120 f. (A 218 ff.). Zum fehlenden Kriterium vgl. auch E. *Spranger*, Die Individualität des Gewissens und der Staat, S. 197.

[10] M. *Scheler*, Der Formalismus in der Ethik und die materiale Wertethik, S. 334 ff. hat das Prinzip der Gewissensfreiheit daher *Prinzip der sittlichen Anarchie* genannt.

[11] G. *Anschütz*, Die Verfassungsurkunde für den preußischen Staat, Art. 12, Erl. 8. Für Art. 4 Abs. 1 GG vertritt diese Auffassung H. *Hinzmann*, Die aktuelle Kriegsdienstverweigerung. S. 42.

[12] Vgl. dazu die in einer ausgezeichneten persönlichen und politischen Lage 1933 geschriebene und publizierte Darstellung des Paradoxons bei E. *Spranger*, a. a. O., S. 197 ff.

[13] Es sind natürlich zahlreiche Versuche unternommen worden, das Paradoxon des Gewissens theoretisch aufzulösen. Einer der bekanntesten und einflußreichsten ist der von G. Fr. W. *Hegel*, Grundlinien der Philosophie des Rechts, §§ 129—141. Von jedem dieser Versuche dürfte sich jedoch nachweisen lassen, daß er entweder auf nicht für jedes Gewissen akzeptablen Prämissen beruht, oder die Auflösung durch Vorrangigerklärung entweder der objektiven oder der subjektiven Problematik erreicht, oder daß er an beiden Fehlern zugleich krankt. „Dieser Knoten — um mit Hegel zu reden — ist bis heute nicht gelöst." E. *Spranger*, a. a. O., S. 193. Die meisten deutschen bzw. bundesrepublikanischen Versuche seit 1945 zeichnen sich durch eine erstaunliche problemgeschichtliche Perspektivenverengung aus.

I. Der Inhalt des Grundrechts der Gewissensfreiheit

wobei wiederum über den Grund der Verbindlichkeit nichts ausgesagt zu werden braucht. Kurz: Es ist vorausgesetzt, daß es Gewissensphänomene gibt, es wird aber nicht vorausgesetzt eine richtige Theorie über diese Phänomene[14]. Die von jeder Gesellschaft, die aus der Unversehrtheit ihrer Tradition herausgetreten ist, zu leistende Aufgabe besteht nun darin, eine *praktische Ordnung* zu finden, die versucht, beiden Seiten des Paradoxons gerecht zu werden, auch ohne daß eine theologische, philosophische, weltanschauliche, kurz, eine *theoretische Lösung* des Paradoxons gefunden ist. Die Antwort auf diese Aufgabe wird unter dem Topos *Gewissensfreiheit*[15] seit dem Ausgang der konfessionellen Kriege unterschiedlich und immer neu gegeben[16]. Auslegung des Art. 4 GG ist Präzision der Antwort, die unsere Rechtsordnung für diese Aufgabe gefunden hat.

3. Geht man bei dem Versuch der Präzision vom Kontext des Art. 4 GG aus, wie er oben § 1.2 formuliert worden ist, legt sich folgende Antwort nahe: Glaubensfreiheit bedeutet — etwas schlicht ausgedrückt — glauben zu können, was man für richtig hält, Bekenntnisfreiheit bedeutet, (öffentlich) vertreten zu können, was man glaubt oder nicht glaubt, und Religionsausübungsfreiheit bedeutet, an Gottesdiensten teilnehmen oder nicht teilnehmen zu können, wie es dem Glauben entspricht. Dann bedeutet Gewissensfreiheit, sich entsprechend seinem Gewissen verhalten zu dürfen. Diese Formulierung ist weniger auf Grund des juristischen Sprachgebrauchs des alten Reichs- und Landesstaatskirchenrechts gefunden[17] als auf Grund der seit *Abaelard* Europa und später Amerika bewegenden Gewissensproblematik und des Kontextes des Art. 4 GG. Für diese, vom alten juristischen Sprachgebrauch abweichende Wortbedeutung führt J. C. *Herbig* schon 1834 einen Beleg an, wenn er schreibt „Gewissenszwang (ist)... die Beschränkung des Rechts, seinem Gewissen gemäß zu reden *und zu handeln*"[18]. Etwas korrekter formu-

---

[14] Die Formulierung genügt also der oben § 1.1 aufgestellten Forderung der relativen Neutralität.

[15] Vgl. dazu I. O. P., Art. 5 § 34: „conscientia libera"; Verfassungsentwurf von *New Hamshire* (1680): „liberty of conscience". Der Verfassungsentwurf ist zitiert bei Z. *Giacometti*, Quellen zur Geschichte der Trennung von Staat und Kirche, S. 683.

[16] Eine erste Lösung, die diesen Namen verdient, war das gemeinrechtlich verbürgte Recht auf die freie Hausandacht. Vgl. dazu H. J. *Scholler*, Die Freiheit des Gewissens, S. 51 ff.

[17] Vgl. dazu H. J. *Scholler*, a. a. O., S. 46 ff. Ich bin der Ansicht, daß dieser alte juristische Sprachgebrauch spätestens in der Weimarer Republik abgebrochen ist. Von den Vätern des Grundgesetzes dürfte kaum jemand in Verbindung mit der Gewissensfreiheit an das Recht auf freie Hausandacht gedacht haben. Ebenso H. J. *Scholler*, a. a. O., S. 117, der daraus für seine Interpretation aber keine Konsequenzen zieht.

[18] J. C. *Herbig*, Wörterbuch der Sittenlehre, S. 110. Dieser Wortgebrauch umfaßt also *Bekenntnisfreiheit* im hier verwendeten Wortsinn („Recht zu reden") und *Gewissensfreiheit* im hier verwendeten Wortsinn („Recht zu handeln"). Die Hervorhebung oben im Text ist von mir.

§ 2. Das Gewissen als irrationale Entscheidungsinstanz

liert könnte man also unter *Gewissensfreiheit* verstehen die Freiheit für jedermann, sich jederzeit in Übereinstimmung mit seinem Gewissen verhalten zu dürfen. Würde Art. 4 GG diese Freiheit rechtlich garantieren, würde das *Grundrecht der Gewissensfreiheit* beinhalten, daß keine Rechtsnorm für jemanden rechtlich verbindlich ist, die ihn zu einem Verhalten abweichend von seinem Gewissen zwingt[19]. Aus noch zu erörternden Gründen werde diese Interpretation des Art. 4 GG *anarchische Interpretation* genannt[20].

Ein Beispiel für die Konsequenzen der anarchischen Interpretation im Bereich des Schulwesens ist es, wenn Th. *Maunz* und ihm folgend M. *Maurer* der Ansicht sind, Art. 4 GG gebiete es, daß der Staat von den Erziehungsberechtigten *nichts* verlangen dürfe, was gegen deren sittliche Grundüberzeugung ginge[21]. Entweder interpretiert man in diesem Satz das Wort „nichts" entgegen dessen umgangssprachlicher und logischer Bedeutung oder die rechtliche Geltung dieses Satzes ist geeignet, Unterricht und Erziehung in allen Schularten zu blockieren.

4. Bedenken gegen die Richtigkeit der anarchischen Interpretation ergeben sich daraus, daß Art. 4 Abs. 1 und 2 GG die Gewissensfreiheit und die anderen dort genannten Freiheiten ohne Gesetzesvorbehalt schützt und er damit von seinen Vorbildern, etwa Art. 135 WV, abweicht. Das heißt, daß infolge fehlenden Gesetzesvorbehalts die anarchische Interpretation der Gewissensfreiheit ausschließlich der Lösung der subjektiven Problematik dient und die objektive Problematik völlig unberücksichtigt läßt.

Auch der Versuch, durch die Formulierung *immanenter sachlicher Gewährleistungsschranken*[22] der objektiven Problematik gerecht zu werden, führt deswegen zu keinem anderen Ergebnis, weil noch über das Bedenken, ob eine solche Einschränkung ausreicht, diese Einschränkung auf prinzipielle, in der Natur der Gewissensphänomene liegende Schwierigkeiten stößt.

---

[19] Vgl. A. *Podlech*, Gewissensfreiheit und Beamteneid, S. 122.

[20] Dem Wortlaut nach wird diese Interpretation vertreten von W. *Hamel*, Glaubens- und Gewissensfreiheit, S. 45, 54; W. *Geiger*, Die verfassungsrechtlichen Grundlagen des Verhältnisses von Schule und Staat, S. 43: „Jede Rechtsnorm in unserer Rechtsordnung weicht ausnahmslos, zwingend und ohne Vorbehalt vor dem unausweichlichen Pflichtgebot, das das individuelle Gewissen dem einzelnen auferlegt." Vgl. auch *ders.*, Gewissen, Ideologie, Widerstand, Nonkonformismus, S. 67 f. Die weiteren Ausführungen an der letzten Stelle zeigen jedoch, daß Geiger diese Interpretation nicht konsequent durchhält. Die Ausführungen von A. *Arndt*, in: NJW 1968, S. 980, legen ebenfalls die anarchische Interpretation nahe. Vgl. dazu H. *Weber*, Ersatzdienstverweigerung aus Gewissensgründen, S. 1610.

[21] Th. *Maunz*, Staat und Schule im Verfassungsrecht, S. 3; M. *Maurer*, Das Elternrecht und die Schule, S. 97.

[22] Zum Begriff vgl. *v. Mangoldt-Klein*, Das Bonner Grundgesetz, Die Grundrechte, Vorb. B XV 2 a).

I. Der Inhalt des Grundrechts der Gewissensfreiheit

Ein Beispiel soll dies verdeutlichen. Weigert sich in einer Kaserne ein Soldat unter Berufung auf C. J. C., c. 1252 § 1[23], freitags beim Frühstück Wurst zu essen, und verlangt er statt dessen zum Ausgleich ein Ei, ist es nur eine Beweisfrage, ob die Weigerung aus Gewissensgründen erfolgt oder nicht — möglicherweise ißt er Fleisch nicht gerne oder möchte er seine Vorgesetzten ärgern. Weigert sich bei derselben Gelegenheit ein Soldat, die Wurst zu essen, weil ein anderer Soldat am selben Tisch Käse ißt, dürfte man Gewissensgründe anzuerkennen erst bereit sein, wenn man erfährt, daß der betreffende Soldat orthodoxer Jude ist[24]. Fleischessen am Freitag ist in unserem Kulturkreis gewissensfähig, Speisenkombinationen sind es nicht[25].

Ob die jeweilige Umwelt eine Materie als gewissensfähig anerkennt oder nicht, ist vom Träger der Gewissensposition her unmaßgeblich[26]. Das heißt, daß das Gewissen mit der Verbindlichkeit seines Spruchs über eine Materie zugleich die Kompetenz beansprucht, zu entscheiden, welche Materie gewissensfähig ist und welche nicht[27]. Das Gewissen beansprucht also die Kompetenz-Kompetenz darüber, zu entscheiden, was ein Gewissensanspruch ist. Für Außenstehende gibt es also nur Beweis-, keine Erkenntnisfragen[28]. Allgemeingültige immanente sachliche Gewährleistungsschranken gibt es also nicht, sondern nur solche, die für den einzelnen deswegen gültig sind, weil sein Gewissen eine bestimmte Materie nicht reklamiert.

Auch der Versuch, die Konsequenzen der anarchischen Interpretation durch die Formulierung *systematisch sachlicher Gewährleistungsschranken*[29] einzuschränken, führt deswegen nicht zum Ziel, weil dieser Ver-

---

[23] Es werde einmal davon abgesehen, daß diese Bestimmung nicht mehr uneingeschränkt in Kraft ist.

[24] Zu dem auf Ex. 23,19; 34,26; Deut. 14,21 zurückgehenden Verbot, Fleisch zusammen mit Milch und Milchprodukten auch nur zusammen an einem Tisch zu essen, vgl. Holin VIII,4 (fol. 113 b ff., bes. 115 b), deutsch: Talmud, 8. Bd. S. 1165 ff., bes. S. 1172 f.

[25] Vgl. zur Gewissensfähigkeit von Materien die allerdings nicht ganz unproblematische Darstellung bei N. *Luhmann*, Die Gewissensfreiheit und das Gewissen, S. 276 f.

[26] Vgl. dazu das oben § 2, Anm. 9 wiedergegebene *Thomasius*-Zitat und demgegenüber die Formulierung bei v. *Mangoldt-Klein*, a. a. O., Art. 4, Anm. VI 16 (Schluß): „Dagegen fallen unlautere Gewissensmotive, die sich als Verletzung des Sittengesetzes darstellen, unter die immanente sachliche Gewährleistungsschranke des Begriffs ‚Gewissen'." Sittengesetz ist dabei „in praxi" dasjenige, was *Thomasius*, a. a. O., judicium plurimum in societate nennt, oder noch konkreter, da nach unserer Rechtsordnung Richter das letzte Wort haben, das judicium eorum, qui supra alios eminent potentia, id est jurisdictione.

[27] N. *Luhmann*, a. a. O., S. 275: „Das Gewissen erfaßt alles ohne Ausnahme."

[28] Ebenso BVerfGE 12,45 (55 f.). Zu der Problematik jedoch, die sich aus der fehlenden Grenzziehung zwischen der Richtigkeit der behaupteten Gewissensposition und der Richtigkeit der Behauptung einer Gewissensposition ergibt, vgl. N. *Luhmann*, a. a. O., S. 260. Skeptisch schon E. *Spranger*, Die Individualität des Gewissens und der Staat, S. 172.

[29] Zum Begriff v. *Mangoldt-Klein*, a. a. O., Die Grundrechte, Vorb. B XV 2 b).

such bereits die Richtigkeit der anarchischen Interpretation in Zweifel zieht. Für das Gewissen ist die allein innerhalb einer kontingenten Rechtsordnung bedeutsame Frage, ob eine Freiheitseinschränkung durch einen Verwaltungsakt, ein Gesetz oder eine Verfassung geschieht, unerheblich.

Die vorwiegend unternommenen Versuche, die Gewissensfreiheit nicht vom Recht, sondern von einer als richtig vorausgesetzten *Moral* (Sittlichkeit) her einzuschränken, scheitern an dem bisher ergebnislosen Bemühen der Geschichte der Moraltheologie und der Ethik, Kriterien für richtige Gewissensentscheidungen anzugeben[30]. Was als Inhalt der Sittenordnung gilt, ist wiederum Gewissensfrage. Dieser unentrinnbare Sachverhalt legt die Frage nahe, ob denn das Gewissen überhaupt deswegen durch die Rechtsordnung geschützt wird, weil es im Prinzip richtige und nur auf Grund unglücklicher Umstände gelegentlich unrichtige Entscheidungen trifft. Das Grundrecht der Gewissensfreiheit in der anarchischen Interpretation ist entweder überhaupt nicht oder nur unter Inkaufnahme von sich widersprechenden Entscheidungen mit in sich inkonsistenten Begründungen anwendbar. Das zwingt dazu, einen neuen Problemansatz zu suchen.

§ 3. Die Gewissensfreiheit als Ermöglichung konsistenter moralischer Selbstdarstellung

1. Ausgegangen werde von der Formulierung des *Bundesverwaltungsgerichts*, daß ein freiwilliges oder erzwungenes Zuwiderhandeln gegen das Gewissen die sittliche Persönlichkeit des Betreffenden beeinträch-

---

[30] Das *Bundesverfassungsgericht* hat es daher zu Recht untersagt, in eine solche Prüfung einzutreten. Vgl. BVerfGE 12,45 (56).
In welche Schwierigkeiten das Problem „irrendes Gewissen" Juristen bringen kann, zeigen folgende Ansichten. M. *Hinzmann*, Die aktuelle Kriegsdienstverweigerung, S. 65 f., 98, meint, daß alle Kriegsdienstverweigerer nach der Auffassung des Staates irrige Gewissensentscheidungen gefällt haben, aber Art. 4 Abs. 3 GG gerade die irrenden Gewissen schütze. Ähnlich ist K. *Brinkmann*, Grundrecht und Gewissen im Grundgesetz, S. 182, der Ansicht, daß sich kein Kriegsdienstverweigerer zutreffend auf sein Gewissen berufen kann, aber er zieht daraus den gegenteiligen Schluß, daß sich dann auch keiner auf Art. 4 Abs. 3 GG berufen kann. Dabei ist allerdings zu berücksichtigen, daß es für Brinkmann kein irrendes, sondern nur ein fehlendes Gewissen gibt (ebd. S. 74).
Die unsichere Einstellung der Wissenschaft hat sich auch in der Gerichtspraxis niedergeschlagen. In Strafurteilen gegen ersatzdienstverweigernde Zeugen Jehovas ist immer wieder versucht worden, ihre Position als irrig, als mit der Bibel oder sogar der Lehre ihrer Gemeinschaft unvereinbar, als asozial oder unchristlich hinzustellen. Vgl. dazu die Zitate bei H. *Hannover*, Ist die Bestrafung der Ersatzdienstverweigerung der Zeugen Jehovas mit dem Grundrecht der Glaubens- und Gewissensfreiheit vereinbar? S. 34 f.

tigen oder zerstören könne¹. Dieses vom Gericht anvisierte Phänomen, das inzwischen unter dem Forschungstitel „Selbstdarstellung" Gegenstand eingehender soziologischer und sozialpsychologischer Untersuchungen geworden ist², werde hier unanalysiert der Darstellung zugrunde gelegt³. Die Gewissensfreiheit ermöglicht es durch Reduktion der Konfliktsituationen dem einzelnen, die Beeinträchtigung oder Zerstörung seiner sittlichen Persönlichkeit — um bei diesem etwas anspruchsvollen, aber bei Juristen eingebürgerten Ausdruck zu bleiben — durch gewissenswidriges Verhalten weitgehend zu vermeiden. Sozial- und Rechtsordnungen können auf verschiedene Weisen die Möglichkeiten für Gewissenskonflikte einzelner reduzieren. N. *Luhmann*⁴ zählt drei Möglichkeiten auf, die einzeln oder kombiniert Gewissenskonflikte sozial vermittelter Art verringern können. Gewissenskonflikte können vermieden werden erstens durch Bereitstellung einer Vielzahl von Handlungsalternativen, zweitens durch Institutionalisierung unpersönlicher Verhaltensweisen und drittens mit Hilfe des Grundrechts der Gewissensfreiheit. Während die ersten beiden Möglichkeiten durch die Rechtsordnung nur indirekt vermittelt sind insofern, als die Transformation der Sozialordnung von der Feudalordnung in die der bürgerlichen Verkehrsgesellschaft — „Vom Status zur Rolle" — die strukturelle Disposition für die Vermehrung solcher Alternativen und unpersönlicher Handlungsweisen stark erhöht hat, ist die dritte Möglichkeit der Topos des Art. 4 GG. Um die konfliktreduzierende Funktion der Gewissensfreiheit zu verstehen, muß man sich klarmachen, daß Rechtsordnungen Verhalten ermöglichen und Verhaltensmöglichkeiten reduzieren. Verhaltensermöglichung durch Rechtsordnungen sind beispielsweise die Anerkennung von Personenvereinigungen als juristische Personen, die Schaffung dinglicher Rechte oder die Eröffnung von Rechtswegen. Verhaltensbeschränkung geschieht durch Verbote und Gebote. Die Gewissensrelevanz der Verhaltensermöglichung zeigen Beispiele wie Erhebung reli-

---

¹ BVerwGE 7,242 (247 f.). Ähnlich BVerfGE 12,45 (57). Vgl. dazu die pointierten Formulierungen von N. *Luhmann*, Die Gewissensfreiheit und das Gewissen, S. 276. Ähnlich M. *Hinzmann*, Die aktuelle Kriegsdienstverweigerung, S. 60.

² Vgl. die Zusammenfassung und Berichte bei N. *Luhmann*, Grundrechte als Institution, S. 53 ff., ders., Die Gewissensfreiheit und das Gewissen, S. 263 ff.

³ Nur auf ein mögliches Mißverständnis sei hingewiesen. Mehrhundertjährige theologische und philosophische Überlieferung der Gewissenstheorie haben ein idealistisches Verständnis des Menschen suggeriert. So kann U. *Scheuner*, in: DÖV 1959, S. 265, lapidar und apodiktisch die These vertreten: „Politische Motive reichen nicht bis in den Kern der Persönlichkeit, aus dem die Stimme des Gewissens kommt." Entweder ist dieser Kern der Persönlichkeit metaphysisch gemeint, dann ist die Aussage juristisch irrelevant, oder er ist sozialpsychologischen Untersuchungen zugänglich, dann bedarf sie empirischer Überprüfung und ist sie m. E. falsch.

⁴ N. *Luhmann*, Die Gewissensfreiheit und das Gewissen, S. 273 ff.

§ 3. Gewissensfreiheit als Ermöglichung moralischer Selbstdarstellung 33

giöser Vereinigungen zu juristischen Personen oder ihre Fähigkeit, Destinatär letztwilliger Verfügungen zu sein[5]. Die verhaltensermöglichende Funktion der Rechtsordnung — vorwiegend unter dem Gebot der Gleichheit (Parität) stehend insofern, als bestimmten Religionsgesellschaften schon vor der Entstehung des modernen Staates solche Positionen eingeräumt waren — ist unter Gewissensgesichtspunkten kaum mehr aktuell. Die verhaltensbeschränkende Funktion der Rechtsordnung jedoch enthält die stete Möglichkeit neuer Konflikte. Solche Konflikte sind nicht durch den Gleichheitssatz zu lösen[6]. Ihr Topos ist die Gewissensfreiheit. Verschiedene Entwicklungen, insbesondere die Trennung von Staat und Kirche[7], die unter dem Stichwort der Neutralität stehende Nichtidentifikation unseres Staatswesens mit einer Religion oder Weltanschauung[8], die schon erwähnte Herausbildung gesellschaftlich unpersönlicher Verhaltensweisen und die infolge der zunehmenden Zweckrationalisierung der Tätigkeit des Staates erfolgende Beschränkung seiner Regelungen auf solche unpersönliche Verhaltensweisen, haben dazu geführt, daß sich rechtlich vermittelte Gewissenskonflikte vorwiegend in spezifisch strukturierten Bereichen ergeben, nämlich in den sogenannten besonderen Gewaltverhältnissen. Wie noch auszuführen sein wird, reduziert die Rechtsordnung die Verhaltensalternativen einzelner in besonderen Gewaltverhältnissen auf besonders drastische Art und schafft dadurch Zwangslagen, die die Entstehung von Gewissenskonflikten begünstigen. Fast allen Gerichtsentscheidungen, die die Gewissensfreiheit betreffen, liegen Probleme im Zusammenhang mit besonderen Gewaltverhältnissen zugrunde. Man kann geradezu sagen, daß in einer Rechtsordnung, die Bestimmungen wie Art. 3 Abs. 3, 5, 9, 33 Abs. 3 GG und Art. 136 Abs. 1, 2 und 4, Art. 137 Abs. 1 bis 3 WV i. V. m. Art. 140 GG enthält, die Gewissensfreiheit fast ausschließlich in drei strukturell ähnlichen Gebieten relevant wird, nämlich im Bereich der Familie[9], arbeitsrechtlicher Direktionsverhältnisse[10] und in öffentlichrechtlichen besonderen Gewaltverhältnissen[11].

2. Die Gewährung der Gewissensfreiheit hat die Funktion, den Spielraum für Handlungsalternativen zu erweitern, wenn die Rechtsordnung

---

[5] Vgl. dazu Corpus Juris Civilis, C. 1, 2, 1.
[6] Die Lösung von Gewissenskonflikten auf Grund des Grundrechts der Gewissensfreiheit gibt vielmehr neue Gleichheitsprobleme auf. Darauf wird im folgenden Paragraphen kurz eingegangen werden.
[7] Vgl. dazu unten § 13.
[8] Vgl. dazu unten § 14.
[9] Vgl. dazu BGHZ 33, 145 (149 ff.); 38, 317 (319 ff.).
[10] Vgl. dazu die instruktiven Aufsätze von H. *Kaufmann*, Die Einrede der entgegenstehenden Gewissensfreiheit, AcP 1962, S. 289 ff.; W. J. *Habscheid*, Arbeitsverweigerung aus Glaubens- und Gewissensnot? JZ 1964, S. 246 ff.
[11] Die Strukturähnlichkeit bezieht sich auf die unten §§ 8, 9 herauszuarbeitenden soziologischen Strukturen. Vgl. dazu unten § 17, Anm. 5.

I. Der Inhalt des Grundrechts der Gewissensfreiheit

den einzelnen vor die Alternative stellt, gewissenskonform und rechtswidrig oder gewissenswidrig und rechtmäßig zu handeln. Die Bedeutung dieser Funktion für die staatlich verfaßte Gesellschaft läßt sich empirisch überprüfen. Sie ist nicht daran gebunden, daß das individuelle Gewissen alleiniges Rechtsgut des Schutzes der Gewissensfreiheit ist.

Die herrschende Lehre geht davon aus, daß das Gewissen dieses Rechtsgut sei. Die im Gewissen liegende Antinomie[12] hätte allerdings darauf hinweisen sollen, daß das Gewissen selbst allein dieses Rechtsgut nicht kann. Für alle sozialen Beziehungen gilt nämlich, daß Vorrang des Gewissens auf einer Seite der Beziehung bedeutet entweder Vorrang des Gewissens auch auf der anderen Seite der Beziehung oder Gewissenlosigkeit auf der anderen Seite der Beziehung. Beides hebt das Prinzip des Vorrangs des Gewissens insofern auf, als die erste Alternative zum Widerspruch führt[13] und die zweite Alternative einen — nicht vorhandenen — objektiven Maßstab über den Gewissen voraussetzt[14].

Anders ausgedrückt: Wenn es *eine* objektive Moralordnung gibt, die in die Lage versetzt, Gewissen zu beurteilen, ist nicht einzusehen, warum das Gewissen und nicht vielmehr die Moralordnung das Entscheidende sein soll[15]. Wenn es keine solche Ordnung gibt, ist nicht einzusehen, warum das Gewissen einen solchen Wert haben soll, daß es Respektierung seiner Entscheidungen von jedermann soll verlangen können.

Zu dieser Widersprüchlichkeit der Absolutsetzung der Gewissenspositionen kommt die schon hervorgehobene anarchische Wirkung ihrer Anerkennung für die Gesellschaft[16]. Die soweit ersichtlich einzige Lösung aus den Auslegungsschwierigkeiten besteht darin, die Funktion der Gewissensfreiheit in der Gesellschaft zum Ausgangspunkt der Auslegung zu machen. Diese Funktion liegt — vom einzelnen her gesehen — darin, ihm die Loyalität zur rechtlich geordneten Gesellschaft auch dann zu ermöglichen, wenn seine Gewissensposition in Konflikt mit der Rechtsord-

---

[12] Strukturen solcher Antinomien oder Paradoxien im sozialen Bereich hat besonders beschrieben K. R. *Popper*, Die offene Gesellschaft und ihre Feinde. Vgl. zur Paradoxie der *Freiheit* 1. Bd., S. 359 ff., 2. Bd., S. 153 ff., 219, 445; zur Paradoxie der *Demokratie* 1. Bd., S. 360; zur Paradoxie der *Toleranz* 1. Bd., S. 359; zur Paradoxie der *Souveränität* 1. Bd., S. 170 ff., 360 f., 2. Bd., S. 454. Ihre Gemeinsamkeit untereinander und mit der Paradoxie des Gewissens besteht darin, daß sie mehr oder weniger Beispiele der allgemeinen semantischen Paradoxie des *Lügners* sind. Vgl. dazu ebd. 2. Bd., S. 281 ff., 453 ff.

[13] Dies zeigt sich schön an dem Beispiel von H. *Kaufmann*, Die Einrede der entgegenstehenden Gewissenspflicht, S. 294.

[14] Vgl. dazu R. *Schnur*, Weltfriedensidee und Weltbürgerkrieg, S. 305 f.

[15] Vgl. dazu N. *Luhmann*, Die Gewissensfreiheit und das Gewissen, S. 261. Wenn Gerichtsentscheidungen wie BVerfGE 12,1 (4); BGHZ 38,317 (320 f.) Glaubens- und Gewissensfreiheit ausdrücklich nur im Rahmen der Wertordnung des Grundgesetzes und der abendländischen Sittenordnung gewähren, ist zu fragen, welche Bedeutung diese Grundrechte haben. Für moralkonformes Verhalten braucht man sich nicht auf Art. 4 GG zu berufen und moralabweichendes Verhalten ist nicht geschützt. Eine scharfe Kritik an diesen Entscheidungen übt P. *Badura*, Generalprävention und Würde des Menschen, S. 340.

[16] Der erste, der darauf hingewiesen hat, war wohl A. *Comte*, La Philosophie positive, 2. Bd., 55. Lektion, S. 325 ff., 355 ff. Vgl. dazu auch M. *Scheler*,

nung dieser Gesellschaft gerät, und — von der Gesamtheit gesehen — die Störung und Unsicherheit der Gesamtordnung zu vermeiden, die darin liegt, daß einzelne sie wegen ihrer Gewissensposition nicht anerkennen können[17]. Der juristische Aspekt dieser Funktion soll im nächsten Paragraphen skizziert werden.

§ 4. Interpretationsvorschlag für das Grundrecht der Gewissensfreiheit

1. Als Ergebnis aus der vorangegangenen Darlegung läßt sich formulieren: *Die rechtliche Gewährleistung der Gewissensfreiheit verpflichtet die öffentliche hoheitlich handelnde Gewalt, rechtliche Alternativlösungen bereitzustellen*[1], *wenn eine generelle rechtliche Regelung einzelne zu gewissenswidrigem Verhalten verpflichtet, es sei denn, daß es Alternativlösungen nicht gibt oder mögliche Alternativlösungen für die staatlich verfaßte Gesellschaft nicht tragbar sind.*

Diese Interpretation des Art. 4 GG werde im Gegensatz zur oben § 2.3 anarchisch genannten Interpretation die *funktionale Interpretation* genannt.

2. Mit der anarchischen hat die funktionale Interpretation gemeinsam, daß sie Gegenstand geschützter Gewissenspositionen nicht nur innere Vorgänge, sondern auch äußeres Verhalten sein läßt[2]. Von der anarchischen Funktion unterscheidet sie sich dadurch, daß sie Gewissenspositionen nicht absolut schützt, sondern sie in Korrelation stellt zu Gesichtspunkten der Gesamtheit[3]. Sie läßt Einschränkungen des Grundrechts zu derart, daß die Einschränkungen nicht im Widerspruch stehen zur fehlenden *Schrankenklausel* der Bestimmung des Art. 4 GG.

Der Formalismus in der Ethik und die materiale Wertethik, S. 355 f.; E. *Spranger*, Die Individualität des Gewissens und der Staat, S. 172; H. *Welzel*, Gesetz und Gewissen, S. 397 ff.; N. *Luhmann*, a. a. O., S. 273; R. *Zippelius*, Art. 4, Rdnr. 43; H. *Weber*, Ersatzdienstverweigerung aus Gewissensgründen, S. 1610.

[17] Vgl. dazu M. *Hinzmann*, Die aktuelle Kriegsdienstverweigerung, S. 102 ff.; N. *Luhmann*, a. a. O., S. 270 ff.; G. *Dürig*, Art. 103 III GG und die „Zeugen Jehovas", S. 427.

[1] Beispiele solcher Alternativlösungen enthalten § 484 ZPO, § 66 e StPO, § 58 Abs. 3 BBG, Art. 4 Abs. 3 i. V. mit Art. 12 a Abs. 2 Satz 1 GG.

[2] Ebenso BVerfGE 12,1 (4); BVerwGE 12,242 (247); LAG Düsseldorf, Urteil vom 14. 2. 1963, in: JZ 64,258 f. W. *Geiger*, Gewissen, Ideologie, Widerstand, Nonkonformismus, S. 68; W. *Hamel*, Glaubens- und Gewissensfreiheit, S. 54, 60 f.; W. J. *Habscheid*, Arbeitsverweigerung aus Glaubens- und Gewissensnot? S. 246; a. A. H. J. *Scholler*, Die Freiheit des Gewissens, S. 131 ff.; H. *Kaufmann*, Die Einrede der entgegenstehenden Gewissenspflicht, S. 299 f. Die funktionale Interpretation unterläuft damit die Disjunktion „anarchische Interpretation — Beschränkung auf das forum internum". Diese Disjunktion hält resignierend für vollständig R. *Zippelius*, Art. 4, Rdnr. 45. Gegen diese Resignation unter Berufung auf N. *Luhmann* schon H. *Weber*, Ersatzdienstverweigerung aus Gewissensgründen, S. 1611, Anm. 9.

[3] Ebenso H. *Weber*, a. a. O., S. 1611.

I. Der Inhalt des Grundrechts der Gewissensfreiheit

Der fehlende Gesetzesvorbehalt hat der Interpretation bisher erhebliche Schwierigkeiten gemacht. Die erste, von Fr. *Klein* vertretene Lösung, Art. 4 GG den Schranken des Art. 2 Abs. 1 GG zu unterwerfen[4], widerspricht dem Elfes-Urteil des Bundesverfassungsgerichts (BVerfGE 6, 32 [37 f.]) und wird aus guten Gründen seither kaum noch vertreten. Das von W. *Hamel*[5] entwickelte Schrankensystem beruht auf Prämissen, die nicht in die Rechtsordnung eines säkularen Staates eingehen können[6]. Andere konsequente Schrankensysteme für Art. 4 GG sind bisher nicht ausgearbeitet worden. Fast allgemein wird irgendeine Einschränkung jedoch für zulässig erachtet[7].

Ist die vorgeschlagene Interpretation des Grundrechts der Gewissensfreiheit richtig, bedarf es aus folgenden Gründen keines Gesetzesvorbehalts. Die Formulierung gibt kein Kriterium, das es gestattet, die Fälle geschützter Gewissenspositionen von den Fällen nicht geschützter Positionen zu unterscheiden[8]. Die Schutzfähigkeit solcher Positionen hängt nicht von der Position allein ab, sondern zugleich von dem rechtlich geordneten Zustand der Gesellschaft.

Das Grundrecht der Gewissensfreiheit bietet damit formal ähnliche Auslegungsschwierigkeiten wie das Recht auf verfassungsrechtliche Gleichheit, das auch keinen Gesetzesvorbehalt kennt und aus rechtstheoretischen Gründen keinen Gesetzesvorbehalt kennen kann. Gibt man dem allgemeinen verfassungsrechtlichen Gleichheitssatz die Fassung „Die hoheitlich handelnde öffentliche Gewalt soll jedermann anderen gegenüber gleich behandeln, es sei denn, es liegt ein zureichender Grund für eine Ungleichbehandlung vor", dann sagt Art. 3 Abs. 1 GG selbst nicht aus, in welchen Fällen ein zureichender Grund für eine Ungleichbehandlung vorliegt oder nicht. Um dies für den Einzelfall festzustellen, bedarf es weiterer Begründungen, die ihren Gehalt nicht aus der Formulierung des Gleichheitssatzes selbst beziehen können. Es bedarf

---

[4] *v. Mangoldt-Klein*, Das Bonner Grundgesetz, Art. 4, Erl. III 5 b).

[5] W. *Hamel*, a. a. O., S. 68 ff.

[6] Vgl. dazu A. *Podlech*, Der Gewissensbegriff im Rechtsstaat, bes. S. 201 ff. Wenn W. *Hamel*, Die Gewissensfreiheit im Grundgesetz, S. 323, Anm. 3, gegen meine Kritik seiner Schrankenlehre u. a. einwendet, ich hätte entgegen seinen Ausführungen behauptet, er habe die Vollstreckung kirchlicher Freiheitsstrafen für zulässig erklärt, so hat er das thema probandis meiner Ausführungen S. 202 ff. nicht verstanden und sie außerdem falsch referiert. Ich habe gar nicht behauptet, er hielte die Vollstreckung für zulässig, sondern dargelegt, sie sei aus einem anderen Grund unzulässig als er annimmt. Da, wie ich ausgeführt habe, aus seinen Schrankenkriterien *nicht* folgt, daß die Vollstreckung unzulässig ist, aus anderen Gründen aber feststeht, *daß* sie unzulässig ist, folgt daraus, daß seine Kriterien wenigstens insoweit falsch sind.

[7] Vgl. BVerfGE 12,1 (5); 45 (47). Außer den schon genannten seien aufgeführt W. *Geiger*, Gewissen, Ideologie, Widerstand, Nonkonformismus, S. 73; H. J. *Wolff*, Verwaltungsrecht I, § 33 V b) 5; A. *Hamann*, Das Grundgesetz, Art. 4, Erl. C 4; *Maunz-Dürig*, Grundgesetz, Art. 17 a, Rdnr. 32. Die Einschränkbarkeit ist auch in den Verhandlungen des *Parlamentarischen Rats* allgemein angenommen worden. Vgl. dazu Kl. B. *v. Doemming* u. a., Entstehungsgeschichte der Artikel des Grundgesetzes, S. 74 f., und den nächsten Paragraphen.

[8] Dieser Umstand ist insofern kein Argument gegen die vorgeschlagene Formulierung, als die anderen Interpretationen bisher ebenfalls ein solches Kriterium nicht geliefert haben.

außer der allgemeinen Entscheidung (des Verfassungsgesetzgebers) für die Geltung des Gleichheitssatzes jeweils weiterer Entscheidungen darüber, ob im Einzelfall für eine Ungleichbehandlung ein zureichender Grund vorliegt oder nicht. Ähnlich ist es beim Grundrecht der Gewissensfreiheit. Außer der allgemeinen Entscheidung (des Verfassungsgesetzgebers) für die Geltung der Gewissensfreiheit bedarf es für jede Nichtberücksichtigung von Gewissenspositionen im Einzelfall der Entscheidung darüber, ob Alternativen wirklich nicht gegeben oder mögliche Alternativen für die rechtlich verfaßte Gesellschaft nicht tragbar sind.

Eine weitere Ähnlichkeit zwischen Art. 3 Abs. 1 und Art. 4 Abs. 1 und 2 GG liegt darin, daß dem Text einer Bestimmung oft nicht entnommen werden kann, ob er Gleichheits- oder Gewissensverletzungen zur Folge hat. Das wirft für die verfassungsgerichtliche Überprüfung von Gesetzesbestimmungen an Hand dieser Grundgesetzartikel ganz spezifische Probleme auf, die hier nicht allgemein erörtert werden können. Nur eines sei für Art. 4 Abs. 1 und 2 GG hervorgehoben. Gestattet Art. 4 GG die Berücksichtigung einer individuellen Gewissensposition gegenüber einer allgemeinen Regelung, so ist deswegen die generelle Regelung *nicht* etwa wegen Verstoßes gegen Art. 4 GG *nichtig*. Das heißt, daß ein Gesetz generell verfassungsmäßig sein kann, und Art. 4 Abs. 1 GG trotzdem erlauben oder anordnen kann, daß seine Verbindlichkeit im Einzelfall ganz aufgehoben oder nur modifiziert aufrechterhalten wird[9].

Eng mit der Frage der Schrankenklausel hängt die Frage nach der Gültigkeit des *Zitiergebots* des Art. 19 Abs. 1 Satz 2 GG zusammen. Es gilt weder für Art. 3 Abs. 1 GG noch für Art. 4 Abs. 1 und 2 GG, und zwar nicht nur deswegen nicht, weil diese Bestimmungen keinen Gesetzesvorbehalt kennen, sondern weil das Gebot infolge der Struktur der gewährleisteten Rechte nicht erfüllbar ist.

So wie es nicht sinnvoll ist, zu verlangen, jedes Gesetz, das irgendwann irgendwen einem anderen gegenüber in irgendeiner Hinsicht ungleich behandelt, müsse deswegen Art. 3 Abs. 1 GG als eingeschränkt bezeichnen, weil bei Erlaß eines Gesetzes gar nicht sicher festgestellt werden kann, in welchem Bereich Ungleichheiten eintreten werden, sowenig ist es sinnvoll, Art. 4 GG als eingeschränkt zu bezeichnen, weil nicht vorhersehbar ist, wer wann aus welchem Grund in seiner Gewissensposition beeinträchtigt ist.

Ein krasses Beispiel mag genügen: Wenn die Verkehrspolizei eines sonntags abend auf Grund der ihr erteilten Ermächtigung ordnungsgemäß eine größere Verkehrsumleitung anordnet, die für die Autofahrer längere Verzögerungen mit sich bringt, kann niemand verlangen, die gesperrte Strecke deswegen fahren zu dürfen, weil er sonst nicht zur letzten Abendmesse kommt und dadurch seiner Sonntagspflicht nicht genügen kann.

3. Die oben § 4.1 vorgeschlagene Formulierung enthält eine Argumentationslastregel. *Argumentationslast* zugunsten derer, die eine Gewissensposition geltend machen, soll dabei bedeuten, daß immer dann, wenn nicht mit einer für Argumentationen im Grundrechtsbereich ausreichenden Plausibilität feststeht, daß es keine Alternativen gibt oder mögliche

---

[9] Ebenso H. *Hannover*, Ist die Bestrafung der Ersatzdienstverweigerung der Zeugen Jehovas mit dem Grundrecht der Glaubens- u. Gewissensfreiheit vereinbar? S. 92 f.

38   I. Der Inhalt des Grundrechts der Gewissensfreiheit

Alternativen für die Gesamtheit nicht tragbar sind, die beanstandete Norm für den Betreffenden nicht bindend ist. Der Grund für diese Regelung der Argumentationslast ist einfach: Die Folgen eines Gewissenskonflikts muß derjenige tragen, der über die Alternativen verfügt[10]. Das ist in einer rechtlich vermittelten Zwangslage — aber auch erst in einer solchen Zwangslage[11] — der Inhaber der öffentlichen Gewalt, die Legislative oder Exekutive. Sind jedoch Alternativen nicht vorhanden oder sind sie für die Gesamtheit nicht tragbar, verfügt auch der Inhaber der öffentlichen Gewalt über keine Alternativen. Damit fallen die Folgen wieder auf den Inhaber der Gewissensposition zurück.

4. Zur Erläuterung der vorgeschlagenen Formulierung dienen folgende Beispiele, die nicht beanspruchen, die jeweilige Problematik zu erschöpfen.

Steuerverweigerung[12]

Gewissensposition: Ablehnung jeder Form von Teilnahme an einem irdischen Gemeinwesen.

Öffentliches Interesse: Erhalt der Geldmittel; Gleichbehandlung der Steuerpflichtigen.

Alternative: nicht ersichtlich.

Begründung: Die Gesamtheit kann auf den Steuereingang nicht verzichten. Erlaß der Steuer aus Gewissensgründen liefe auf eine Steuerprivilegierung einer bestimmten Religionsgesellschaft hinaus, die in säkularen Staaten gegen deren unverzichtbare Grundprinzipien verstößt. Die Ungleichbehandlung wäre nicht begründungsfähig.

Ergebnis: Steuerpflicht besteht trotz Gewissensbedenken.

Lütticher Kindestötungsfall (Contergan-Kind)

Gewissensposition: Die vor dem Kind bestehende Verantwortung, Erzeuger dessen Ausnahme-Existenz zu sein, kann nicht getragen werden.

Öffentliches Interesse: Verpflichtung, die Rechte des Kindes aus Art. 2 Abs. 2 GG zu schützen. Gefahr des Mißbrauchs solcher Gewissenspositionen.

Alternative: nicht ersichtlich.

Begründung: Erstrecken sich Gewissenspositionen auf dritte Personen, finden sie eine Grenze jedenfalls an den absolut geschützten Gütern des Lebens, der Gesundheit und der Freiheit (Art. 2 GG).

Tötung auf Verlangen

Gewissensposition: Verpflichtung, dem Verlangenden dessen Wunsch zu erfüllen.

---

[10] So ausdrücklich N. *Luhmann*, Die Gewissensfreiheit und das Gewissen, S. 283.

[11] Das Rentenkonkubinat ist keine Zwangslage. Vgl. dazu *ebd*.

[12] Die „Söhne der Freiheit", Angehörige einer im vorigen Jahrhundert aus Rußland nach Kanada eingewanderten Sektengruppe, lehnen Steuerzahlung, Schulpflicht und jede Berührung mit Behörden aus Gewissensgründen ab. Sie nehmen jede Art der Bestrafung unter Zwang auf sich und gehen selbst zum aktiven Widerstand über, indem sie z. B. Finanzämter und Schulen in Brand stecken.

§ 4. Interpretationsvorschlag 39

Öffentliches Interesse: Die Erfüllung der Verpflichtung, die Rechte aus Art. 2 GG zu schützen, wird gefährdet, weil die Möglichkeiten der Unzurechenbarkeit des Wunsches und des Mißbrauchs solcher Gewissenspositionen nicht auszuschließen sind.
Alternative: nicht ersichtlich.
Begründung: Kein Grund liegt m. E. darin, daß der Bittende auf die Rechte aus Art. 2 GG nicht verzichten könne. Das Problem liegt darin, festzustellen, *wann* und *ob* ein solcher Verzicht für den Rechtsbereich wirksam erklärt ist.
Impfgegner bezüglich minderjähriger Familienangehöriger
Gewissensposition: Dem Willen Gottes und seiner Lenkung des Weltlaufs darf nicht vorgegriffen werden.
Öffentliches Interesse: Schutz der Gesundheit der einzelnen Kinder und der Allgemeinheit.
Alternative: nicht ersichtlich.
Begründung: Siehe oben zum Lütticher Kindestötungsfall.
Operationsverweigerung für sich selbst
Gewissensposition: Siehe oben zum Impfgegner.
Öffentliches Interesse: Ersparung finanzieller Mittel (Vgl. §§ 1236, 1237 Abs. 1 und 2, 1243 Abs. 1 und 4 RVO, § 18 Abs. 1 BSHG; dazu *Knopp-Biederbick*, Bundessozialhilfegesetz, § 18, Erl. 3).
Alternative: nicht ersichtlich außer Aufhebung der Obliegenheit, sich operieren zu lassen.
Begründung: Der Gesichtspunkt der Ersparung finanzieller Mittel hat im Einzelfall hinter der Gewissensposition zurückzutreten. Die Gewissensposition der Operationsverweigerung schafft eine persönliche Unzumutbarkeit für den Betreffenden. Ganz besonders gilt dies im Sozialhilferecht. Würde die Operationsverweigerung zur Einstellung der Sozialhilfe führen, hieße die Alternative im Grenzfall: Handle gewissenswidrig oder verhungere mit deiner Familie.
Operationsverweigerung für volljährige Familienangehörige
(Betrifft vorwiegend die Verpflichtung zum Handeln aus Garantenstellung)
Gewissensposition: Siehe oben zum Impfgegner.
Öffentliches Interesse: Siehe oben zur Tötung auf Verlangen.
Alternative: nicht ersichtlich.
Begründung: Siehe oben zur Tötung auf Verlangen.
Ist jedoch das Familienmitglied Angehöriger der Glaubensgemeinschaft, die die Operationsverweigerung vertritt, und hat es auch diese Gewissensposition vertreten — im Strafverfahren wegen Tötung durch Unterlassung und unterlassener Hilfeleistung eine Beweisfrage —, dann hat die Gewissensposition Vorrang.
Operationsverweigerung für minderjährige Familienangehörige
Gewissensposition: Siehe oben zum Impfgegner.
Öffentliches Interesse: Siehe oben zum Lütticher Kindestötungsfall.
Alternative: nicht ersichtlich.
Begründung: Siehe oben zum Lütticher Kindestötungsfall.

In der vorgeführten Form ist in jedem Einzelfall eine Güterabwägung vorzunehmen. Aufgabe der Wissenschaft ist es dabei, verallgemeinerungsfähige Kriterien herauszuarbeiten. Solche Kriterien werden, soweit sie besondere Gewaltverhältnisse betreffen, in der vorliegenden Untersuchung erarbeitet werden.

5. Zum Schluß noch ein Hinweis auf ein Problem. Die Beispiele haben gezeigt, daß die Berücksichtigung von Gewissenspositionen mit dem *Gleichheitssatz* kollidieren kann[13]. Das Verhältnis von Gewissensfreiheit und Gleichbehandlung kann dabei zu einem Zirkel führen. Ist die Berücksichtigung der Gewissensposition geboten, wird man sagen, daß dieser Umstand ein zureichender Grund zur Ungleichbehandlung ist. Es kann aber auch sein, daß die Verpflichtung der öffentlichen hoheitlich handelnden Gewalt zur Gleichbehandlung der einzige Grund ist, warum eine Gewissensposition nicht berücksichtigt werden kann. Dann ist der Unterschied zwischen demjenigen, der eine Gewissensposition geltend macht — z. B. ein Zeuge Jehovas, der den Ersatzdienst ablehnt — und anderen — in diesem Fall denjenigen, die den Ersatzdienst leisten — kein zureichender Grund zur Ungleichbehandlung — in diesem Fall etwa derart, daß man den Ersatzdienstverweigerer freistellt und die anderen einberuft. Diese Problematik kann hier nicht vertieft werden. Sie muß einer Behandlung im Rahmen einer Untersuchung über den Gehalt des allgemeinen verfassungsrechtlichen Gleichheitssatzes vorbehalten bleiben[14].

§ 5. Arbeitsfassung des Art. 4 GG

Es stellt sich jetzt zum Schluß die Frage, in welchem systematischen Zusammenhang die in Art. 4 GG genannten Rechte zueinander stehen. Unbedenklich wird man sagen können, daß die Ausübung aller in Art. 4 GG genannten Rechte in Ausübung der Gewissensfreiheit geschehen kann und die des durch Art. 4 Abs. 3 GG gewährleisteten Rechtes in Ausübung der Gewissensfreiheit geschehen muß. Die Gewissensfreiheit ist also das dem Regelungsumfang nach umfassendste Recht. Andererseits muß die Ausübung der in Art. 4 Abs. 1 und 2 GG genannten anderen Rechte nicht in Ausübung der Gewissensfreiheit geschehen. Man könnte einen weltanschaulichen Standpunkt bekennen, (bloß) um eine Anstellung zu erhalten, oder man könnte Gottesdienste veranstalten, (bloß) um den Kerzenverbrauch zu erhöhen oder um politisch gegen eine Regierung zu agieren (Vietnam-Friedensgottesdienst). Man wird jedoch sagen können, daß es der öffentlichen hoheitlich handelnden Gewalt in der Regel untersagt ist, die Motive zur Inanspruchnahme der Glaubens-, Bekenntnis- und Religionsausübungsfreiheit bei ihren Maßnahmen zu berücksichtigen. Etwas anderes könnte dann gelten, wenn es sich um die

---

[13] Ebenso M. *Hinzmann,* Die aktuelle Kriegsdienstverweigerung, S. 70 ff.
[14] M. *Hinzmann,* a. a. O., hält den Gleichheitssatz in solchen Fällen für injustiziabel. Ob das richtig ist, muß sich noch erweisen.

Grenzen dieser Rechte handelt. Das Verhältnis der Gewissensfreiheit zu den anderen in Art. 4 GG genannten Freiheiten bietet eine Möglichkeit, dogmatisch einwandfrei und für die Praxis befriedigend das Problem der Grenzen der in Art. 4 GG genannten Freiheitsrechte zu lösen. Es werde daher vorgeschlagen folgende

Arbeitsfassung des Art. 4 GG

(1) Die öffentliche hoheitlich handelnde Gewalt ist verpflichtet zur Wahrung der *Gewissensfreiheit,* d. h. sie muß rechtliche Alternativlösungen bereitstellen, wenn eine generelle rechtliche Regelung einzelne zu gewissenswidrigem Verhalten verpflichtet, es sei denn, daß es Alternativlösungen nicht gibt oder mögliche Alternativlösungen für die rechtlich verfaßte Gesellschaft nicht tragbar sind.

(2) Die öffentliche hoheitlich handelnde Gewalt ist verpflichtet zur Wahrung der

1. *Glaubensfreiheit,* d. h. sie darf den Umstand, daß jemand einen beliebigen religiösen oder weltanschaulichen Glauben hat oder nicht hat (seinen *weltanschaulichen Standpunkt*) weder erforschen noch ihn bei zufälliger Kenntnisnahme ihrem Verhalten zugrunde legen;

2. *Bekenntnisfreiheit,* d. h. sie darf niemanden hindern, einen weltanschaulichen Standpunkt auch öffentlich zu äußern oder zu verkünden;

3. *Religionsausübungsfreiheit,* d. h. sie darf weder jemanden hindern noch zwingen, allein oder mit anderen die Bekenntnisfreiheit in kultischer Form zu betätigen und Gottesdienste, speziell Gebete privat oder öffentlich vorzunehmen oder an ihnen teilzunehmen.

(3) Das Recht auf Glaubensfreiheit ist uneinschränkbar. Die Rechte auf Bekenntnisfreiheit und Religionsausübungsfreiheit finden ihre Grenze an den Rechten Dritter und den allgemeinen Gesetzen, es sei denn, die Ausübung dieser Freiheiten ist Ausübung der Gewissensfreiheit. In diesem Fall dürfen sie nur eingeschränkt werden, wenn es rechtliche Alternativlösungen nicht gibt oder sie für die rechtlich verfaßte Gesellschaft nicht tragbar sind.

(4) Besteht die Ausübung der Gewissensfreiheit in der Verweigerung des Kriegsdienstes mit der Waffe, darf diese Ausübung nicht deswegen eingeschränkt werden, weil es Alternativlösungen nicht gibt oder sie für die rechtlich verfaßte Gesellschaft nicht tragbar seien. (*Kriegsdienstverweigerungsrecht.*)

Begründung:

Absatz 1 entspricht der oben § 4.1 formulierten Fassung des Grundrechts der Gewissensfreiheit.

Absatz 2 entspricht den oben § 1.2 formulierten Fassungen der Glaubens-, Bekenntnis- und Religionsausübungsfreiheit.

Absatz 3 Satz 1 bringt zum Ausdruck, daß die Glaubensfreiheit uneinschränkbar ist. Es ist der rechtlich verfaßten Gesellschaft immer zumutbar, auf rechtlichen Zwang zur Mitteilung weltanschaulicher Standpunkte und auf die rechtliche Verwertung dennoch bekanntgewordener Standpunkte zu verzichten[1].

---
[1] Ebenso W. *Keim,* Schule und Religion, S. 125; A. *v. Campenhausen,* Erziehungsauftrag und staatliche Schulträgerschaft, S. 181.

Absatz 3 Satz 2, 1. Halbsatz legt die Einschränkbarkeit der Bekenntnis- und Religionsausübungsfreiheit fest. Die Formulierung befindet sich in Übereinstimmung mit Art. 136 Abs. 1 WV i. V. m. Art. 140 GG. Daß diese Freiheiten einschränkbar sein müssen, ist die Ansicht fast aller Autoren[2]. Die Frage ist nur, wie man die Einschränkbarkeit konstruiert, ob durch Vorbehalt der Schranken aus Art. 2 Abs. 1 GG[3], ob durch Restriktion des Gewissensbegriffs[4], durch die Bindung an eine objektive Ordnung[5] oder unter Rückgriff auf transzendente Vorstellungen[6]. Die ganze Problematik ist jedoch — soweit sie ihren Grund nicht in dem oben § 2.1 geschilderten Paradoxon des Gewissens hat — nur dadurch verursacht, daß im *Parlamentarischen Rat* jede Einschränkungsklausel gestrichen wurde zum Zweck, die Bedeutung der Gewissensfreiheit und der verwandten Freiheiten herauszustellen und in der irrigen Annahme, eine Einschränkungsklausel sei überflüssig, nicht aber in der Absicht, die durch Art. 4 Abs. 1 und 2 GG gewährleisteten Rechte uneinschränkbar zu garantieren[7].

Der Sprecher der CDU/CSU in der entscheidenden Sitzung des Grundsatzausschusses, der Abg. A. *Süsterhenn*, vertrat die Auffassung, das Grundrecht der freien Religionsausübung sei nicht lex specialis zu Art. 2 Abs. 1 GG. Daher gelte auch dieses Grundrecht nur insoweit, als es nicht durch Art. 2 Abs. 1 GG eingeschränkt sei. Ein Vorbehalt zugunsten der allgemeinen Gesetze sei daher überflüssig. Die Einschränkung der Religionsausübung sei beispielsweise durch seuchen- und baupolizeiliche Vorschriften auch bei Streichung des Gesetzesvorbehalts möglich[8]). Die gegenteilige Ansicht des Abg. H. *v. Mangoldt*, der die Vorbehaltsklausel nicht für überflüssig hielt, drang im Ausschuß nicht durch.

Auf die Grenze der Rechte Dritter kann im Regelfall nicht verzichtet werden[9].

Kein Veranstalter oder Teilnehmer einer Prozession beispielsweise hat ohne weiteres das Recht, fremde Grundstücke zu betreten. Kein Verkündigungs-

---

[2] *v. Mangoldt-Klein*, Das Bonner Grundgesetz, Art. 4, Anm. II 3, 5, IV 4, V 3; A. *Hamann*, Das Grundgesetz, Art. 4, Erl. C 4; H. J. *Wolff*, Verwaltungsrecht I, § 33 V b); W. *Hamel*, Glaubens- und Gewissensfreiheit, S. 68 ff.; H. J. *Scholler*, Die Freiheit des Gewissens, S. 141, 168 f.; W. *Geiger*, Gewissen, Ideologie, Widerstand, Nonkonformismus, S. 73 ff.

[3] So *v. Mangoldt-Klein*, a. a. O.; H. J. *Wolff*, a. a. O.

[4] So H. J. *Scholler*, a. a. O.

[5] So W. *Geiger*, a. a. O.

[6] So W. *Hamel*, a. a. O.

[7] Vgl. dazu und zum folgenden Kl. B. *v. Doemming* u. a., Entstehungsgeschichte der Artikel des Grundgesetzes, S. 74 f.

[8] Es ist erstaunlich, daß diese von allen Ausschußmitgliedern offensichtlich gebilligte Ansicht — die Kontroverse drehte sich nur darum, ob die Einschränkung im Text zu erwähnen sei oder nicht — in keinem Kommentar oder Handbuchbeitrag zitiert wird. Statt dessen wird z. T. auf das Sittengesetz oder gar überpositives Recht zurückgegriffen, um das Verbot einer Prozession bei Seuchengefahr zu rechtfertigen.

[9] Vgl. dazu H. *Mirbt*, Glaubens- und Gewissensfreiheit, S. 330 f., 332.

pionier hat das Recht, fremde Haus- und Besitzrechte zu verletzen. Auch das Recht der Bekenntnisfreiheit gestattet nicht Beleidigungen.

Absatz 3 Satz 2, 2. Halbsatz gestattet die Diskussion einer Erweiterung der Rechte auf Ausübung der Bekenntnis- und Religionsausübungsfreiheit, soweit sie in Ausübung der Gewissensfreiheit in Anspruch genommen werden.

Absatz 3 Satz 3 entschränkt die Ausübung der Bekenntnis- und Religionsausübungsfreiheit auf den Umfang geschützter Gewissenspositionen. Das bedeutet, daß auch für diese Freiheiten eine Kasuistik argumentativ erarbeitet werden muß. Soweit die Rechte Dritter in Frage kommen, ist dies nicht Thema der vorliegenden Untersuchung. Meines Erachtens genießen die zivilrechtlich absolut geschützten Rechte (Leben, Gesundheit, Freiheit, Ehre und Eigentum) einen absoluten Schutz gegenüber Gewissenspositionen anderer. Zur Problematik der Forderungsrechte sei auf die zivilrechtliche Literatur verwiesen[10]. Die Problematik der öffentlich-rechtlichen Teilrechtsordnung werde im folgenden nur für besondere Gewaltverhältnisse behandelt. Die Problematik des *Absatz 4* wird unten § 18.3 und 5 näher erörtert. Der Text der Arbeitsfassung gibt die dort erarbeitete Interpretation wieder.

---

[10] Ein Überblick findet sich bei H. *Kaufmann*, Die Einrede der entgegenstehenden Gewissenspflicht, passim.

II. Zugang zur Problematik der besonderen Gewaltverhältnisse

§ 6. Problemlage und Skizzierung des Lösungsweges

1. Die Erörterung eines speziellen Themas aus dem Problembereich der besonderen Gewaltverhältnisse des öffentlichen Rechts stößt auf folgende prinzipielle Schwierigkeit. In der öffentlich-rechtlichen Dogmatik besteht keine Übereinstimmung darüber,

a) durch welche Merkmale ein besonderes Gewaltverhältnis definiert wird[1] — logisch gesprochen: die Intension des Ausdrucks „besonderes Gewaltverhältnis" ist nicht festgelegt[2];

b) welchen sozialen Gebilden das Prädikat „besonderes Gewaltverhältnis" zukommt oder nicht — logisch gesprochen: die Extension des Ausdrucks ist nicht festgelegt;

c) welche Rechtsfolgen sich daraus ergeben, daß einem sozialen Gebilde das Prädikat „besonderes Gewaltverhältnis" zugesprochen wird — juristisch gesprochen: die dogmatische Bedeutung des Ausdrucks ist kontrovers[3].

Diese drei Punkte lassen sich auf zwei reduzieren und als Forderungen formulieren, die erfüllt sein müssen, ehe ein spezielles Thema aus dem Bereich der besonderen Gewaltverhältnisse erörtert werden kann. Es muß geklärt werden,

a) unter welchen Bedingungen einem sozialen Gebilde das Prädikat „besonderes Gewaltverhältnis" zukommt[4],

b) was rechtlich aus dieser Prädizierung folgt.

---

[1] So ausdrücklich Fr. *Fleiner*, Institutionen des Deutschen Verwaltungsrechts, S. 167, Anm. 12.

[2] *Intension* ist ein korrektes Explikat dessen, was in der traditionellen Logik „Begriffsinhalt", *Extension* Explikat dessen, was „Begriffsumfang" genannt wurde. Vgl. dazu R. *Carnap*, Einführung in die symbolische Logik, S. 39 ff., 113 f. Der Unterschied zwischen intensionalen und extensionalen Sprachen ist für die Logik grundlegend. Eine Familie, z. B. die Familie Jakob Schmitz, ist eine Klasse von Personen. Vergrößert sich diese Familie, z. B. dadurch, daß das Ehepaar Schmitz ein weiteres Kind bekommt, so bleibt diese Familie intensional unverändert, nicht aber extensional. Da für intensionale und für extensionale Darstellungen verschiedene logische Regeln gelten, muß mindestens aus dem Zusammenhang ersichtlich sein, welche Darstellung gewählt ist. Im folgenden wird eine intensionale Sprache verwandt.

[3] So z. B. W. *Thieme*, Die besonderen Gewaltverhältnisse, S. 523.

[4] Auf die Beantwortung dieser Frage ganz verzichten will E. *Gernert*, Die Problematik der besonderen Gewaltverhältnisse, S. 15, und alles auf den ein-

§ 6. Problemlage und Skizzierung des Lösungsweges

Diese Fragestellung werde an einem Beispiel erörtert. In einer bestimmten Stadt werde in einem bestimmten Gebäude regelmäßig eine sich innerhalb einer nicht zu kurzen Zeitspanne in der Zusammensetzung nicht verändernde Personengruppe gemeinsam in Stenographie unterrichtet. Dieses soziale Gebilde läßt sich nach den Methoden der Soziologie in seinem tatsächlichen Bestand beschreiben. Rechtsdogmatisch interessieren im vorliegenden Zusammenhang zwei Fragen:

1. ist dieses derart beschriebene Gebilde ein besonderes Gewaltverhältnis oder nicht und warum[5]?
2. was folgt bejahendenfalls daraus für die diesem Gebilde angehörigen Personen?

Beide Fragen — sie seien hinfort als *Ausgangsfragen* bezeichnet — sind noch unkorrekt formuliert. Wichtig ist vorläufig nur, daß die unterschiedliche Blickrichtung beider Fragen erkannt wird. Der Versuch, beide Ausgangsfragen durch eine einheitliche Antwort zu beantworten, führt dazu, daß es nicht möglich ist, mit Hilfe der gegebenen Antwort die Frage kontrollierbar zu diskutieren, ob für ein in den Blick gefaßtes soziales Gebilde die dogmatischen Regeln gelten oder nicht.

Intension (Begriffsinhalt) des Prädikats und dogmatische Folgerungen aus ihm sind für rechtswissenschaftliche Untersuchungen als Variable anzusetzen. Das heißt, daß die den Begriff bildenden Merkmale variiert werden können und ebenfalls die dogmatischen Folgerungen. Nur wenn eine der beiden Variablen konstant gesetzt wird, kann überprüft werden, was sich ergibt, wenn die andere Variable verschiedene Werte durchläuft. Werte sind dabei für die Intension die einzelnen Merkmale, durch die besondere Gewaltverhältnisse konstituiert werden und für die dogmatischen Folgen die einzelnen juristischen Probleme und ihre Lösungsvorschläge, wie z. B. Geltung der Grundrechte, Gesetzesvorbehalt, Verwaltungsaktcharakter der Anordnungen u. ä.

Die Trennung der Ausgangsfragen gestattet zudem die für die Behandlung des Themas der Bedeutung des Art. 4 GG in besonderen Gewaltverhältnissen wichtige Einteilung sozialer Gebilde in solche, die der Staat durch die Einrichtung eines besonderen Gewaltverhältnisses erst schafft — z. B. Strafanstalten — und solche, die er als soziale Gebilde vorfindet, sie aber als besondere Gewaltverhältnisse rechtlich ausgestaltet — z. B. Schulen und Universitäten.

Da beide Ausgangsfragen kontrovers sind, werde folgende Methode zu ihrer schrittweisen Beantwortung vorgeschlagen. Der Ausdruck „besonderes Gewaltverhältnis" gehört der juristischen wissenschaftlichen Umgangssprache an[6]. Das heißt *positiv*, daß mit seiner Hilfe eine vor-

---
zelnen Fall abstellen. Damit wird der Ausdruck als dogmatischer Begriff aufgegeben.
[5] Es ist merkwürdig, daß diese Frage so selten gestellt und noch seltener beantwortet wird. Zur Frage vgl. O. *Bachof*, Begriff und Wesen des sozialen Rechtsstaates, S. 61. Eine Antwort gibt Kl. *Obermayer*, Verwaltungsakt und innerdienstlicher Rechtsakt, S. 86.
[6] Damit ist ausgedrückt, daß der Ausdruck weder der Normsprache angehört noch einer den Regeln der Logik entsprechenden Fachsprache.

läufige Orientierung über gewisse juristische Problemgruppen möglich ist.

So gehört nach allgemeinem juristischem Sprachgebrauch die Frage, ob ein bestimmtes Verhalten Diebstahl ist oder nicht, *keinesfalls;* die Frage, ob die Anzeige einer bestimmten Produktionsaufnahme nach § 191 RAO erforderlich ist oder nicht, *möglicherweise*[7]; die Frage, ob ein Schüler in der Pause im Klassenraum bleiben darf oder nicht, *jedenfalls* zur Problematik besonderer Gewaltverhältnisse.

Bis unten in § 11 eine Präzision des Ausdrucks erfolgt, wird er zur Klärung des Problemfeldes in diesem vorläufigen Sinne verwendet. Negativ heißt die Zuordnung des Ausdrucks „besonderes Gewaltverhältnis" zur juristischen wissenschaftlichen Umgangssprache, daß der Ausdruck in einer korrekten wissenschaftlichen Diskussion erst verwendbar wird, wenn er expliziert wird. Eine *Explikation* dient der sprachlichen Präzisierung und soll folgenden Forderungen genügen[8]: erstens soll das Explikat dem Explikandum ähnlich sein; zweitens sollen die Regeln für den Gebrauch des Explikats korrekt formuliert sein; drittens soll das Explikat wissenschaftlich fruchtbar sein und viertens soll das Explikat unter Beachtung der Forderungen eins bis drei möglichst einfach sein.

Die erste Forderung stellt sicher, daß das Explikat in den meisten Fällen verwendet werden kann, in denen umgangssprachlich das Explikandum verwendet wird. So wird z. B. der Ausdruck „Vertreter" verwandt für jemanden, der im Namen eines anderen etwas kauft, für den Vater minderjähriger Kinder, für den Vertreter an der Haustür und für den Bundesratspräsidenten im Verhinderungsfall des Bundespräsidenten. Die zivilrechtliche Einschränkung des Ausdrucks auf Personen, die in Vertretungsmacht Willenserklärungen für einen anderen abgeben[9], ist *eine* Explikation des Ausdrucks, neben der andere möglich und u. U. — etwa für den Bereich des öffentlichen Rechts — erforderlich sind.

Die dritte Forderung sichert die wissenschaftliche Verwendbarkeit des Explikats. Die erstrebte Begriffsbildung soll wissenschaftlich formulierte Probleme diskutierbar und im Grenzfall lösbar machen.

2. Die Explikation von Ausdrücken, die Phänomene der sozialen — allgemeiner der lebenden[10] — Welt darstellen, stößt auf methodische Schwierigkeiten. Im allgemeinen versagt die übliche Definitionsmethode, ein oder mehrere Merkmale als kennzeichnendes Kriterium herauszugreifen.

---

[7] Bejahend R. *Nebinger,* Verwaltungsrecht, S. 276; verneinend I. *v. Münch,* Freie Meinungsäußerung und besonderes Gewaltverhältnis, S. 16, Anm. 12.

[8] Vgl. dazu W. *Leinfellner,* Einführung in die Erkenntnis- und Wissenschaftstheorie, S. 86 ff.

[9] Vgl. dazu W. *Flume,* Allgemeiner Teil des Bürgerlichen Gesetzbuches, 2. Bd., S. 780 ff.

[10] Vgl. dazu B. *Hassenstein,* Abbildende Begriffe, S. 197 ff. Auf die methodischen Parallelen zwischen sozialen und biologischen Phänomenen wird noch eingegangen, weil sie Hilfestellung leisten können.

§ 6. Problemlage und Skizzierung des Lösungsweges

Als Beispiele, die nur an die als bekannt vorausgesetzte Problematik erinnern sollen, seien folgende genannt: Wodurch unterscheiden sich handwerkliche und industrielle Produktion, Städte und Dörfer, Kinder und Erwachsene?

Die Schwierigkeit der Begriffsbildung in Bereichen solcher sozialen Phänomene beruht darin, daß der Phänomenbereich ein Feld *heterogener Kontinua* ist[11], d. h. ein Feld fließender Übergänge bei großer Komplexität der Merkmale[12]. Der erste Versuch, die methodischen Probleme solcher komplexen Felder zu formulieren, war die Begriffsbildung des *Idealtypus* von M. *Weber*[13]. Ihr entscheidender Mangel, insbesondere für die Rechtswissenschaft, besteht darin, daß sie keine oder nur geringe Hilfe dafür bietet, die notwendige Entscheidung über Grenzziehungen innerhalb der Übergangsreihe zwischen Idealtypen zu begründen[14]. Bei diesem methodisch unbefriedigenden Problemstand werde folgendermaßen vorgegangen: Die Explikation des Ausdrucks „besonderes Gewaltverhältnis" geschehe in zwei Schritten, nämlich erstens durch Festlegung und Beschreibung eines Leitgebildes und zweitens durch Anwendung des Permanenzprinzips.

3. Der erste Schritt, die Festlegung eines *Leitgebildes*, orientiert sich an der Methode der systematischen Biologie[15]. Die Beschreibung beispielsweise einer botanischen Gattung beginnt mit der Festlegung einer Leitart. Dieses Vorgehen ist deswegen zweckmäßig, weil jeder Gegenstandsbereich, der vorgegeben ist, auf sehr verschiedene Weisen beschrieben und eingeteilt werden kann. Die Festlegung einer Leitart oder allgemeiner eines Leitgebildes bedeutet dann eine erste Beschränkung des Sprachgebrauchs, insofern festgelegt wird, was auf jeden Fall mit einem Ausdruck bezeichnet werden soll. Die Auswahl eines Leitgebildes erfolgt teleologisch, d. h. unter Berücksichtigung des Zweckes, dem

---

[11] Diesen plastischen Ausdruck hat der Biologe B. *Hassenstein*, a. a. O., in die methodische Diskussion eingeführt.

[12] Daß das Phänomen „besonderes Gewaltverhältnis" in einem Feld heterogener Kontinua liegt, geht besonders hervor aus der Beschreibung, die H. *Nawiaski*, Forderungs- und Gewaltverhältnis, S. 245 f., gibt.

[13] Auf die fast unübersehbare, letztlich zu keiner einheitlichen Ansicht gelangende Literatur über dieses Thema braucht hier nicht eingegangen zu werden. Versuche der Präzision finden sich bei C. C. *Hempel*, P. *Oppenheim*, Der Typusbegriff im Lichte der neueren Logik, 1936; H. *Scholz*, H. *Schweitzer*, Die sogenannten Definitionen durch Abstraktion, 1938; J. v. *Kempski*, Zur Logik der Ordnungsbegriffe, besonders in den Sozialwissenschaften, 1952.

[14] Vgl. dazu B. *Hassenstein*, a. a. O., S. 200.

[15] Der gemeinsame Problembestand in Biologie und Rechtswissenschaft, der zu diesem Vorgehen anregt, ist folgender. Im allgemeinen können Definitionen weder wahr noch falsch sein. Sowohl die biologische Arteinteilung — die ein Abbild der phylogenetischen Entwicklung sein soll — als auch die dogmatische Begriffsbildung — die ein Abbild des geltenden Rechts sein soll — ist jedoch daraufhin überprüfbar, ob sie richtig oder falsch ist. Vgl. dazu A. *Podlech*, Die Rechtsnatur der Verkehrszeichen und die öffentlich-rechtliche Dogmatik, S. 740. Zu dem verwendeten Abbild-Begriff vgl. *ders.*, Grundrechte und Staat, S. 342, Anm. 9.

II. Zugang zur Problematik der besonderen Gewaltverhältnisse

die erstrebte Begriffsbildung dienen soll. Für den vorliegend verfolgten Zweck, die Bedeutung des Art. 4 GG in besonderen Gewaltverhältnissen zu untersuchen, empfiehlt es sich, die Schule, und zwar die staatliche Volks- bzw. Grundschule, als Leitgebilde zu wählen[16]. Das bedeutet, daß eine Explikation des Ausdrucks „besonderes Gewaltverhältnis" erstrebt wird, nach der die staatliche Volks- bzw. Grundschule Paradigma eines besonderen Gewaltverhältnisses ist. Da in diesem Stadium des Vorgehens noch nicht feststeht, an welchen Merkmalen der komplexen Gebilde besonderer Gewaltverhältnisse sich die juristische Problematik anknüpft, muß die Merkmalsbeschreibung möglichst umfassend sein[17].

4. Der zweite Schritt, die Anwendung des *Permanenzprinzips*, ist an der mathematisch-logischen Methode orientiert[18]. Dieser zweite Schritt besteht in folgendem. Nachdem Strukturen des Leitgebildes beschrieben worden sind, wird untersucht, ob sich diese Strukturen bei anderen sozialen Gebilden wiederfinden. Bleiben Strukturen des Leitgebildes beim Übergang zu anderen sozialen Gebilden erhalten, soll dies ein hinreichender Grund sein, die anderen sozialen Gebilde ebenfalls „besonderes Gewaltverhältnis" zu nennen[19]. Die Auswahl der zu betrachtenden Strukturen erfolgt dabei teleologisch, d. h. zum Zweck der Diskussion vorgegebener Probleme.

§ 7. Schulen, insbesondere Grundschulen, als Leitgebilde des Ausdrucks „besonderes Gewaltverhältnis"

Nach der im vorangehenden Paragraphen dargelegten Methode besteht die erste Aufgabe zur Explikation des Ausdrucks „besonderes

---

[16] Für die Schule als Leitgebilde H. *Peters*, in: VVDStRL 23 (1966), S. 252. Vgl. dazu unten § 7.

[17] B. *Hassenstein*, Abbildende Begriffe, S. 201, hat die hier natürlich nicht zu erfüllende Forderung aufgestellt, daß zum Zweck einer korrekten Begriffsbildung in heterogenen Kontinua zwei Bedingungen erfüllt sein müssen. Erstens sollen alle voneinander unabhängigen kennzeichnenden Merkmale beschrieben sein; zweitens sollen ihre Ausprägungen im Innern des Begriffsfeldes und an den Übergängen zu den Nachbarbegriffen angegeben sein.

[18] H. *Hankel*, Theorie der komplexen Zahlensysteme, S. 11 ff., hat für die Zahlentheorie 1867 zum ersten Mal die Bedeutung des Permanenzprinzips formuliert. Ist z. B. der Bereich der natürlichen Zahlen festgelegt und sind die für diesen Bereich geltenden Gesetze beschrieben, so zeigt sich, daß die Geltung dieser Gesetze erhalten bleibt, wenn vom Bereich der natürlichen Zahlen auf andere Bereiche, z. B. die der rationalen Zahlen, der Polynome oder der Restklassen übergegangen wird. Das Permanenzprinzip ist in seiner Anwendung aber nicht auf die Mathematik beschränkt, sondern ein grundlegendes Prinzip der Logik und deskriptiver Wissenschaften. Zur Bedeutung in der Logik vgl. F. *Kambartel*, Logische Stellung und konstruktive Bedeutung mathematischer Permanenzprinzipien, S. 57 ff.; H. *Scholz*, G. *Hasenjaeger*, Grundzüge der mathematischen Logik, S. 150 f., 229, 287 f., 323 f. Zur Bedeutung für deskriptive Wissenschaften, wo es der Begriffsbildung durch Äquivalenz-

§ 7. Schulen als Leitgebilde

Gewaltverhältnis" darin, ein Gebilde, dem dieses Prädikat zweifelsfrei zukommt, in seiner Struktur derart zu beschreiben, daß erstens die so beschriebene Struktur verglichen werden kann mit den Strukturen anderer Gebilde, und daß zweitens bei Abweichungen der verglichenen Strukturen voneinander die Frage diskutiert werden kann, ob die Abweichung für den juristischen Problembestand relevant ist, der unter dem Topos „besonderes Gewaltverhältnis" diskutiert wird.

Als Leitgebilde dieser Art wird in der vorliegenden Untersuchung, die Schule, näherhin die Volksschule, gewählt. Dies aus folgenden Gründen.

Erstens werden Schulen, näherhin Volksschulen, von allen, die dem Ausdruck „besonderes Gewaltverhältnis" dogmatische Bedeutung zulegen, als besonderes Gewaltverhältnis angesehen[1].

Zweitens sind Schulen unter den Prätendenten auf das Prädikat „besonderes Gewaltverhältnis" keine Einrichtungen mit Extremcharakter. Ihre Insassen sind keine Bürger minderen Rechts, wie man dies vielleicht von Insassen von Straf-, Arbeits- oder Erziehungsanstalten sagen könnte. Die Beziehung der Schüler zur Schule ist plastischer, inhaltsreicher als die entsprechende Beziehung bei Museen oder der Post. Auch hinsichtlich der Abgegrenztheit, der Freiheit der Kommunikation zwischen Innen und Außen des besonderen Gewaltverhältnisses nehmen Schulen eine Mittelstellung ein zwischen etwa Strafanstalten einerseits und der Gesundheitskontrolle andererseits. Schließlich sind die Schüler nicht in einer Weise ins Innere des Staatsbetriebs einbezogen wie etwa Beamte und Soldaten, eine Inkorporation, die bei der Deutung aller besonderen Gewaltverhältnisse vom Beamtenverhältnis her zu mancher Mißdeutung Anlaß gab.

Drittens sind Schulen besonders geeignet als Ausgangspunkt der Erörterung des speziellen Themas dieser Untersuchung, nämlich der Bedeutung der Gewissensfreiheit für besondere Gewaltverhältnisse. Es gibt Gebilde, denen dieses Prädikat zugelegt wird, für die bisher dieses Grundrecht keine Rolle gespielt hat. Solche Gebilde sind natürlich als Anknüpfungspunkt für das zu behandelnde Thema ungeeignet.

---

klassenbildung zugrunde liegt, vgl. H. *Scholz*, H. *Schweitzer*, Die sogenannten Definitionen durch Abstraktion; R. *Carnap*, Einführung in die symbolische Logik, S. 137 f.; U. *Klug*, Juristische Logik, S. 80 ff.

[19] Vgl. dazu I. *v. Münch*, Besonderes Gewaltverhältnis, Arbeitsverhältnis und Beamtentum, S. 211.

[1] Vgl. etwa P. *Kahn*, Das besondere Gewaltverhältnis im öffentlichen Recht, S. 27; E. *Forsthoff*, Lehrbuch des Verwaltungsrechts, S. 267; *Maunz-Dürig*, Grundgesetz, Art. 19 IV, Rdnr. 25; W. *Thieme*, Die besonderen Gewaltverhältnisse, S. 522; I. *v. Münch*, Besonderes Gewaltverhältnis, Arbeitsverhältnis und Beamtentum, S. 210; H. *Tilch*, Der Rechtsschutz gegen Verwaltungsakte im Schulverhältnis, S. 49; C. H. *Ule*, Öffentlicher Dienst, S. 616; R. *Dame*, Das Verhältnis der Grundrechte zu den besonderen Gewaltverhältnissen, S. 11 f. — Abweichende Ansichten sind mir nicht bekanntgeworden.

Die Wahl der Schule als Leitgebilde bietet daher wohl Gewähr, daß das Problem nicht durch die Wahl eines ungeeigneten Ausgangspunktes verkürzt wird.

§ 8. Schulen, insbesondere Grundschulen, als soziale Gebilde

1. Als *Gebilde* wird in der Logik eine Klasse von Individuen bezeichnet, für die ein System von Relationen definiert ist[1]. Ist der Individuenbereich eines Gebildes die Klasse der natürlichen oder juristischen Personen und sind die das Gebilde definierenden Relationen soziale Beziehungen, so werde von einem *sozialen Gebilde* gesprochen[2].

Der Ausdruck *soziale Beziehung* werde hier nicht definiert, sondern durch einige Beispiele erläutert[3]. Die Beziehung „länger als" ist keine soziale Beziehung, obwohl auch aus ihr soziale Wirkungen erwachsen können — etwa in Form von Minderwertigkeitskomplexen eines Schülers, der in einer Klasse der Kleinste ist. Soziale Beziehungen sind z. B. „Untergebener von", „Nachbar von", „Vater von", „verliebt in", „ärgerlich auf".

Die Personen, die eine Schule ausmachen, sind die einzelnen Lehrer und Schüler. Jede einzelne dieser Personen steht zu einer anderen in wenigstens einer sozialen Beziehung. Zum Beispiel haben alle Schüler als solche der Anordnung eines Lehrers zu folgen und sind alle Lehrer befugt, bestimmte Anweisungen zu geben. Schulen sind also soziale Gebilde.

Die erste Aufgabe besteht nun darin, eine Struktur dieser sozialen Gebilde[4] zu beschreiben. Unter *Struktur* werde dabei Invarianz von Relationen beim Übergang von einem sozialen Gebilde zu einem anderen verstanden[5]. Bei der Beschreibung werde also nicht von der Einrichtung „Grundschule" in der Bundesrepublik oder den Ländern ausgegangen, sondern von den einzelnen bestehenden Grundschulen als konkreten, räumlich-zeitlich bestehenden sozialen Gebilden[6].

---

[1] P. *Lorenzen,* Einführung in die operative Logik und Mathematik, S. 240; H. *Gericke,* Theorie der Verbände, S. 29, 55 ff. Zu dem im vorliegenden Zusammenhang trivialen Ausdruck „System" vgl. P. *Lorenzen,* a. a. O., S. 119.

[2] Zu den Ungenauigkeiten, die in dieser vereinfachten Einführung der Termini liegt, vgl. J. H. *Fichter,* Grundbegriffe der Soziologie, S. 125 ff., 136 ff.

[3] Vgl. dazu R. *Dahrendorf,* Homo soziologicus, S. 24 ff.

[4] Auf den sozialen (soziologischen) Tatbestand, der besonderen Gewaltverhältnissen zugrunde liegt, hat kurz hingewiesen K. *Partsch,* in: VVDStRL 15 (1957), S. 211. Vgl. dazu auch Herb. *Krüger,* ebd., S. 222.

[5] Vgl. dazu R. *Carnap,* Einführung in die symbolische Logik, S. 139 f.

[6] Zu dem Unterschied von konkreten und analytischen Systemen vgl. T. *Parsons,* The Structure of Social Action, S. 731 f.; N. *Luhmann,* Grundrechte als Institution, S. 194 mit weiteren Nachweisen. Denselben Ausgangspunkt bei der einzelnen Anstalt nimmt A. *Eisenhuth,* Die Entwicklung der Schulgewalt und ihre Stellung im Verwaltungsrecht in Deutschland, S. 49, 67 f.

§ 8. Schulen als soziale Gebilde

2. Eine erste grundlegende Unterscheidung ist die Einteilung aller sozialen Gebilde in *formale Gebilde* und andere. Ein soziales Gebilde werde formal genannt, wenn wenigstens ein Teil der Personen, für die es definiert ist, seine *Mitglieder* sind. Jede Schule hat wenigstens zwei Klassen von Mitgliedern, nämlich Lehrer und Schüler. Der Ausdruck „Mitglied" ist jedoch noch nicht bestimmt genug, um im Einzelfall zu entscheiden, ob ein Gebilde formalisiert ist oder nicht. Für Juristen ist zu beachten, daß die in diesem Paragraphen angestrebte Beschreibung soziologisch ist und daß der Ausdruck „Mitglied" nicht im zivilrechtlichen Sinne oder im Sinne von „Mitglied einer Körperschaft" zu verstehen ist. Der durch die Eigenschaft, Mitglieder zu haben, definierte Begriff des formalen Gebildes werde folgendmaßen expliziert. Von einem *formalen sozialen Gebilde* werde genau dann gesprochen, wenn die das Gebilde definierenden sozialen Beziehungen die Möglichkeit bieten der Unterscheidung erstens von Innen und Außen[7] und zweitens von Rollen der Personen, für die das Gebilde definiert ist in Mitgliederrollen und andere Rollen[8].

Die Vornahme beider Unterscheidungen ist bei Schulen sinnvoll.

Z. B. gehört das Verhalten eines Lehrers auf einer Konferenz zum Innen, das Verhalten während eines Skatabends mit Kollegen zum Außen der Schule. Dabei ist zu beachten, daß Innen und Außen keine räumlichen, sondern systembezogene Unterscheidungen sind. Verhalten etwa auf einem Schulausflug oder bei einer Vorsprache in einer anderen Behörde gehören zum Innen. Jedoch ist nicht jedes Verhalten, das in diesem Sinne zum Innen gehört, zugleich ein förmliches Verhalten als Mitglied. Ein Notenvorschlag auf einer Konferenz ist z. B. ein förmliches, d. h. an die Mitgliedschaft gebundenes Rollenverhalten, ein bei dieser Gelegenheit erzählter Witz hingegen zwar ebenfalls ein an die Lehrerrolle gebundenes Verhalten, aber kein förmliches. Entsprechende Unterscheidungen können für Schülerverhalten getroffen werden.

Zusammenfassend werde das erste Kennzeichen formuliert: Alle (Grund-) Schulen sind formale soziale Gebilde, die wenigstens zwei disjunkte Klassen von Mitgliedern besitzen, nämlich Lehrer und Schüler[9].

3. Formale soziale Gebilde lassen sich danach einteilen, ob ihre Mitgliedschaft freiwillig ist oder nicht. Zwar ist der Ausdruck *Freiwilligkeit* für den Erwerb oder den Verlust von Mitgliedschaften nicht eindeutig,

---

[7] Eingehender N. *Luhmann*, Funktionen und Folgen formaler Organisation, S. 41. Zur Unterscheidung von sozialen Gebilden und sozialen Systemen und der Bedeutung der Innen-Außen-Problematik für besondere Gewaltverhältnisse vgl. den nächsten Paragraphen.
[8] Vgl. dazu N. *Luhmann*, a. a. O., S. 39.
[9] Zwei Klassen heißen *disjunkt* genau dann, wenn es kein Individuum gibt, das beiden Klassen zugleich angehört. Eine dritte Klasse von Mitgliedern, der z. B. Hausmeister und Sekretärinnen angehören, bleibe außer Betracht.

da er relativ ist auf einzelne Machtarten, wie finanzielle, wirtschaftliche, soziale, gesellschaftliche oder hoheitliche Macht[10]. Da aber nach jedem Sprachgebrauch ein Verhalten dann nicht freiwillig genannt wird, wenn es rechtlich angeordnet ist und die rechtliche Anordnung an Tatbestände anknüpft, die von jedem möglichen Verhalten der betreffenden Personen unabhängig sind, braucht hier keine Definition des Ausdrucks „Freiwilligkeit" gegeben zu werden. Da in allen Ländern der Bundesrepublik gesetzliche Schulpflicht besteht, ist die Mitgliedschaft als Schüler einer Grundschule insofern nicht freiwillig, als jedes Kind im betreffenden Alter — von eng umgrenzten Ausnahmen abgesehen — einer Grundschule rechtlich angehören muß. Ob damit auch bereits die Mitgliedschaft für eine bestimmte Schule festgelegt ist, hängt von der Ausgestaltung des Schulrechts in den einzelnen Ländern ab. In Frage kommt die Wahl zwischen öffentlichen Grundschulen und privaten Ersatzschulen und die Wahl zwischen Schulformen[11], z. B. zwischen Konfessions- und Gemeinschaftsschulen. Ist die Zugehörigkeit zum einzelnen sozialen Gebilde rechtlich festgelegt, so werde von einer *Mitgliedschaft auf absoluter Zwangsbasis* (absoluter Zwangsmitgliedschaft) gesprochen. Für Grundschulen ist das nur dann der Fall, wenn es keine privaten Ersatzschulen gibt, der Schulbezirk festgelegt und eine Wahl zwischen Schulformen nicht möglich ist. Ist von Rechts wegen jedoch nur festgelegt, daß Personen überhaupt einem sozialen Gebilde einer bestimmten Art angehören müssen, die Wahl des einzelnen Gebildes in einem bestimmten Rahmen jedoch freigestellt, so werde von einer *Mitgliedschaft auf relativer Zwangsbasis* (relativer Zwangsmitgliedschaft) gesprochen[12]. Dieser Unterschied ist besonders für die Diskussion des Konfessionsschulproblems wichtig.

Zusammenfassend läßt sich das zweite Merkmal so formulieren: Die Schülermitgliedschaft aller Grundschulen beruht mindestens auf relativer Zwangsbasis.

4. Soziale Gebilde, in deren Bereich hoheitliche Gewalt ausgeübt wird, lassen sich danach charakterisieren, in welchem Umfang die Kommunikation der Mitglieder oder eines Teils der Mitglieder frei oder kontrolliert ist. Faßt man den Ausdruck „Kommunikation" so weit, wie es heute üblich ist, kann man auch das räumliche Betreten und Verlassen eines sozialen Gebildes als Kommunikation mit dessen Umwelt bezeichnen.

---

[10] Ähnlich C. H. *Ule*, Das besondere Gewaltverhältnis, S. 160; H. *Heckel*, P. *Seipp*, Schulrechtskunde, S. 294, 296. Vgl. dazu auch W. *Thieme*, Die besonderen Gewaltverhältnisse, S. 521; W. *Schick*, Der Beamte als Grundrechtsträger, S. 69; M. *Abelein*, Rechtsstaat und besonderes Gewaltverhältnis, S. 325.

[11] Zu diesem Ausdruck vgl. unten § 12.

[12] Die Verhältnisse beim Schulzwang hat eingehend untersucht W. *Mohs*, Schulgewalt und Elternrecht in Preußen, S. 20 ff.

§ 8. Schulen als soziale Gebilde

Soziale Gebilde, deren Kommunikation völlig kontrolliert ist, werden als *geschlossene Gebilde* bezeichnet. Beispiele für geschlossene Gebilde, rechtlich meist als Anstalten organisiert, sind Straf-, sowie Heil- und Pflegeanstalten. Soziale Gebilde, deren Kommunikation nicht kontrolliert wird bis auf das Minimum, daß der Erwerb der Mitgliedschaft bestimmten Regeln unterliegt, werden als *offene Gebilde* bezeichnet. Beispiele für offene Gebilde sind Volkshochschulen. Zwischen den Extremen der Offenheit und Geschlossenheit liegt eine kontinuierliche Reihe der Übergänge. Gebilde, für die eine der Zwischenstufen zutrifft, seien *nicht völlig geschlossene oder nicht völlig offene Gebilde* genannt, je nachdem, ob die Geschlossenheit oder die Offenheit das prägende Merkmal ist. Grundschulen sind nicht völlig geschlossene Gebilde.

Während des Unterrichts haben die Lehrer die Kontrolle über Kommunikationen der Schüler mit der Umwelt, d. h. sie dürfen das Schulgelände nicht beliebig verlassen oder mit anderen Personen in Kontakt treten. In der Regel wird jedoch kein Zwang ausgeübt, um Schüler zur Schule zu bringen, und es wird nur in begrenztem Umfang kontrolliert, ob sie Bücher, Bilder, Hefte u. ä. mit in die Schule bringen. Mündlicher Einfluß von außen kann fast überhaupt nicht kontrolliert werden.

5. Eine weitere Einteilung sozialer Gebilde, die für die Erörterung speziell der Bedeutung der Gewissensfreiheit, aber auch allgemein für besondere Gewaltverhältnisse wichtig ist, ist diejenige in Primärgruppen und andere. Eine Anzahl von Personen werde *Primärgruppe* dann genannt, wenn sie ein soziales Gebilde ist und eine nicht zu kleine Klasse von Verhalten dieser Personen regelmäßig persönliche Anwesenheit erfordern („face-to-face-interaction")[13]. (Grund-)Schulen sind organisatorisch in Teilgebilde gegliedert, die (Schul-)*Klassen* genannt werden. Im Grenzfall besteht eine Grundschule nur aus einer Klasse. Die Grenzen von Primärgruppen, besonders hinsichtlich ihrer zulässigen Größe, sind nicht leicht zu ziehen[14]. Da jedoch nach der derzeitigen einheitlichen bundesrepublikanischen Schulpraxis Klassen in der Regel in abgeschlossenen Räumen unterrichtet werden[15] und die Anzahl der Schüler

---

[13] Vgl. dazu Ch. H. *Cooley*, Social Organisation, S. 23 ff.; T. *Parsons*, General Theory in Sociology, S. 10; E. L. *Hartley*, R. E. *Hartley*, Die Grundlagen der Sozialpsychologie, S. 276; H. J. *Fichter*, Grundbegriffe der Soziologie, S. 79 ff. Die Begriffsbildung von Cooley folgt der Einteilung von F. *Tönnies*, Gemeinschaft und Gesellschaft, passim. Die amerikanische Terminologie, die sich in der Soziologie allgemein durchgesetzt hat, wird deswegen bevorzugt, weil sie die Wertungen vermeidet, die mit der Einteilung von Tönnies verbunden sind. Vgl. dazu Th. *Geiger*, Demokratie ohne Dogma. Die Terminologie von Tönnies ist ein Beispiel für eine hypothesenbelastete Terminologie, deren Verwendung nach B. *Hassenstein*, Belastete Begriffe, passim, zu Schwierigkeiten bei der Theorienbildung führen können.
[14] Zu den Problemen der Grenzziehung vgl. T. *Parsons*, a. a. O.
[15] Es werde also von der möglichen Änderung der Struktur der Schule abgesehen, die durch die Ausdehnung des programmierten Unterrichts eintreten kann.

je Klasse eine gewisse Höchstzahl (etwa 60) nicht überschreitet, sind Schulklassen Primärgruppen unabhängig davon, wo man die Grenzen solcher Gruppen zieht. Die Primärgruppeneigenschaft einer Schulklasse ist unabhängig davon, ob für das Klassenverhalten ein Lehrer eine Rolle spielt oder nicht. Soweit ein Lehrer für eine Klassensituation erheblich ist, werde von einer *geleiteten Klasse,* sonst von einer *ungeleiteten Klasse* gesprochen[16].

Das Schulgebet z. B. wird dort, wo es üblich ist, in der Regel von einer geleiteten Klasse verrichtet, die Wahl eines Klassensprechers jedoch in der Regel von einer ungeleiteten Klasse vorgenommen, dies selbst dann, wenn ein Lehrer, z. B. der Klassenlehrer, anwesend ist.

Der regelmäßige Verkehr (Kommunikation) zwischen Gliedern des Lehrerkollegiums, zwischen den einzelnen Lehrern und den Schulklassen und zwischen den einzelnen Schulklassen spielt sich in der Regel unter persönlicher Anwesenheit der an der Kommunikation Beteiligten ab[17]. Dies berechtigt dazu, auch die ganze Schule ein Primärgebilde zu nennen, obwohl zahlreiche Schulen so groß sind, daß sie als Ganzes jenseits der Grenzen liegen, die für Primärgebilde gezogen sind. Entscheidend für die Einbeziehung der Schulen in die Klasse der Primärgebilde ist, daß es in Schulen nur wenige Kommunikationen gibt, die nicht von Person zu Person stattfinden.

Lediglich generelle Schulanweisungen pflegen unpersönlich zu erfolgen. Aber selbst in solchen Fällen verleiht meist der Klassenlehrer persönlich solchen Anordnungen vor der Schulklasse nochmals Nachdruck.

Als Ergebnis werde formuliert: Schulen und deren Untergebilde, die Schulklassen, sind primäre Gruppen.

6. Soziale Gebilde erhalten ihre Eigenart weitgehend durch die in ihnen bestehenden Über- und Unterordnungsverhältnisse. Über- und Unterordnungsverhältnisse werden zusammengefaßt kurz *Anordnungsverhältnis* genannt[18]. Die in Schulen bestehenden Anordnungsverhältnisse sollen nun kurz beschrieben werden[19]. Bei dieser Beschreibung werden nur die formalen Beziehungen berücksichtigt, also z. B. nicht der Umstand, daß ein Klassen-Star faktisch seinen Mitschülern oder einem Teil derselben Befehle erteilen kann. Für die Anordnungsverhältnisse in Schulen ist die Gliederung jeder Schule in die Lehrerschaft und die in ungeleitete Schulklassen untergegliederte Schülerschaft entscheidend.

---

[16] Vgl. dazu Fr. *Winnefeld,* Pädagogischer Kontakt und pädagogisches Feld, S. 81 ff.

[17] Vgl. dazu Fr. *Winnefeld,* a. a. O., S. 54 ff.

[18] Vgl. dazu P. *Kahn,* Das besondere Gewaltverhältnis im öffentlichen Recht, S. 45 ff.

[19] Vgl. zum folgenden K. *Lewin,* Principles of Topological Psychology; Fr. *Winnefeld,* a. a. O., S. 109 ff.

§ 8. Schulen als soziale Gebilde

Kein Glied der Schülerschaft steht zu irgendeinem Mitglied der Schule formal in einem Überordnungsverhältnis. Höchstens gelegentlich kann ein Lehrer einem Schüler abgeleitete und beschränkte Anordnungsbefugnisse über andere Schüler erteilen, indem er ihn z. B. zur Aufsicht bestellt. Umgekehrt steht in der Regel jedes Glied der Lehrerschaft zu allen Gliedern der Schülerschaft in einem Überordnungsverhältnis. Wird die (logische) Klasse aller Personen, die zu einer bestimmten Person in einem Unterordnungsverhältnis stehen, die Klasse der *Untergebenen* der bestimmten Person genannt[20], so ist jeder Schüler einer Schule Untergebener aller Lehrer dieser Schule. Wird die Klasse der Personen, die zu einer bestimmten Person in einem Überordnungsverhältnis stehen, die Klasse der *Vorgesetzten*[21] der bestimmten Person genannt, so ist jeder Lehrer einer Schule Vorgesetzter aller Schüler dieser Schule. Gibt z. B. ein beliebiger Lehrer in der Pause einem beliebigen Schüler den Auftrag, dem Hausmeister eine bestimmte Nachricht zu überbringen, so besitzt der Schüler keine formale, d. h. seiner Schülerstellung entspringende Möglichkeit, die Ausführung der Anordnung ohne Angabe von Gründen zu verweigern, wobei dem Lehrer die Kompetenz zusteht, die Gründe auf ihre Stichhaltigkeit zu überprüfen. Diese Terminologie schließt jedoch nicht aus, daß die Befugnisse der Lehrer eingeschränkt sind und nicht jeder Lehrer allen Schülern gegenüber dieselben Befugnisse besitzt.

Ergebnis: Jeder Schüler einer Schule ist Untergebener aller Lehrer dieser Schule.

7. Die Art des Unterordnungsverhältnisses, in dem jeder Schüler als Mitglied einer Schule steht, bedarf noch der näheren Beschreibung.

Anordnungen, denen Schüler nachzukommen haben, sind z. B. Verrichtung einer bestimmten Hausarbeit, Mitbringen bestimmter Turnkleidung, Vorkommen an die Tafel, Schreiben einer Klassenarbeit, Beantwortung von Fragen, Verlassen des Klassenraums, Melden beim Direktor, Schweigen, Aufstehen, Schnellergehen.

Solche Anordnungen lassen sich vom Schüler her gesehen folgendermaßen beschreiben. Eine einzelne Anordnung ist weder inhaltlich noch zeitlich anders als nach einer gewissen Wahrscheinlichkeit vorhersehbar[22]. Das bedeutet, daß schulische Anordnungen nicht konditional pro-

---

[20] Zur logischen Struktur dieses Verhältnisses vgl. R. *Carnap*, Einführung in die symbolische Logik, S. 136.

[21] Die Definition stellt eine Verallgemeinerung der speziellen beamtenrechtlichen Definition dar (§ 37 BRRG, § 3 Abs. 2 Satz 2 BBG; vgl. auch § 1 Abs. 4 Satz 1 SoldatenG), die insoweit dem allgemeinen Sprachgebrauch entspricht, als z. B. auch in arbeitsrechtlichen Direktionsverhältnissen von „Vorgesetzten" gesprochen wird.

[22] Ein Unterrichtsvorgang ist vom Schüler her gesehen also ein stochastischer Prozeß im Sinne der Informationstheorie. Vgl. dazu H. J. *Flechtner*, Grundbegriffe der Kybernetik, S. 91. Auf die rechtlichen Fragen, die sich —

grammiert sind oder es wenigstens nicht zu sein brauchen[23, 24]. Anders ausgedrückt: Schulische Anordnungen brauchen nicht auf eine generelle Norm[25] und das Vorliegen eines Sachverhalts zurückführbar zu sein, wie sich z. B. der Erlaß eines Steuerbescheids auf ein Steuergesetz und die Höhe eines Einkommens zurückführen läßt. Ein weiteres Merkmal ist es, daß Lehrer für ihre Anordnungen in der Regel keine Begründungen geben und gegenüber den Schülern zur Mitteilung von Gründen auch nicht verpflichtet sind. Das bedeutet, daß schulische Anordnungen auch nicht durch Zwecke programmiert sind oder es wenigstens nicht zu sein brauchen[26]. Anders ausgedrückt: Schulische Anordnungen sind nicht nur dann verbindlich, wenn sie durch einen schulischen Zweck legitimiert und an diesem Zweck nach Regeln etwa der Erforderlichkeit oder Verhältnismäßigkeit gemessen werden können, so wie z. B. die Anordnung der Polizei, ein baufälliges Haus zu räumen, durch das Zweckprogramm der Aufrechterhaltung der öffentlichen Ordnung und Sicherheit legitimiert ist und an ihm mittels der Regeln von Verhältnismäßigkeit und Erforderlichkeit gemessen werden kann[27]. Zwar pflegt die Gesamtheit der Anordnungen in einer Schule auf den Zweck der Schule ausgerichtet zu sein. Für eine einzelne Anordnung folgt daraus aber nur negativ, daß sie den Schulzwecken nicht widersprechen darf, und selbst diese negative Bedingung kann von Schülern bzw. ihren Erziehungsberechtigten nur in Extremfällen gerügt und auf diese Rüge ein Verweigerungsrecht gestützt werden. Ein Unterordnungsverhältnis, dessen Anordnungen weder konditional- noch zweckprogrammiert sind, werde *diffuses Unterordnungsverhältnis* genannt[28].

---

besonders im Zusammenhang mit dem verfassungsrechtlichen Gleichheitssatz — für rechtlich bewertbare stochastische Prozesse ergeben, kann hier nicht eingegangen werden.

[23] Zu den Ausdrücken „Konditionalprogramm" und „Zweckprogramm" und dem Nachweis, daß es nur diese beiden Arten gibt, vgl. N. *Luhmann,* Funktionen und Folgen formaler Organisation, S. 231, 282; *ders.,* Öffentlich-rechtliche Entschädigung, S. 30 ff.; *ders.,* Positives Recht und Ideologie, S. 557 ff.

[24] In § 10 wird unten nachgewiesen, daß die Rückführung aller Anordnungen auf Konditional- oder Zweckprogramme nicht möglich ist und daß dieser Umstand notwendige Bedingung für das Vorliegen besonderer Gewaltverhältnisse ist.

[25] Zu beachten ist, daß es sich im derzeitigen Stadium der Beschreibung noch nicht darum handelt, ob es sich um Rechtsnormen oder andere Normen handelt.

[26] Dazu, daß Zwecke besonderer Gewaltverhältnisse nicht hinreichend genau beschreibbar sind, vgl. zu den Strafanstalten („Strafzweck") W. *Leisner,* Die schutzwürdigen Rechte im besonderen Gewaltverhältnis, S. 620, Anm. 21; zu den Schulen („Bildungszweck") R. *Wimmer,* Sind die deutschen Unterrichtsverwaltungen rechtsstaatlich?, S. 852 f.

[27] Zu beachten ist, daß eine Übereinstimmung mit Zwecken allgemein relativ ist auf vorausgesetzte Überprüfungsregeln.

[28] Zur rechtlichen Bedeutung diffuser Unterordnungsverhältnisse vgl. unten § 10.

§ 8. Schulen als soziale Gebilde

Andere Beispiele für diffuse Unterordnungsverhältnisse sind das der Hausangestellten zur Hausfrau, der Sekretärin zum Chef, des Arbeiters zum Vorarbeiter oder Abteilungsleiter, minderjähriger Kinder zu ihren Erziehungsberechtigten.

Der Umstand, daß es Grenzen des Unterordnungsverhältnisses gibt, schließt seine Diffusivität nicht aus. Total diffus ist nur das Unterordnungsverhältnis des Sklaven zu seinem Herrn. Für alle anderen diffusen Unterordnungsverhältnisse lassen sich mehr oder weniger fließende Grenzen angeben[29].

Dies führt zu einem weiteren Kennzeichen diffuser Unterordnungsverhältnisse. Die Gefahr für die Grenzverletzung liegt in der Regel beim Untergebenen[30]. Zum Beispiel halte es ein Schüler für unzumutbar, auf Anordnung eines Lehrers ein Stück Papier aufzuheben, das er nicht fortgeworfen hat (die berühmte „Menschenwürde" des Primaners!). Kommt er deswegen der Anordnung nicht nach, so läuft er Gefahr zweier Nachteile. Erstens ist es unter Umständen nicht vorhersehbar, ob er mit seiner Weigerung durchkommt. Dringt er nicht durch, muß er vielleicht eine Schulmaßregel hinnehmen, etwa eine Rüge des Klassenlehrers oder gar Direktors oder eine Eintragung ins Klassenbuch[31]. Zweitens läuft er Gefahr, bei den Lehrern als „renitenter Bursche" zu gelten und etwa öfters gerade dann aufgerufen zu werden, wenn ein Lehrer vermutet, daß er nichts weiß. Die Möglichkeit des Ausbruchs Vorgesetzter in informale Sanktionen, die in jedem formalen sozialen Gebilde gegeben ist, ist bei diffusen Unterordnungsverhältnissen besonders groß, weil es nur für Grenzfälle formale Verfahren zur Überprüfung der Vereinbarkeit von Anordnungen mit den formalen Pflichten von Vorgesetzten und Untergebenen gibt[32].

Ergebnis: Schüler stehen zu Lehrern in einem diffusen Unterordnungsverhältnis.

8. Gesamtergebnis: Grundschulen sind primäre, formale, nicht völlig geschlossene, soziale Gebilde. Sie besitzen mindestens zwei Mitgliederklassen, nämlich Lehrer und Schüler. Die Mitgliedschaft der Schüler beruht auf mindestens relativer Zwangsbasis. Alle Schüler einer Schule stehen zu allen Lehrern der Schule in einem diffusen Unterordnungsverhältnis.

---

[29] So schon in der Sache O. *Mayer*, Zur Lehre vom öffentlich-rechtlichen Vertrag, S. 56; ders., Deutsches Verwaltungsrecht, 2. Bd., S. 319; P. *Kahn*, Das besondere Gewaltverhältnis im öffentlichen Recht, S. 37 ff.
[30] Auf diesen Umstand hat in anderem Zusammenhang hingewiesen E. *Stein*, Die Grenzen des dienstlichen Weisungsrechts, S. 6, Anm. 5.
[31] Vgl. dazu J. *Heckel*, Gegenwartsprobleme des Schulrechts in der Schulverwaltung, S. 487.
[32] Die in formalen primären sozialen Gebilden besonders hohe Anfälligkeit für informale Sanktionen übersieht C. H. *Ule*, Das besondere Gewaltverhältnis, S. 160 f.

§ 9. Soziale Systeme und die Innen-Außen-Problematik besonderer Gewaltverhältnisse

Diffuse Unterordnungsverhältnisse des öffentlichen Rechts bestehen auf Grund der geltenden Gesamtrechtsordnung höchstens in fest umrissenen formalen Gebilden. Diese sind im letzten Paragraphen gekennzeichnet worden durch die Möglichkeit der Unterscheidung von Innen und Außen. Dieses räumlich orientierte Deutungsschema läßt sich anscheinend mühelos auf besondere Gewaltverhältnisse anwenden: der Strafgefangene *im* Gefängnis, der Schüler *in* der Schule und so fort. Erstmals hat Herb. *Krüger*[1] dieses Deutungsschema als adäquates Kriterium zur Abgrenzung von Akten innerhalb und außerhalb besonderer Gewaltverhältnisse abgelehnt. Entsprechend der nicht nur auf diesen Punkt konzentrierten Angriffe Krügers gehen die Entgegnungen von unterschiedlichen Positionen aus[2]. Auf den gesamten Problemkreis braucht hier nicht eingegangen zu werden. Daß mit „Innen" nicht ein räumliches Prädikat gemeint sein kann, wird schon deutlich, wenn man bedenkt, daß der Strafgefangene *in* dem besonderen Gewaltverhältnis „Gefängnis" ja nicht nur ist, wenn er in der Zelle sitzt, sondern auch, wenn er auf einer Außenstelle auf freiem Feld arbeitet[3]. Das Innen-Außen-Schema ist im Sozialbereich, worunter auch der rechtlich geregelte Sozialbereich fällt, sinnvoll nur zu verwenden, wenn es als Grenzproblem sozialer Handlungssysteme gedeutet wird.

Ein *Handlungssystem* ist jeder abgrenzbare Handlungszusammenhang. Ein *Handlungszusammenhang* ist jede Beziehung zwischen Handlungen, allgemeiner zwischen Verhalten, die durch den Sinn der Handlungen, ihre gegenseitige Verweisung vermittelt wird[3a].

Beispiele für Handlungszusammenhänge sind erstens die gemeinsam ausgeführten Handlungen: Maurer ziehen gemeinsam eine Mauer hoch, eine Kommission berät sich, Studenten gehen zur Asta-Wahl. Beispiele sind zweitens die komplementären Verhalten: Frage — Antwort, Antrag — Bescheidung, Anordnung — Befolgung, Richter betreten den Saal — Publikum erhebt sich; Bankräuber ruft „Hände hoch!" — Angestellter wirft sich zu Boden oder drückt die Alarmtaste.

---

[1] H. *Krüger*, Rechtsverordnung und Verwaltungsanweisung, S. 215 ff., bes. S. 224 f.; ders., Das besondere Gewaltverhältnis, S. 124 ff.

[2] Kl. *Obermayer*, Verwaltungsakt und innerdienstlicher Rechtsakt, S. 148 ff.; O. *Bachof*, Verwaltungsakt und innerdienstliche Weisung, S. 296 ff.; ders., in: VVDStRL 15 (1957), S. 203; E. *Forsthoff*, Lehrbuch des Verwaltungsrechts, S. 434; G. *Jaenke*, Verwaltungsvorschriften im Steuerrecht, S. 80; W. *Brohm*, Verwaltungsvorschriften und besonderes Gewaltverhältnis, S. 248 ff.; E. *Stein*, Die Grenzen des dienstlichen Weisungsrechts, S. 11 ff. Vgl. zur gesamten Problematik H. H. *Rupp*, Grundfragen der heutigen Verwaltungsrechtslehre, S. 19 ff.

[3] Sollten Polizeiaufsicht und Bewährungsaussetzung besondere Gewaltverhältnisse sein, so gäbe es für diese überhaupt kein räumliches „Innen".

[3a] Diese und die folgende Darstellung folgt N. *Luhmann*, Funktionen und Folgen formaler Organisation, S. 24.

§ 9. Soziale Systeme und die Innen-Außen-Problematik

Ein Handlungszusammenhang ist *abgrenzbar*, wenn die den Zusammenhang stiftenden Sinnbeziehungen zwischen den Handlungen gegenüber Umweltveränderungen relativ invariant sind. Es sind also im wesentlichen die typenmäßig wiederholbaren Handlungen, die Handlungssysteme konstituieren, Handlungen, die nach regelmäßigen Verhaltensmustern ablaufen[4]. Sozialsysteme als Handlungssysteme bestehen also nicht aus konkreten Personen, wie die sozialen Gebilde, sondern aus konkreten Handlungen[5]. Eine der wichtigsten Eigenschaften sozialer Systeme ist die Möglichkeit, zwischen Innen und Außen zu unterscheiden[6]. Auf den ersten Blick überraschend, in der Dogmatik der besonderen Gewaltverhältnisse jedoch dem Sachverhalt — nicht dem Namen und der Theorie — nach nicht unbekannt ist die Einsicht, daß die Beziehungen sozialer Systeme zu ihren Mitgliedern Außenbeziehungen sind[7]. In etwa entspricht diese Außenbeziehung eines sozialen Systems zu seinen Mitgliedern dem, was die Dogmatik seit dem Vorschlag von C. H. *Ule* die Grundverhältnisse nennt[8].

Es ist daher nicht richtig, wenn H. *Krüger*[9] aus dem Umstand, daß eine Versetzung eines Beamten als Außen- und ein ihm gegenüber erteilter Dienstbefehl als Innenproblematik angesehen wird, folgert, daß dies als petitio principii zur Ablehnung der Innen-Außen-Scheidung führen müsse[10].

Soziale Handlungssysteme haben die Eigenschaft, zueinander in *Schachtelverhältnissen* zu stehen[11]. Je nachdem, von welchem System

---

[4] Vgl. dazu J. H. *Fichter*, Grundbegriffe der Soziologie, S. 95 ff.

[5] N. *Luhmann*, a. a. O., S. 25; ders., Grundrechte als Institution, S. 14, Anm. 2, 192; A. *Podlech*, Grundrechte und Staat, S. 343.

[6] Oft wird, wie bei N. *Luhmann*, Funktionen und Folgen formaler Organisation, S. 24, „System" durch diese Unterscheidungsmöglichkeit definiert. Die in vorigen Paragraphen für soziale Gebilde durchgeführte Unterscheidung zwischen Innen und Außen beruht darauf, daß jedes formale Gebilde ein Handlungssystem definiert, das seinerseits diese Unterscheidung ermöglicht. Da Juristen leichter in Personen-Gesamtheiten denken können als in Handlungs-Gesamtheiten, wurde die oben durchgeführte Darstellung gewählt. Sie ist jedoch mit Ungenauigkeiten erkauft. Auf die Dauer wird die juristische Dogmatik jedoch nicht umhin kommen, die soziologische Systemtheorie und Verhaltenslehre zu ihrer Basis zu machen.

[7] Vgl. dazu Ch. I. *Barnasch*, The Functions of the Executive, S. 65 ff.; N. *Luhmann*, a. a. O., S. 25.

[8] C. H. *Ule*, Das besondere Gewaltverhältnis, S. 151 ff.

[9] H. *Krüger*, Der Verwaltungsrechtsschutz im besonderen Gewaltverhältnis, S. 1371.

[10] Richtig dargestellt wird dieser Sachverhalt, daß sich beispielsweise eine Anordnung, jetzt und hier einen bestimmten Verwaltungsakt zu erlassen, einen bestimmten Vorgang zu bearbeiten oder zu einem bestimmten Zeitpunkt den Dienst anzutreten, nicht an die Person des Beamten richtet — ein viel zu ungenauer Ausdruck —, sondern im Bereich systeminterner Rollenverhalten bleibt, bei G. *Köhl*, Die besonderen Gewaltverhältnisse im öffentlichen Recht, S. 88, 96. Siehe auch H. J. *Wolff*, Verwaltungsrecht I, § 46 VII.

[11] Vgl. dazu Ch. R. *Robson*, Der Begriff des „politischen Systems", S. 521 ff.

II. Zugang zur Problematik der besonderen Gewaltverhältnisse

aus ein bestimmtes Verhalten betrachtet wird, stellt es sich als Innen- oder Außenverhalten dar[12].

Das Verhalten eines Klassensprechers in seiner Klasse ist z. B. unter dem Systemgesichtspunkt „Schule" ein Innenverhalten, unter dem Systemgesichtspunkt „Lehrerkonferenz" ein Außenverhalten. Ein Verhalten *in* einer Konferenz ist wiederum Außenverhalten vom Standpunkt eines Provinzialschulkollegiums.

Vom Standpunkt des außenstehenden Bürgers sind etwa eine Beauftragung eines Betriebsprüfers in einem Finanzamt oder Asta-Wahlen interne Vorgänge der jeweiligen Systeme, während sie vom Standpunkt der Oberfinanzdirektion oder des Rektorats externe Vorgänge sind.

Wenn im folgenden im Zusammenhang mit besonderen Gewaltverhältnissen von „Innen" oder „Außen" gesprochen wird, so ist dies immer vom Standpunkt des durch das betreffende besondere Gewaltverhältnis definierten sozialen Handlungssystems aus zu verstehen[13]. Sind keine Mißverständnisse zu befürchten, wird terminologisch nicht zwischen einem sozialen Gebilde und dem durch es definierten Handlungssystem unterschieden, zumal die Umgangssprache für beide meist nur einen Namen zur Verfügung stellt.

§ 10. Die rechtliche Bedeutung diffuser Unterordnungsverhältnisse

1. Die bisherige Beschreibung der Grundschule als eines primären formalen sozialen Gebildes erfolgte in einer nicht-juristischen Terminologie und ist unabhängig von rechtlichen Voraussetzungen. Lediglich die Fragen nach der Art der Mitgliedschaft und dem Grad der Offenheit bedingen zu ihrer Beantwortung nach der geltenden Rechtsordnung rechtliche Prämissen. In diesem Paragraphen wird der soziologische Blickwinkel durch den juristischen ersetzt. Es soll jetzt die Frage erörtert werden, wie sich diffuse Unterordnungsverhältnisse in die geltende Rechtsordnung einordnen lassen. Da diese Fragestellung zur Behandlung des vorgenommenen Themas zu weit und deswegen zu unspezifisch ist, werde die Fragestellung eingeschränkt, indem zivilrechtliche diffuse Unterordnungsverhältnisse (z. B. im Familien- und Arbeitsrecht[1]) aus-

---

[12] Dieser von der soziologischen Systemtheorie scharf herausgearbeitete Sachverhalt ist auch früher schon in dogmatischen Untersuchungen festgestellt worden. Vgl. dazu G. *Jellinek*, System der öffentlichen Rechte, S. 194, und besonders von O. *Bachof*, a. a. O., S. 298 f.

[13] Wenn O. *Bachof*, a. a. O., S. 301, ausführt, der Benutzer einer Anstalt stehe nicht innerhalb der Anstalt, hat er insofern recht, als Anstalten in der Regel — z. B. Friedhöfe, Museen, kommunale Versorgungsanstalten — weder soziale Gebilde noch Handlungssysteme sind, denen das Verhalten von Benutzern zugerechnet werden könnte.

[1] Vgl. dazu C. H. *Ule*, Öffentlicher Dienst, S. 619 f.; *Maunz-Dürig*, Grundgesetz, Art. 7, Rdnr. 90; zu den öffentlich-rechtlichen diffusen Unterordnungsverhältnissen vgl. P. *Kahn*, Die besonderen Gewaltverhältnisse des öffent-

§ 10. Die rechtliche Bedeutung diffuser Unterordnungsverhältnisse 61

geschieden werden. Enger läßt sich die Frage dann so stellen: Wie läßt sich dogmatisch ein durch das öffentliche Recht angeordnetes diffuses Unterordnungsverhältnis qualifizieren?

Zur Beantwortung dieser Frage werde ausgegangen von der geltenden Rechtsordnung. Eine *Rechtsordnung* läßt sich auffassen als ein über einem gegebenen Personen-Raum-Zeit-Gebiet geltendes, aus zeitlich wechselnden Regeln bestehendes[3] Regelsystem, das alle möglichen Verhalten in diesem Gebiet einteilt in die mit dem System vereinbaren und die mit ihm nicht vereinbaren Verhalten[4]. Der Umstand, daß allein auf Grund des Systems von jedem Verhalten des Gebiets entschieden werden kann, ob das Verhalten mit dem System vereinbar (rechtmäßig, rechtlich richtig) oder unvereinbar (rechtswidrig, rechtlich unrichtig) ist, werde die *Vollständigkeit* des Systems genannt. Rechtssysteme prätendieren vollständig zu sein, seitdem Prozeßordnungen die Gerichte verpflichten, auf jede Klage durch eine Entscheidung irgendwelcher Art zu antworten[5]. Vollständigkeit einer Rechtsordnung läßt sich auf folgende zwei Weisen erzielen, nämlich durch Inventarisierung und durch Formulierung von Vermutungen[6].

---

lichen Rechts, S. 14 ff., 26. Zur Unterscheidung vgl. ebd. S. 71 ff. und C. H. *Ule*, Das besondere Gewaltverhältnis, S. 151 f., 219. Ausgeschlossen bleiben auch öffentlich-rechtliche Unterordnungsverhältnisse *kirchlichen Rechts*, wie die der Kleriker und der Ordensangehörigen. Vgl. dazu W. *Weber*, in: VVDStRL 15 (1957), S. 188.

[3] Zur Bedeutung dieses Merkmals für Rechtsordnungen vgl. M. *Drath*, Grund und Grenzen der Verbindlichkeit des Rechts, S. 23, 30.

[4] Vgl. dazu Th. *Hobbes*, Leviathan, 26. Kap.; I. *Kant*, Kritik der reinen Vernunft, A 476; A. *Roß*, On Law and Justice, S. 34 ff.; J. v. *Kempski*, Grundlegung zu einer Strukturtheorie des Rechts, S. 30 ff.; Sp. *Simitis*, Rechtliche Anwendungsmöglichkeiten kybernetischer Systeme, S. 8 f.; A. *Podlech*, Anforderungen der Kybernetik an ihre Anwendung auf Rechtssätze, S. 107.

[5] So ausdrücklich L. *Rosenberg*, Lehrbuch des deutschen Zivilprozeßrechts, § 83 III 2; zu dem ganzen Problemkreis einschließlich des Verhältnisses des Vollständigkeitsgrundsatzes zur Problematik des Prozeßurteils ebd. §§ 2 II 3 a), 90. Das hier auftauchende Problem der Lücke im Gesetz ist wohl zu lösen in der Richtung, die sich angedeutet findet bei E. *Kaufmann*, Das Wesen des Völkerrechts und die clausula rebus sic stantibus, S. 50 ff. Im übrigen bedarf das Problem der Lücke im Gesetz einer neuen Überprüfung im Lichte der bahnbrechenden Ergebnisse der Logik, insbesondere des *Unentscheidbarkeitstheorems* von K. *Gödel*, da aus logischen Gründen feststeht, daß Rechtsordnungen als widerspruchslose, vollständige und entscheidungsdefinite Kodifikate unmöglich sind. Vgl. dazu C. Fr. *Ophüls*, Ist der Rechtspositivismus logisch möglich? S. 1748 ff. Die bisher nur als Weltanschauungen vertretenen Ansichten des Positivismus und der Naturrechtslehre sind heute einer logischen Analyse zugänglich, deren Ergebnis anders ausfällt, als sich Vertreter beider Richtungen früher vorstellen mochten.

[6] Fr. *Klein*, in: v. Mangoldt-Klein, Das Bonner Grundgesetz, Art. 30, Anm. III 2 a), hat ohne Angabe dessen, was er unter „Vermutung" versteht und unter Berufung auf die Rechtstheorie bestritten, daß es Vermutungen für das Gelten von Normen geben könne. Th. *Maunz*, in: Maunz-Dürig, Grundgesetz, Art. 30, Rdnr. 1, hat, wieder ohne Präzision des Ausdrucks „Vermutung"

II. Zugang zur Problematik der besonderen Gewaltverhältnisse

Da ein Personen-Raum-Zeit-Gebiet nur endlich viele Glieder besitzt und sowohl die Zahl der einer Person zur Entscheidung stehenden Zeitpunkte, die Zahl der einer Person in einem gegebenen Zeitpunkt zur Wahl stehenden Verhaltensalternativen als auch die Zahl der ein Verhalten definierenden Situationsmerkmale endlich sind, ist die Klasse aller möglichen Verhalten theoretisch gesehen ebenfalls endlich. Da es jedoch kein Verfahren gibt, das alle möglichen Verhalten zu inventarisieren gestattet, werde die Zahl aller möglichen Verhalten in einem hinreichend großen (endlichen) Personen-Raum-Zeit-Gebiet praktisch unendlich genannt. Das bedeutet, daß immer dann, wenn eine beliebig große Zahl von möglichen Verhalten inventarisiert ist, sich immer mindestens ein weiteres mögliches Verhalten angeben läßt[7].

2. Die Vollständigkeit der Rechtsordnung durch *Inventarisierung* bestände darin, daß jedes mögliche Verhalten aufgeführt und von ihm ausgesagt ist, ob es erlaubt oder verboten ist. Da die Zahl möglicher Verhalten praktisch unendlich ist, ist Vollständigkeit durch Inventarisierung nicht zu erzielen.

Praktisch kommt Vollständigkeit durch Inventarisierung nur in dogmatisch „gebundene Verwaltung" genannten Teilrechtsordnungen vor.

Rechtsordnungen benötigen also zu ihrer Vollständigkeit *Vermutungen*. Es sind zwei Vermutungen denkbar, nämlich die *Erlaubnisvermutung*, nach der alles erlaubt ist, was nicht verboten ist, und die *Verbotsvermutung*, nach der alles verboten ist, was nicht erlaubt ist. Rechtsordnungen (Teilrechtsordnungen), in denen die Erlaubnisvermutung gilt, seien *Erlaubnisordnung*, Rechtsordnungen (Teilrechtsordnungen), in denen die Verbotsvermutung gilt, seien *Verbotsordnung* genannt[8].

---

und unter Berufung auf die herrschende Lehre die gegenteilige Ansicht vertreten. Bei diesem Streitstand erscheint eine Präzision des Ausdrucks „Vermutung" erforderlich. Da dies jedoch nicht ohne umfangreiche logische und rechtstheoretische Zurüstungen geschehen kann, werde die Präzision „unter dem Strich" in abgekürzter Form geliefert. Wem es auf den Streit nicht ankommt, mag den Ausdruck oben im Text intuitiv verstehen. Für andere sei zur eigenen Weiterarbeit das Ergebnis geliefert.

Gegeben sei eine Klasse von Ausdruckspaaren, die den folgenden beiden Bedingungen genügen. 1. Jeder Ausdruck ist entweder eine (wahrheitsfähige) Aussage oder eine (geltungsfähige) Norm. 2. Jedes Paar enthält einen Ausdruck und seine Verneinung. Die Ausdruckspaare seien *Vermutungspaare* genannt. Ist es innerhalb einer Rechtsordnung erheblich, ob ein Glied eines Vermutungspaares oder sein Gegenteil angenommen werden muß, so heiße *Vermutung* zugunsten eines Gliedes des betreffenden Vermutungspaares der Umstand, daß es angenommen wird, ohne daß seine Wahrheit oder seine Geltung (nach den Regeln der Rechtsordnung) feststeht. In dieser Definition bedürfen die Ausdrücke „erheblich" und „werden angenommen" noch der Präzision. Aus einem zweckmäßig gewählten Begriff „Rechtstheorie" — wie er z. B. vorgeschlagen wurde in: A. *Podlech*, Die Rechtsnatur der Verkehrszeichen und die öffentlich-rechtliche Dogmatik, S. 740 — und der gegebenen Definition von „Vermutung" folgt, daß es rechtstheoretische Einwände gegen die Möglichkeit von Vermutungen für das Gelten von Normen nicht gibt.

[7] Zu diesem Begriff von Unendlichkeit vgl. P. *Lorenzen*, Methodisches Denken, S. 96.

[8] Vgl. dazu G. *Frey*, Imperativ-Kalküle, S. 381 f.

§ 10. Die rechtliche Bedeutung diffuser Unterordnungsverhältnisse 63

Die Entscheidung zwischen Erlaubnis- oder Verbotsordnungen muß positivrechtlich gefällt werden. Sie folgt nicht aus rechtstheoretischen oder logischen Gründen, wie z. B. R. *Thoma*[9] annahm. Die drei Sollensmodalitäten „Erlaubnis", „Verbot" und „Gebot" sind logisch gleichwertig und beliebig gegeneinander definierbar. *Verbot* ist Gebot des Gegenteils oder Nichterlaubnis, *Gebot* ist Nichterlaubnis des Gegenteils oder Verbot des Gegenteils, *Erlaubnis* ist Nichtverbot oder Nichtgebot des Gegenteils[10].

3. *In unserer Rechtsordnung gilt für das allgemeine Gewaltverhältnis eine Erlaubnisordnung*, d. h. im Verhältnis zur öffentlichen hoheitlich handelnden Gewalt ist dem Bürger alles erlaubt, was ihm nicht (durch Gesetz oder andere Rechtsvorschriften oder auf Grund rechtmäßiger Einzelanordnung) verboten ist[11]. Als Entsprechung zu dieser These gilt der Satz: *Teilrechtsordnungen, die kompetenzgebundenes Verhalten regeln, sind Verbotsordnungen*[12]. Das heißt, daß in der Regel — wenigstens im Bereich der Eingriffsverwaltung — Behördenhandeln nur dann erlaubt (rechtmäßig) ist, wenn es sich auf eine Kompetenznorm stützen kann, und wenn es sich diesen Behörden oder generell Behörden dieses Typs erlaubter Mittel bedient. Dieser Satz gilt jedoch nicht ausnahmslos. Eine dieser Ausnahmen sind diffuse Unterordnungsverhältnisse, d. h. in der noch zu entwickelnden Terminologie, die für besondere Gewaltverhältnisse geltenden Teilrechtsordnungen. Prägnant, wenn auch unkorrekt ausgedrückt: Die rechtliche Errichtung besonderer Gewaltverhältnisse kehrt die für Behördenhandeln geltende Verbotsvermutung um in eine Erlaubnisvermutung.

Die Umkehrung der Verbots- in die Erlaubnisvermutung für Behördenverhalten gilt jedoch nicht für den Eintritt in besondere Gewaltverhältnisse. Das heißt, daß der Bürger so lange sich gegen die zwangsweise Unterwerfung unter eine in besonderen Gewaltverhältnissen geltende Sonderrechtsordnung wehren kann, solange ihm die Pflicht zur Eingliederung nicht durch Gesetz auferlegt ist.

Die Zulässigkeit des Zweckes, im Hinblick auf den diffuse Unterordnungsverhältnisse Mittel sind, unterliegt der normalen Kompetenzregelung, nach der Verwaltungen nicht die Erreichung aller Zwecke erlaubt ist, die ihr nicht ausdrücklich verboten sind[13].

---

[9] R. *Thoma*, Das System der subjektiven öffentlichen Rechte und Pflichten, S. 619.
[10] Vgl. dazu etwa G. H. *Wright*, Deontic Logic, S. 1 ff.
[11] Vgl. dazu R. *Thoma*, a. a. O., S. 619; C. *Schmitt*, Verfassungslehre, S. 131. Auf die Bedenken, die gegen die Richtigkeit dieser These etwa von K. *Larenz*, Methodenlehre der Rechtswissenschaft, S. 273; A. *Kaufmann*, Recht und Sittlichkeit, S. 29 f., vorgebracht werden, kann an dieser Stelle nicht eingegangen werden.
[12] Vgl. dazu C. *Schmitt*, a. a. O., S. 102; G. *Lassar*, Die verfassungsrechtliche Ordnung der Zuständigkeiten, S. 304; H. J. *Wolff*, Verwaltungsrecht I, § 72.
[13] So richtig W. *Leisner*, Die schutzwürdigen Rechte im Besonderen Gewaltverhältnis, S. 620.

II. Zugang zur Problematik der besonderen Gewaltverhältnisse

4. Die jetzt zu erläuternde These werde noch einmal formuliert: *Teilrechtsordnungen, die diffuse Unterordnungsverhältnisse begründen, sind für das Verhalten der Vorgesetzten Erlaubnisordnungen.*

Dem entspricht es, daß in Beamtengesetzen das Unterworfensein unter Anordnungen als Regel, das (durch Anordnungen unvermittelte) Unterworfensein unter generelle Normen als Ausnahme formuliert ist. So etwa in § 68 Satz 2 bad. württ. Landesbeamtengesetz i. d. F. vom 9. 7. 1968 (BWGBl. S. 309). Eine Ausnahme besteht für Strafgesetze. Sie gehen (unvermittelt) allen Anordnungen vor. So z. B. § 69 Abs. 2 Satz 3 bad. württ. LBG.

Dieser rechtstheoretische Sachverhalt ist als These von der Nichtgeltung des Grundsatzes der Gesetzmäßigkeit der Verwaltung[14] einerseits anvisiert, zugleich aber dogmatisch fehlinterpretiert. Die ersten Untersuchungen, die über den Problemkreis der besonderen Gewaltverhältnisse geführt wurden, haben die Eigenart der Pflichten Untergebener in solchen Gewaltverhältnissen schärfer herausgearbeitet als spätere Darstellungen. Die wichtigsten Kennzeichnungen solcher Pflichten waren „ungemessen" und „unbestimmt"[15]. Die sich daran anschließende dogmatische Fehlinterpretation besteht in einem Doppelten: Erstens wurde aus dem Umstand, daß in besonderen Gewaltverhältnissen, insbesondere in dem Beamtenverhältnis, nicht einzelne, enumerativ aufzählbare Leistungen geschuldet werden, voreilig die emphatische Folgerung gezogen, Gegenstand dieser besonderen Gewalt sei die Person als Ganzes[16]. Zweitens wurde Einzelanordnungen in besonderen Gewaltverhältnissen keine rechts-(pflichten-)erzeugende Wirkung beigelegt mit der Begründung, Anordnungen legten keine Pflichten auf, sondern machten nur von bestehenden Gebrauch[17].

---

[14] Vgl. dazu W. *Jellinek*, Die Rechtsformen des Staatsdienstes, S. 33; H. *Krüger*, Der Verwaltungsrechtsschutz im besonderen Gewaltverhältnis, S. 1369.

[15] Siehe dazu P. *Laband*, Das Staatsrecht des Deutschen Reichs, 1. Bd., S. 396; H. *Rehm*, Die rechtliche Natur des Staatsdienstes, S. 203; O. *Mayer*, Zur Lehre vom öffentlich-rechtlichen Vertrag, S. 52; P. *Kahn*, Das besondere Gewaltverhältnis im öffentlichen Recht, S. 12, 19 f.; H. *Daniels*, Pflichten und Rechte des Beamten, S. 41.

[16] So Fr. *Schmitthenner*, Grundlinien des allgemeinen oder ideellen Staatsrechts, S. 275 ff.; C. Fr. *v. Gerber*, Grundzüge des deutschen Staatsrechts, § 36; H. *Schulze*, Lehrbuch des Deutschen Staatsrechts, 1. Buch, S. 319. Bereits H. *Rehm*, a. a. O., S. 154, hat diese emphatische Ansicht, daß vom Staatsdiener „Hingabe seiner ganzen Persönlichkeit" verlangt werde, sachlich dahingehend uminterpretiert, daß dies bedeute, „Der Diener sei zu unbestimmten und ungemessenen Leistungen verbunden". Die emphatische Ansicht klingt heute nach, wenn auch resignierend, bei H. *Krüger*, Das besondere Gewaltverhältnis, S. 116 f.; ders., Allgemeine Staatslehre, S. 268 ff., 837.

[17] So in der Fassung, Anordnungen seien keine Rechtssätze, denn sie legten keine Pflichten auf, P. *Kahn*, a. a. O., S. 48 ff.; E. *Jacobi*, Die Verwaltungsverordnungen, S. 255 ff., 258 ff. Die Hintergründe dieser Auffassung werden eingehend erörtert im ersten Teil der Darstellung von H. H. *Rupp*, Grundfragen der heutigen Verwaltungsrechtslehre, S. 41 ff.

§ 10. Die rechtliche Bedeutung diffuser Unterordnungsverhältnisse 65

Diese Argumentation leidet an einem rechtstheoretischen (semantischen) Mangel[18]. Die Pflicht, die durch eine Anordnung statuiert wird, ist von der Pflicht zu unterscheiden, diese Anordnung zu befolgen. Letztere ist semantisch höherstufig und unbestimmter. Eine Anordnung an einen Polizeibeamten laute etwa, zu einer bestimmten Zeit an einem bestimmten Platz Außendienst zu tun. Dann sind ihm alle anderen Alternativen — z. B. Innendienst, Freizeit — verboten. Wären alle Verhalten, die durch Anordnungen zu Pflichten gemacht werden können, bereits Pflichten auf Grund der Pflicht, Anordnungen Gehorsam zu leisten, wäre diese Pflicht inkonsistent[19] und nicht erfüllbar.

5. Demgegenüber ist darauf hinzuweisen, daß die Teilrechtsordnung, die jedes einzelne Verhalten eines Untergebenen in diffusen Unterordnungsverhältnissen einteilt in rechtmäßiges (erlaubtes und gebotenes) und rechtswidriges (verbotenes) Verhalten, aus allen für das betreffende Rechtsgebiet geltenden Rechtsvorschriften besteht zuzüglich der Gesamtheit genereller und einzelner Anordnungen. Die Notwendigkeit, daß Quellen von Pflichten — möglicherweise auch von Rechten, man denke etwa an den Sonderurlaub oder ‚Hitzefrei' — Anordnungen sein können, folgt für einzelne Typen sozialer Gebilde, insbesondere für Behörden, militärische Einheiten, Strafanstalten und Schulen daraus, daß weder durch rechtliche Konditional- noch durch Zweckprogrammierung Existenz und Funktion dieser Gebilde gesichert werden können. Für *Konditionalprogramme* ist dies einleuchtend. Keine Schulordnung etwa, die eine noch so große Zahl rechtlicher Wenn-dann-Sätze enthielte, würde einen Schulbetrieb ermöglichen, wenn dem Lehrer Handeln nur erlaubt wäre, wenn eine Wenn-Bedingung dieser Schulordnung erfüllt wäre. Dies folgt schon daraus, daß ein zeitlicher Ablauf in nicht restlos determinierten Systemen durch Konditionalprogramme nur sehr schwer regelbar ist. Dasselbe gilt aber auch für *Zweck-Programme*.

Erstens sind — entgegen der klassischen Auffassung der auf *Aristoteles* zurückgehenden europäischen Ontologie — weder die Existenz noch die Funktion von Organisationen durch Zwecke allein bestimmbar. Dieses Ergebnis der Systemforschung[20] muß auch juristisch-dogmatischen

---

[18] Dies zeigt sich schon an der Formulierung „Anordnungen sind keine Rechtssätze, denn...". Natürlich sind Anordnungen keine Rechtssätze, sowenig wie der Erlaß eines Gesetzes ein Rechtssatz ist. In der Argumentation fehlt die schlichte Unterscheidung zwischen Anordnung und Inhalt der Anordnung. Nur der letztere kann möglicherweise eine Norm sein. Semantisch sind Gesetzeserlaß und möglicherweise Anordnungen *Rechtssatz-(Norm-)-Quellen*, dann nämlich, wenn sie neue Pflichten (oder auch Berechtigungen) statuieren. Zum weiteren siehe oben im Text.
[19] Auf die Möglichkeit — nacheinander — Widersprüchliches anzuordnen, weisen hin R. *Thoma*, Der Polizeibefehl im badischen Recht, S. 350; G. *Köhl*, Die besonderen Gewaltverhältnisse im öffentlichen Recht, S. 50. Das Zeitmoment spielt in Anordnungen in besonderen Gewaltverhältnissen eine große Rolle.
[20] Vgl. dazu N. *Luhmann*, Funktionen und Folgen formaler Systeme, S. 32 f., 242 ff., 305, 337 f., 376 f.

II. Zugang zur Problematik der besonderen Gewaltverhältnisse

Untersuchungen zugrunde gelegt werden, sollen Scheinbegründungen vermieden werden.

Zweitens gibt es soziale Gebilde, deren Zweck nicht hinreichend unumstritten beschreibbar ist derart, daß Behördenhandeln an ihm meßbar ist[21]. Vielmehr zeichnen sich soziale Gebilde oft dadurch aus, daß sie — wie etwa Schulen — mehrere, teilweise auch wechselnde oder miteinander im Widerspruch stehende Zwecke erfüllen oder gar nicht-zweckgerichtete latente Funktionen erfüllen und manchmal zu ihrer eigenen Existenzerhaltung erfüllen müssen[22]. Würde man sozialen Gebilden und den durch sie definierten sozialen Handlungssystemen rechtlich nur die Verfolgung rechtlich ausdrücklich angeordneter Zwecke gestatten, könnten sie selbst diesen Zwecken oft nicht genügen. Hinzu kommt, daß bei einiger Komplexität der Zwecke — man denke etwa an Universitäten, die in einem Schulen, Forschungsstätten, Behörden, Wirtschaftseinheiten und noch manches andere sind — die Wahl der Mittel vom Zweck her nicht mehr gesteuert werden kann[23]. Ohne die Einführung komplexitätsreduzierender Zusatzregeln ist eine Zweck-Mittel-Prüfung dann nicht mehr möglich. Die im Polizeirecht entwickelten und im Verwaltungsrecht bisher allein angewandten Zusatzregeln der Erforderlichkeit und Verhältnismäßigkeit versagen aber für besondere Gewaltverhältnisse[24].

Besonders deutlich wird dies bei Strafanstalten und militärischen Einheiten. Wieviel Gepäckmärsche sind erforderlich, um die Kampfkraft einer Truppe aufrechtzuerhalten? Welche Besuchszeit ist verhältnismäßig? Ähnliches gilt aber auch für Schulen und andere Gebilde. Wie oft darf ein einzelner Schüler vor die Klasse gerufen werden, um an der Tafel eine Aufgabe, die er vermutlich nicht wird lösen können, zu versuchen? Wie scharf muß der Ton einer Rüge durch den Vorgesetzten vor anderen Behördenmitgliedern werden, um seine Erforderlichkeit zu verlieren?

Drittens gestatten Zweck-Programme keine Ableitung oder auch nur Vordeterminierung von Zeit-Programmen. Durch generelle Regeln lassen sich zwar Zwecke festlegen, nicht aber Zeitabläufe in komplexen

---

[21] Zur Kontroverse über den *Strafzweck* vgl. W. *Leisner*, Die schutzwürdigen Rechte im Besonderen Gewaltverhältnis, S. 620, Anm. 21; über den *Bildungszweck* vgl. R. *Wimmer*, Sind die deutschen Unterrichtsverwaltungen rechtsstaatlich?, S. 852 f.; allgemein R. *Dame*, Das Verhältnis der Grundrechte zu den besonderen Gewaltverhältnissen, S. 47 f.

[22] Zu latenten Funktionen vgl. N. *Luhmann*, a. a. O., S. 153 f., 370 f.; ders., Grundrechte als Institution, S. 210 ff.

[23] Vgl. dazu eingehend N. *Luhmann*, Positives Recht und Ideologie, S. 577 ff. Von zu engen Voraussetzungen geht aus M. *Abelein*, Rechtsstaat und besonderes Gewaltverhältnis, S. 327, wenn er annimmt, für besondere Gewaltverhältnisse gälte nur ein „beschränkter Verwaltungszweck".

[24] Ebenso H. J. *Wolff*, Verwaltungsrecht II, § 99 IV b) 3. Unterschätzt wird diese Schwierigkeit von G. *Dürig* in *Maunz-Dürig*, Grundgesetz, Art. 17 a, Rdnr. 21.

§ 10. Die rechtliche Bedeutung diffuser Unterordnungsverhältnisse 67

Situationen[25]. Anordnungen in formalen primären sozialen Gebilden dienen vornehmlich der zeitlichen Koordinatiton der Verhalten der einzelnen Mitglieder, die insbesondere bei sich rasch ändernden Situationen unerläßlich ist[26].

Der Problemkreis des Verhältnisses von diffusen Anordnungen in formalen primären sozialen Gebilden und Ermessensentscheidungen in anderen Bereichen bedürfte noch eingehender Untersuchungen. Die bisher entwickelte juristische Ermessenslehre gibt dazu zuwenig Anhaltspunkte[27]. Als Ergebnis werde nur festgestellt: *Es gibt soziale Gebilde, deren Existenz und Zweckerfüllung durch eine öffentlich-rechtliche Teilrechtsordnung bedingt ist und deren Zweckerfüllung nur gesichert ist, wenn das Verhalten ihrer Mitglieder durch diffuse Unterordnungsverhältnisse mitgeregelt ist.* Der im folgenden Paragraphen formulierte Wortgebrauchsvorschlag geht dahin, nur solche sozialen Gebilde „besondere Gewaltverhältnisse" zu nennen. *Der Grund für die Notwendigkeit diffuser Unterordnungsverhältnisse in diesen sozialen Gebilden liegt in dem Umstand, daß in ihnen die erforderliche Verhaltenskomplementarität aller Mitglieder durch die Einführung allgemeiner Regeln nicht gesichert ist.* Dies hat man meistens so ausgedrückt, daß die vorhandenen Fälle unvorhersehbar seien[28].

Die Kennzeichnung der für besondere Gewaltverhältnisse geltenden Teilrechtsordnung als Erlaubnisordnung für Vorgesetzte und Verbotsordnung für Untergebene bedeutet natürlich nicht, daß diffuse Unter-

---

[25] Diese Unmöglichkeit ist der Grund, weswegen die Wertphilosophie auch dann, wenn sie einer intersubjektiv vermittelbaren Begründung zugänglich wäre, als Basistheorie der Rechtswissenschaften unbrauchbar ist. Zwecke (Werte), über deren optimale Verwirklichung Konsens in der Gesellschaft herrscht, gibt es genug. Das Problem liegt darin, daß die *gleichzeitige* Optimierung dieser Zwecke (Werte) in der Regel unmöglich ist. Ebenso N. *Luhmann*, Grundrechte als Institution, S. 44, Anm. 12, allgemeiner in: *ders.*, Wahrheit und Ideologie, S. 436 ff. Die Wertphilosophie als Ontologie platonischer Prävenienz bietet keine griffigen Mittel zur Analyse dieses Sachverhalts.

[26] Vgl. dazu E. *Stein*, Die Grenzen des dienstlichen Weisungsrechts, S. 20 ff.

[27] N. *Luhmann*, Positives Recht und Ideologie, S. 557 ff. stellte dazu fest, „daß es keine auch nur annähernd adäquate juristische Erörterung der logischen und entscheidungstheoretischen Probleme des Zweck-Mittel-Schemas gibt. Nicht einmal eine Vorahnung der Probleme wird sichtbar." Seit der Zeit, als vor 40 Jahren A. *Köttgen*, Verwaltungsrecht der öffentlichen Anstalt, S. 115, feststellte, „Bekanntlich lassen sich ... materiale Zweckmomente, wenn überhaupt, so nur auf Umwegen in die Netze juristischer Begriffsbildung einfangen", hat sich nicht viel geändert.

[28] P. *Kahn*, Das besondere Gewaltverhältnis im öffentlichen Recht, S. 12; H. *Daniels*, Pflichten und Rechte der Beamten, S. 41; Fr. *Fleiner*, Institutionen des Deutschen Verwaltungsrechts, S. 167; W. *Leisner*, Die schutzwürdigen Rechte im Besonderen Gewaltverhältnis, S. 619 f.; Kl. *Obermayer*, Verwaltungsakt und innerdienstlicher Rechtsakt, S. 86; H. J. *Wolff*, a. a. O., II, § 99 IV b) 3, § 114 I b; H. *Heckel*, Gegenwartsprobleme des Schulrechts und der Schulverwaltung, S. 487.

68 II. Zugang zur Problematik der besonderen Gewaltverhältnisse

ordnungsverhältnisse nicht rechtlich geregelt sein könnten. Sie sind es zur Zeit kaum für Strafanstalten, sie sind es weitgehend für Beamtenverhältnisse. Die rechtliche Regelung hat die Folge, daß der Vermutungsspielraum begrenzt wird[29]. Wichtig ist jedoch, daß aus tatsächlichen Gründen der Vermutungsspielraum niemals völlig reduziert werden kann.

6. Eng mit dieser Frage hängt zusammen die Frage nach der *Geltung der Grundrechte* in diesem Bereich der besonderen Gewaltverhältnisse. Die früher vertretene Auffassung, in besonderen Gewaltverhältnissen gälten Grundrechte überhaupt nicht[30], ist inzwischen völlig aufgegeben worden[31]. Mit der grundsätzlichen Anerkennung der Geltung der Grundrechte auch in diesem Bereich ist natürlich das Problem erst gestellt und nicht gelöst. Die weitestgehende These ist die, daß auch in besonderen Gewaltverhältnissen bei der Frage nach dem Verhältnis von Grundrechtsbereich und Eingriffsmöglichkeit eine Vermutung zugunsten des Grundrechtsbereichs gelte[32]. Diese These berücksichtigt nicht, daß die Eigenart der in besonderen Gewaltverhältnissen geltenden Sonderrechtsordnungen tatsächlich und unaufhebbar durch eine Erlaubnis-Vermutung zugunsten der Anordnungsgeber (Vorgesetzten) und mithin durch eine Verbots-Vermutung zu Lasten der Untergebenen ausgezeichnet ist. Die Ernstnahme einer Grundrechtsvermutung ist nur unter zwei Bedingungen möglich. Entweder müßte man dann sagen, daß, soweit Grundrechte eine Rolle spielen — und es dürfte kaum Anordnungen geben, die keine Grundrechte tangieren —, sich die entgegengesetzten Vermutungen der Grundrechtsgeltung und der Anordnungsbefugnis Vorgesetzter aufheben. Das würde zu einer vermutungsfreien Teilrechtsordnung führen. Vermutungsfreie Teilrechtsordnungen setzen aber Inventarisierbarkeit voraus, die nicht gegeben ist. Es bliebe dann nur die Möglichkeit, die Grundrechtsvermutung aufrechtzuerhalten und die Verbotsvermutung aufzugeben. Das würde Aufgabe nicht nur der dogmatischen Kategorie „besonderes Gewaltverhältnis", sondern auch

---

[29] So schon A. *Haenel*, Das Gesetz im formellen und im materiellen Sinne, S. 223.

[30] Vgl. etwa R. *Thoma*, Die juristische Bedeutung der grundrechtlichen Sätze der Deutschen Reichsverfassung im allgemeinen, S. 24; H. v. *Mangoldt*, Das Bonner Grundgesetz, 1. Aufl. S. 37.

[31] Vgl. etwa H. J. *Wolff*, a. a. O., I, § 32 IV c) 3; Kl. *Obermayer*, Verwaltungsakt und innerdienstlicher Rechtsakt, S. 172; W. *Kalisch*, Grundrechte und Berufsbeamtentum nach dem Bonner Grundgesetz, S. 334 f.; P. *Lerche*, Grundrechte der Soldaten, S. 215; W. *Leisner*, a. a. O., S. 622; D. *Jesch*, Gesetz und Verwaltung, S. 210; W. *Thieme*, Der öffentliche Dienst in der Verfassungsordnung, S. 69; W. *Schick*, Der Beamte als Grundrechtsträger, S. 67; H. *Malz*, Das Beamtenverhältnis als besonderes Gewaltverhältnis, S. 99; K. *Hesse*, Grundzüge des Verfassungsrechts der Bundesrepublik Deutschland, S. 129.

[32] Vgl. dazu etwa *Dürig* in *Maunz-Dürig*, Grundgesetz, Art. 17 a, Rdnr. 12, 17.

der tatsächlichen Existenz der so genannten sozialen Gebilde bedeuten. So zeigt sich auch hier, daß solche Fragen ohne saubere rechtstheoretische und systemanalytische Untersuchungen nicht lösbar sind. Schlagworte wie „Überwindung des Obrigkeitsstaats", so gut gemeint sie sind und so Richtiges sie im einzelnen treffen mögen, richten in wissenschaftlichen Untersuchungen wenig aus. — Die andere Bedingung, die eine Ernstnahme der Grundrechtsvermutung ermöglichte, wäre die Ausarbeitung von Vergleichsregeln zwischen entgegengesetzten Vermutungen. Eine solche Ausarbeitung ist bisher als Aufgabe nicht erkannt, die Lösbarkeit der Aufgabe nicht gesichert und ein Vorschlag zur Lösung bisher noch nicht gemacht. Die vorliegende Untersuchung muß sich daher darauf beschränken, auf Grund der im vorigen Abschnitt entwickelten Thesen über das Grundrecht der Gewissensfreiheit die Bedeutung dieses Grundrechts für den Bereich besonderer Gewaltverhältnisse kasuistisch zu diskutieren und am Schluß ein Fazit aus diesen Diskussionen zu ziehen.

§ 11. Vorschlag zu einer Wortgebrauchsregelung des Ausdrucks „besonderes Gewaltverhältnis"

1. Grundschulen werden von allen, die dem Ausdruck „besonderes Gewaltverhältnis" überhaupt noch dogmatische Bedeutung zusprechen[1], für besondere Gewaltverhältnisse gehalten[2]. Dies rechtfertigt es, die Struktur dieses Leitgebildes als vorläufige Definition dieses Ausdrucks zu verwenden. Die Definition geschehe mit Hilfe des Ausdrucks „öffentliches Organ". Unter einem *Organ* werde im Anschluß an H. J. *Wolff* jedes durch Rechtsvorschrift gebildete eigenständige institutionelle Subjekt von Zuständigkeiten (Kompetenzen)[3] zur Wahrnehmung der Eigenzuständigkeiten einer juristischen Person verstanden[4]. Die Menschen,

---

[1] *Bejahend:* E. *Forsthoff*, Lehrbuch des Verwaltungsrechts, S. 118; H. J. *Wolff*, Verwaltungsrecht II, § 99 IV b) 3; Kl. *Obermayer*, Verwaltungsakt und innerdienstlicher Rechtsakt, S. 86; C. H. *Ule*, Das besondere Gewaltverhältnis, S. 114 f.; Hildeg. *Krüger*, Die Grundrechte in besonderen Gewaltverhältnissen; W. *Leisner*, Die schutzwürdigen Rechte im Besonderen Gewaltverhältnis, S. 618; H. *Kellner*, Zum gerichtlichen Rechtsschutz im besonderen Gewaltverhältnis, S. 418 f. W. *Thieme, Kritisch:* Der Gesetzesvorbehalt im besonderen Gewaltverhältnis, S. 82 f.; Herb. *Krüger*, Das besondere Gewaltverhältnis, S. 117, 128 f.; B. *Bank*, Zur Einschränkung der Grundrechte im Beamtenverhältnis, S. 226; H. *Malz*, Das Beamtenverhältnis als besonderes Gewaltverhältnis, S. 102; *Verneinend:* H. *Spanner*, Zum gerichtlichen Rechtsschutz im besonderen Gewaltverhältnis, S. 497 f.; G. *Köhl*, Zur Frage des Besonderen Gewaltverhältnisses, S. 123 f.; H. *Jecht*, Die öffentliche Anstalt, S. 111 ff.; M. *Abelein*, Rechtsstaat und besonderes Gewaltverhältnis, S. 332.
[2] Vgl. dazu oben § 7, Anm. 1.
[3] Zwischen „Zuständigkeit" und „Kompetenz" werde im vorliegenden Zusammenhang nicht unterschieden. Vgl. dazu H. J. *Wolff*, a. a. O., § 72 I c) 1.
[4] Ebd., § 74 I f).

welche die einem Organ zugewiesenen Kompetenzen rechtens unter dem Namen des Organs versehen, heißen *Organwalter*.

Dabei ist stets der *weite* Organwalterbegriff im Sinne von H. J. *Wolff* gemeint[5]. Der einzelne Lehrer einer Schule oder der einzelne Wachtmeister in einer Strafanstalt sind danach Organwalter[6].

Unter einem *öffentlichen Organ* werde im vorliegenden Zusammenhang jedes und nur jedes Organ einer juristischen Person des öffentlichen Rechts mit Ausnahme der Religionsgesellschaften des öffentlichen Rechts verstanden[7]. *Besonderes Gewaltverhältnis ist dann jedes primäre formale soziale Gebilde*[8], *dessen Mitglieder zu einem oder mehreren öffentlichen Organen in einem diffusen Unterordnungsverhältnis stehen.* Das Unterordnungsverhältnis zwischen einem Mitglied des besonderen Gewaltverhältnisses und dem (den) betreffenden Organ(en) werde *Sonderverhältnis*[9] und die in besonderen Gewaltverhältnissen geltende Teilrechtsordnung *Sonderordnung* genannt.

2. Zu beachten ist, daß das Prädikat „besonderes Gewaltverhältnis" sozialen Gebilden zukommt, also etwas Tatsächliches bezeichnet, während die Prädikate „Sonderverhältnis"[10] und „Sonderordnung" etwas Normatives bezeichnen. Die Tatsächlichkeit besonderer Gewaltverhältnisse schließt nicht aus, daß sie normativ fundiert sind, daß z. B die Geltung einer Sonderrechtsordnung notwendige Bedingung für die Existenz eines besonderen Gewaltverhältnisses ist. Ein solches Fundierungsverhältnis findet sich z. B. bei allen juristischen Personen des Privatrechts ebenfalls. Mit der Bezeichnung der Sonderverhältnisse als normativ ist noch nicht entschieden, ob sie Rechtsverhältnisse sind[11]. Mit einer neue-

---

[5] Ebd., § 74 IV b) 2.
[6] Vgl. dazu G. *Anschütz*, Kommentar zur preußischen Verfassungsurkunde, S. 427; *Maunz-Dürig*, Grundgesetz, Art. 7, Rdnr. 60. Zu Direktoren und Lehrerkonferenzen als den Organen in Schulen vgl. H. J. *Wolff*, a. a. O., § 74 I f) 9. Der Unterschied zwischen Organen und Quasiorganen wird als für die vorliegend zu behandelnden Probleme unerheblich nicht durchgeführt.
[7] Zu dieser Einschränkung vgl. *Maunz-Dürig*, a. a. O., Art. 7, Rdnr. 5.
[8] Auf die Unterscheidung zwischen dem Sozialbereich — „natürliches Lebensverhältnis" — und der sich hierauf erstreckenden Teilrechtsordnung hat schon hingewiesen H. *Rehm*, Die rechtliche Natur des Staatsdienstes, S. 146 f.
[9] Der Wortgebrauchsvorschlag folgt H. J. *Wolff*, Verwaltungsrecht I, § 32 IV c) 3.
[10] „Sonderverhältnis" ist eine Relation, also ein zweistelliges Prädikat. Die alte, in der juristischen Literatur noch immer anzutreffende Entgegensetzung von Prädikaten und Relationen (Eigenschaften und Beziehungen) ist nach dem heutigen Stand der Logik nicht gerechtfertigt. Sie hat in der Vergangenheit in der Dogmatik und der Rechtstheorie nicht unerhebliche Verwirrung gestiftet, etwa bei der Behandlung des Ausdrucks „Staat". Vgl. dazu unten § 13. 2. Zur heutigen logischen Terminologie vgl. R. *Carnap*, Einführung in die symbolische Logik, S. 4 f.
[11] Zum Unterschied vgl. O. *Mayer*, Deutsches Verwaltungsrecht, 2. Bd., S. 183; R. *Thoma*, Grundbegriffe und Grundsätze, S. 125; E. *Jacobi*, Die Verwaltungsverordnungen, S. 257.

§ 11. Vorschlag zu einer Wortgebrauchsregelung 71

ren[12], zur Behandlung der vorliegenden Probleme zweckmäßigeren Terminologie seien sie als Rechtsverhältnisse bezeichnet, wobei jedoch zu beachten ist, daß diese Frage, wie alle dogmatischen Benennungen[13], keine rein logische oder terminologische Frage ist[14], sondern im einzelnen untersucht werden muß, welche Konsequenzen sich aus einer einheitlichen Prädizierung ergeben[15].

Nicht soll im folgenden untersucht werden, welche Voraussetzungen an die Errichtung besonderer Gewaltverhältnisse, insbesondere an solche mit wenigstens relativer zwangsmitgliedschaftlicher Basis zu stellen sind. Eine rechtliche Einrichtung besonderer Gewaltverhältnisse dürfte m. E. nur dann zulässig sein, wenn die Nichtinventarisierbarkeit *tatsächlich* vorliegt[16].

3. Nach der gegebenen Definition des Ausdrucks „besonderes Gewaltverhältnis" haben die sozialen Gebilde, die hinfort so genannt werden sollen, Mitglieder, und zwar — worauf nochmals ausdrücklich hingewiesen wird — Mitglieder im oben ausgeführten soziologischen Sprachgebrauch. Dies zwingt zu einer Absetzung vom juristischen Sprachgebrauch, der Körperschaften und Anstalten danach unterscheidet, ob sie Mitglieder haben oder nicht, und Schulen als Anstalten, also als mitgliedslos bezeichnet. Juristisch ist *Mitgliedschaft* die interne Trägerschaft eines sozialen Gebildes[17]. Da weder Lehrer noch Schüler Träger

---

[12] H. *Krüger*, Rechtsverordnung und Verwaltungsanweisung, S. 299 ff.; Kl. *Obermayer*, Verwaltungsakt und innerdienstlicher Rechtsakt, S. 109; H. J. *Wolff*, Verwaltungsrecht I, § 25 VIII; C. H. *Ule*, Das besondere Gewaltverhältnis, S. 143 ff.; G. *Dürig* in *Maunz-Dürig*, Grundgesetz, Art. 19 Abs. 4, Rdnr. 25; H. H. *Rupp*, Grundfragen der heutigen Verwaltungsrechtslehre, S. 41 ff.; Fr. *Werner*, Zur Lage des Schulverwaltungsrechts, S. 434; F. G. *Rehmert*, Verwaltungsrechtliche Probleme des Schülerrechts, S. 440 f.; W. *Brohm*, Verwaltungsvorschriften und besonderes Gewaltverhältnis, S. 245 ff.
Zur älteren Lehre vgl. E. *Jacobi*, Die Rechtsverordnungen, S. 237; *ders.*, Die Verwaltungsverordnungen, S. 257; R. *Thoma*, Der Vorbehalt der Legislative und das Prinzip der Gesetzmäßigkeit von Verwaltung und Rechtsprechung, S. 223. Eine Kritik dieser älteren Lehre findet sich schon bei A. *Haenel*, Das Gesetz im formellen und materiellen Sinne, bes. S. 223, 235 ff.
[13] Vgl. dazu A. *Podlech*, Die Rechtsnatur der Verkehrszeichen und die öffentlich-rechtliche Dogmatik, S. 740.
[14] Ebenso R. *Thoma*, Grundbegriffe und Grundsätze, S. 125.
[15] Richtig insofern E. *Stein*, Die Grenzen des dienstlichen Weisungsrechts, S. 11.
[16] Ebenso W. *Leisner*, Die schutzwürdigen Rechte im Besonderen Gewaltverhältnis, S. 620. Damit dürfte die Befürchtung von M. *Abelein*, Rechtsstaat und besonderes Gewaltverhältnis, S. 323, durch Ausweitung der besonderen Gewaltverhältnisse könne der Inhalt der Grundrechte aufgelöst werden, ausgeräumt sein. M. E. ist bereits fraglich, ob für die Oberstufen von Gymnasien Unmöglichkeit der Inventarisierung vorliegt.
[17] H. J. *Wolff*, Verwaltungsrecht II, § 71 III b) 1. Juristische Definitionen sind oft nicht korrekt genug, um das Gemeinte einzufangen. Geht man z. B. von der von H. *Lehmann*, Allgemeiner Teil des Bürgerlichen Gesetzbuches, § 60 IV 2, gegebenen Definition aus, wonach Mitgliedschaft der Inbegriff der

einer öffentlichen Schule sind, besteht dieser Sprachgebrauch zu Recht. Bezeichne man als *Anstalt* eine von mindestens einer Hoheitsperson (Anstaltsherr) getragene rechtlich subjektivierte Organisation, durch die der Anstaltsherr öffentliche Angelegenheiten wahrnimmt[18], dann sind Schulen Anstalten in diesem Sinne[19]. Die vorstehend vorgeschlagene Definition für besondere Gewaltverhältnisse führt dazu, daß sie sowohl Körperschaften wie Anstalten umfassen kann, aber von beiden nur Teilklassen. So sind z. B. die gesetzlichen Sozialversicherungen, die mitgliedschaftlich organisiert sind[20], nach der gegebenen Definition keine besonderen Gewaltverhältnisse, weil sie keine primären Gebilde sind, und so ist die Bundespost, die anstaltlich organisiert ist[21], deswegen kein besonderes Gewaltverhältnis, weil sie kein formales Gebilde ist. Die Fruchtbarkeit des gebildeten Begriffs hängt davon ab, ob für die Klasse der so gekennzeichneten Gebilde ein einheitlicher juristischer Problemstand angegeben werden kann. Die Durchführung der Arbeit soll einige solcher Probleme aufzeigen und behandeln.

Rechte und Pflichten ist, die sich aus der Beziehung eines Vereins zu seinen Mitgliedern als solchen ergeben, und ersetzt man in ihr „Verein" durch „soziales Gebilde", so deckt die Definition das Rechtsverhältnis sowohl zu Körperschaften wie zu Anstalten.

[18] H. J. *Wolff*, a. a. O., § 98 I a) 6.
[19] Ebd. § 101 II a); H. *Jecht*, Die öffentliche Anstalt, S. 99 f.
[20] So H. J. *Wolff*, a. a. O., § 96 I b); H. *Jecht*, a. a. O., S. 42.
[21] So E. *Forsthoff*, Lehrbuch des Verwaltungsrechts, S. 436; a. A. H. J. *Wolff*, a. a. O., § 98 I b) 4.

III. Die Bedeutung des Grundrechts der Gewissensfreiheit für die besonderen Gewaltverhältnisse der Grund- und Hauptschule (Volksschule)

§ 12. Der Begriffsrahmen der Untersuchung

Schulen im Sinne des Schulrechts und als Gegenstand der folgenden Untersuchung[1] sind organisierte dauerhafte Einrichtungen, in denen unabhängig vom Wechsel der Lehrer und der in der Regel jugendlichen Schüler durch planmäßigen Unterricht und Erziehung Schulziele[2] erreicht werden sollen[3]. Unter *Unterricht* werde dabei die Vermittlung von Sachaussagen verstanden und unter *Erziehung* die Einübung von Verhaltensmustern[4] oder von Moralen, wobei unter *Moral*[5] jedes Bewertungssystem von Verhaltensmustern oder gesellschaftlichen Institutionen[6] verstanden werde[7]. Unterricht und Erziehung sind mindestens insoweit nicht unabhängig voneinander, als regelmäßige planvolle Vermittlung von Sachaussagen bereits durch die Einübung bestimmter Verhaltensmuster bedingt ist. Die Schüler einer Schule und ihre Erziehungsberechtigten werden im folgenden die *Beteiligten der Schule* genannt.

In der vorliegenden Untersuchung sollen nur öffentliche Schulen behandelt werden. Für den Ausdruck „öffentliche Schule" gibt es keine

---

[1] Zu anderen Bedeutungen des Ausdrucks „Schule" vgl. H. *Heckel*, P. *Seipp*, Schulrechtskunde, S. 4 ff.

[2] Eine Präzision dessen, was Schulziele sind, kann hier nicht versucht werden. Ausdrücke wie ‚Bildung' sind ihrerseits explikationsbedürftig und nicht ohne weiteres zur Festlegung von Schulzielen verwendbar. Gesetzliche Festlegungen von Schulzielen finden sich beispielsweise in Art. 131 Verf. des Freistaates Bayern; Art. 56 Abs. 4 Verf. des Landes Hessen; Art. 33 Verf. für Rheinland-Pfalz; § 16 Abs. 2 nordrh.-westf. SchulG v. 8. 4. 1952 — GS NW S. 430 —.

[3] Die Begriffsbestimmung folgt in leichter Modifikation H. *Heckel*, P. *Seipp*, a. a. O., S. 6. Eine Legaldefinition findet sich in § 1 nordrh.-westf. SchulG v. 8. 4. 1952.

[4] Zu dem Ausdruck ‚Verhaltensmuster' vgl. J. H. *Fichter*, Grundbegriffe der Soziologie, S. 95 ff.

[5] Zu dem Problemkreis von Bewertungssystemen von Verhaltensmustern und Institutionen vgl. *ebd.* S. 174 ff.

[6] Zu dem Ausdruck ‚gesellschaftliche Institution' vgl. *ebd.* S. 150 ff.

[7] Unter *Ethik* werde im folgenden die Wissenschaft von den Moralen verstanden.

einheitliche Begriffsbestimmung[8]. Da in den meisten Ländern der Bundesrepublik für den Ausdruck Legaldefinitionen bestehen, die auf den Schulträger abstellen[9], werde die für die vorliegende Untersuchung ausreichende Definition aufgestellt: *Öffentliche Schulen* sind mindestens die Schulen, deren Träger ein Land der Bundesrepublik Deutschland oder eine Gebietskörperschaft des öffentlichen Rechts mit Ausnahme der Religionsgesellschaften des öffentlichen Rechts ist, oder die durch eine Rechtsvorschrift als „öffentliche Schule" bezeichnet werden[10]. Die öffentlichen Schulen lassen sich einteilen in Schularten, Schultypen und Schulformen und letztere in Schulspezies[11]. Unter *Schulart* werde die Gliederung der öffentlichen Schulen in Grund- und Hauptschulen (zusammen: Volksschulen), Berufsschulen, Realschulen, Sonderschulen und Gymnasien verstanden. Unter *Schultyp* werde die Einteilung einer Schulart in Schulen mit unterschiedlichem Unterrichtsplan verstanden (z. B. die Einteilung der Gymnasien in humanistische, neusprachliche u. a. Gymnasien). Unter *Schulform* werde die Einteilung der Schulen nach ihrem weltanschaulichen Charakter verstanden. *Weltanschaulicher Charakter* einer Schule bezeichnet dabei den Umstand, daß Unterricht und Erziehung in ihr nicht unerheblich auf Voraussetzungen beruhen, die rational nicht allgemein vermittelbar sind.

Zu beachten ist dabei, daß diese Wortgebrauchsregelung insofern sehr weit ist, als auch die Voraussetzung, nur rational vermittelbare Aussagen als Voraussetzungen zuzulassen, ihrerseits nicht allgemein rational vermittelbar ist

---

[8] Vgl. dazu W. *Landé*, Preußisches Schulrecht, S. 13; G. *Flindt*, Über die Rechtsnatur der öffentlichen Schule, passim; ders., Über die Rechtsnatur der öffentlichen und der privaten Schulen und über die staatliche Schulaufsicht, passim; H. *Rentsch*, Über die Rechtsnatur der öffentlichen Schule, passim; ders., Über die Rechtsnatur der öffentlichen und der privaten Schule und über die staatliche Schulaufsicht, passim; H. *Heckel*, Die Rechtsstellung des bergbaulichen Schulwesens in Nordrhein-Westfalen, S. 48 f.

[9] Vgl. dazu § 6 bad.-württ. SchOG vom 5. 5. 1964 — BWGBl. S. 235 —:
(1) Eine Schule ist eine öffentliche Schule, wenn sie getragen wird
  1. von einer Gemeinde, einem Landkreis oder einem Schulverband gemeinsam mit dem Land;
  2. vom Land.
(2) Alle übrigen Schulen sind Privatschulen.

[10] Vgl. zu der zweiten Alternative etwa § 3 Abs. 2 nordrh.-westf. SchVG vom 3. 6. 1958 — GV NW S. 241 —.

[11] Die Terminologie ist in Gesetzessprache und Literatur nicht einheitlich. Die vorliegend verwendete orientiert sich an folgenden Bestimmungen:

zu *Schulart:* § 3 Abs. 2 bad.-württ. SchVOG — BW GBl. 1964, S. 235 —;
zu *Schultyp:* § 4 Abs. 4 bad.-württ. SchVOG; § 12 des Abkommens zwischen den Ländern der Bundesrepublik zur Vereinheitlichung des Schulwesens vom 28. 10. 1964 — SaBl. 1967, S. 930 —;
zu *Schulform:* Art. 15 Abs. 1 Verfassung des Landes Baden-Württemberg in der Fassung vom 8. 2. 1967 — BW GBl. S. 7 —.

§ 12. Der Begriffsrahmen der Untersuchung

und somit einen weltanschaulichen Charakter im vorbezeichneten Sinne zu begründen vermag[12].

Daraus folgt jedoch nicht, daß jede Schule, auch diejenige, die nicht weltanschaulich oder religiös gebunden ist, eine Art Bekenntnisschule ist[13]. Allerdings sind Bekenntnisschulen und andere nicht durch ein eindeutiges Kriterium zu trennen[14]. Der Bekenntnischarakter eines Standpunktes (oder eines Erziehungsprogramms) ist dadurch ausgezeichnet, daß er (es) andere Standpunkte (oder Erziehungsprogramme) ausschließt. Standpunkte (oder Erziehungsprogramme) lassen sich dann ordnen derart, daß diejenigen Standpunkte (oder Erziehungsprogramme), die mehr andere Standpunkte (oder Erziehungsprogramme) ausschließen, am einen Ende der Ordnung stehen und diejenigen, die weniger andere Standpunkte (oder Erziehungsprogramme) ausschließen, am anderen Ende.

Als allgemeine Regel läßt sich aufstellen, ohne daß mit ihr das Problem ausdiskutiert sein soll: Der *Grad der Bekenntnismäßigkeit* eines Standpunktes (oder eines Erziehungsprogramms) hängt ab erstens von dem Umfang der Sachverhalte, über die er (oder es) Ansichten in sich schließt, zweitens von dem Umfang der Ansichten, für die kein Verfahren zu ihrer Änderung vorgesehen ist[15].

Kommunismus oder Katholizismus sind z. B. Standpunkte mit stark bekenntnismäßigem Charakter, während der wissenschaftliche Standpunkt ein sehr wenig bekenntnismäßiger Standpunkt ist, da er z. B. über das Ziel der Welt oder die Existenz Gottes keine Aussagen macht — er also ein positives Verhältnis zu beiden nicht ausschließt — und er jedes überprüfbare Verfahren zur Korrektur von Ansichten zuläßt[16].

Auf diese Frage wird unten § 14.2 zurückgekommen.

---

[12] Vgl. dazu K. R. *Popper*, Die offene Gesellschaft und ihre Feinde, 1. Bd., S. 359 ff., 2. Bd., S. 282 ff.

[13] Ebenso W. *Keim*, Schule und Religion, S. 154; A. v. *Campenhausen*, Erziehungsauftrag und staatliche Schulträgerschaft, S. 182. A. A. H. *Peters*, Elternrecht, Erziehung, Bildung und Schule, S. 408 f.

[14] Das Feld, in dem weltanschauliche Standpunkte liegen und das durch Grade der Bekenntnismäßigkeit strukturiert ist, ist ein Feld heterogener Kontinua.

[15] Solche Verfahren können z. B. sein das Experiment für Sachaussagen, Abstimmungen über Vorzugsregeln, Anpassung („Agiornamento") im diffusen sozialen Prozeß u. a.

[16] Diese Aussage über den wissenschaftlichen Standpunkt gilt natürlich nur, wenn dieser nicht die früher — besonders vom Neopositivismus — vertretene Ansicht einschließt, alle nicht einem wissenschaftlichen (noch enger: einem empiristischen) Sinnkriterium genügenden Aussagen seien sinnlos. Ein solcher Standpunkt ist z. B. formuliert bei J. *Petzold*, Positivistische Philosophie, S. 7. Zur Kritik an diesem Standpunkt vgl. K. R. *Popper*, Logik der Forschung, S. 10 ff. Das bisherige Ergebnis der Diskussion um das Sinnkriterium ist die Einsicht, daß als Sinnkriterium nicht mehr ein objektives Verfahren angegeben werden kann, das an sich Sinnvolles von an sich Sinnlosem zu scheiden gestattet, sondern ein kraft Beschluß errichtetes System von Regeln, welches das Sinnvolle als das definiert, was zugelassen werden soll. Vgl. dazu W. *Stegmüller*, Das Wahrheitsproblem und die Idee der Semantik, S. 271. Die Diskussion über den Bereich des Zuzulassenden erfolgt pragmatisch oder

Die hauptsächlich in der Bundesrepublik bestehenden *Schulformen* sind folgende: (Weltliche) *Gemeinschafts-* (oder *Simultan-*) *Schulen*, das sind Schulen, in denen der Unterricht von Lehrern beliebigen Bekenntnisses für Schüler beliebigen Bekenntnisses ohne Zugrundelegung eines rechtlich vorgeschriebenen weltanschaulichen Programms erteilt wird[17]; *christliche Gemeinschaftsschulen*, das sind Schulen, in denen der Unterricht von Lehrern beliebigen Bekenntnisses für Schüler beliebigen Bekenntnisses auf der Grundlage christlicher Bildungs- und Erziehungsvorstellungen erteilt wird[18]; *Bekenntnisschulen* (oder *Konfessionsschulen*), das sind Schulen, in denen der Unterricht von Lehrern des katholischen, eines evangelischen, des jüdischen[19] oder eines anderen religiösen[20] Bekenntnisses für Schüler, die in der Regel demselben Bekenntnis angehören, im Geiste dieses Bekenntnisses erteilt wird[21]; *Welt-*

---

teleologisch. Dieser Bereich ist naturgemäß für die Erkenntnisziele der Physik enger als etwa der der Soziologie oder gar der Theologie. Es dürfte heute generell als unwissenschaftlich gelten, eine Diskussion dadurch zu verunmöglichen, daß von vornherein eine Aussage als ‚sinnlos' bezeichnet wird.

[17] Vgl. dazu H. *Peters*, a. a. O., S. 408; H. *Heckel*, Deutsches Privatschulrecht, S. 291; H. *Heckel*, P. *Seipp*, a. a. O., S. 49. Anders *v. Mangoldt-Klein*, Das Bonner Grundgesetz, Art. 7, Anm. VII, 3; E. *Stein*, Probleme des Schulrechts nach dem Bonner Grundgesetz, S. 659. E. *Fischer*, Bekenntnis- oder Gemeinschaftsschule? S. 16 ff.; W. *Keim*, Schule und Religion, S. 85, 89. Nicht entschieden zu werden braucht in diesem Zusammenhang die allein für die Erforderlichkeit des Religionsunterrichts erhebliche Frage, ob die weltliche Gemeinschaftsschule im gekennzeichneten Sinn identisch ist mit der bekenntnisfreien Schule im Sinne des Art. 7 Abs. 3 Satz 1 GG. Für die Möglichkeit der Schulform „weltliche Gemeinschaftsschule *mit* Religionsunterricht" selbst als Regelschule *Maunz-Dürig*, GG, Art. 7, Rdnr. 52.

[18] H. *Peters*, a. a. O., S. 408. Vgl. dazu jedoch die unten § 15 erfolgte Aufteilung dieser Schulform in bildungsmäßige und bekenntnismäßige christliche Gemeinschaftsschulen.

[19] Vgl. dazu § 19 nordrh.-westf. SchulG vom 8. 4. 1952 — GS NW S. 430 —.

[20] So jetzt Art. 12 Abs. 6 Satz 3 der Verf. für das Land Nordrhein-Westfalen in der Fassung vom 5. 3. 1968 — GV NW S. 36 — und § 20 SchulG in der Fassung vom 5. 3. 1968 — GV NW S. 36. Für diese systematisch richtige Terminologie gegen die von H. *Heckel*, Deutsches Privatschulrecht, S. 291, gebrauchte traditionelle Terminologie, nach der Schulen außerchristlicher religiöser Prägung nicht Bekenntnis-, sondern Weltanschauungsschulen genannt werden, *v. Mangoldt-Klein*, a. a. O., Art. 7, Anm. VII, 3. Die Betonung des nichtchristlichen Charakters der Weltanschauungsschulen stammt aus der Zeit des Weimarer Schulenstreits. Vgl. dazu W. *Landé*, Schule und Bildung, S. 58 ff., der diesen Umstand für die Auslegung des Ausdrucks nicht maßgeblich sein läßt.

[21] Ebenso H. *Peters*, a. a. O., S. 409 f. — dort auch Nachweise für abweichende Wortgebräuche; H. *Heckel*, Zur Frage der Vereinbarkeit der Bekenntnisschule mit dem Grundgesetz, S. 593 ff.; ders., Deutsches Privatschulrecht, S. 291. Hervorzuheben ist noch, daß oben Wortgebräuche festgelegt werden und dann gesagt wird, daß es Schulen der definierten Form gebe oder rechtlich geben könne. Nicht gesagt ist, daß unter „Bekenntnisschule" oder den anderen Ausdrücken immer oder auch nur meistens dasjenige verstanden wird, was hier als Bekenntnisschule oder mit den anderen Ausdrücken bezeichnet wird. Zu dem Streit, ob insbesondere die preußische Bekenntnisschule formell oder materiell war, vgl. O. *Redelberger*, Zur Frage der Vereinbarkeit der Bekenntnisschule mit dem Grundgesetz, S. 102 ff.; E. *Fischer*, a. a. O., S. 7 ff.

anschauungsschulen, das sind Schulen, in denen im Geiste einer festgelegten Weltanschauung erzogen wird. Bekenntnis- oder religionsfreie Schulen werden hier im folgenden jedoch nur dann Weltanschauungsschulen genannt, wenn die Bekenntnis- oder Religionsfreiheit auf einer ausdrücklich negativen Einstellung zu jeder Religiosität beruht[22]. Im übrigen dürfte es Schulen mit religionsnegativer Einstellung in der Bundesrepublik zur Zeit kaum geben, wie wohl überhaupt Weltanschauungsschulen keine große praktische Bedeutung zukommt. Als *Schulspezies* werde die Einteilung der Bekenntnisschulen in ihre weltanschaulichen Arten bezeichnet, also z. B. in katholische, evangelische Bekenntnisschulen.

Unter einer *Pflichtschule* werde eine Schulart oder eine Schulform dann verstanden, wenn der Besuch einer Schule einer solchen Art oder Form durch Rechtsvorschrift bedingungslos oder unter Bedingungen angeordnet ist, auf die die Beteiligten im Zeitpunkt des Schulbesuchs keinen Einfluß haben.

Hinsichtlich der Schulart sind z. B. die Grundschulen Pflichtschulen. Hinsichtlich der Schulform sind Schulen z. B. dann Pflichtschulen, wenn aus rechtlichen oder tatsächlichen Gründen (im Schulbezirk) nur eine Schulform besteht.

§ 13. Das Verhältnis von Staat und Kirche als Ausgangspunkt

1. Zuerst soll geprüft werden, ob das Grundrecht der Gewissensfreiheit einen Einfluß auf den rechtlich ausgestalteten weltanschaulichen Charakter der Volksschule, speziell der Grundschule, besitzt. Unter dem „weltanschaulichen Charakter" einer Schule werde dabei, wie oben § 12 festgelegt wurde, der Umstand verstanden, daß Unterricht — als Vermittlung von Sachaussagen — und Erziehung — als Einübung von Verhaltensmustern und Moralen — nicht unerheblich auf Voraussetzungen beruhen, die rational nicht allgemein vermittelbar sind. *Rechtlich ausgestaltet* werde ein weltanschaulicher Charakter dann genannt, wenn er durch Rechtsvorschrift für alle Beteiligten als verbindlich vorgeschrieben ist[1].

Die weitestgehende und daher zuerst zu prüfende Ansicht ist diejenige, die eine völlige Trennung von Staat und Kirche vertritt, welche

---

[22] Insoweit abweichend von der Terminologie bei H. *Peters,* a. a. O., S. 410. Vgl. auch H. *Heckel,* Deutsches Privatschulrecht, S. 291. Wie hier *v. Mangoldt-Klein,* a. a. O., Art. 7, Anm. VII, 3.
Anders auch Art. 12 Abs. 6 Satz 3 Verf. NRW i. d. F. v. 5. 3. 68 — GV NW S. 36. E.-W. *Böckenförde,* Religionsfreiheit und öffentliches Schulgebet, S. 37, Anm. 39, spricht von dieser Schulform zu recht als von einer Art (verdeckter) Bekenntnisschule.

[1] Vgl. dazu E. *Fischer,* Bekenntnis- oder Gemeinschaftsschule? S. 7 f.

III. Die Bedeutung für die Grund- und Hauptschule

Trennung lediglich durch verfassungsrechtlich ausdrücklich zugelassene Ausnahmen durchbrochen werden darf. Diese Ansicht argumentiert — verkürzt wiedergegeben — folgendermaßen: Das durch Art. 4 GG gewährleistete Grundrecht der Gewissensfreiheit bedinge zu seiner Inanspruchnahme durch die Grundrechtsberechtigten eine Trennung von Staat und Kirche in dem Sinn, daß der Staat keine religiösen oder allgemein-weltanschaulichen Veranstaltungen betreiben dürfe. Konfessions- und sonstige Bekenntnisschulen seien solche untersagten Veranstaltungen. Sie seien daher mit Art. 4 GG nicht vereinbar[2]. Da diese Ansicht nicht unmittelbar die Zulässigkeit bestimmter rechtlich ausgestalteter Charaktere der Schulen an Art. 4 GG mißt, sondern auf dem Umweg über eine prinzipielle Aussage über das Verhältnis von Staat und Kirche, muß kurz auf dieses Verhältnis eingegangen werden. Dieser Umweg ist auch insofern nützlich, als im Verlauf dieser Erörterung Gesichtspunkte für die weitere Prüfung erarbeitet werden.

2. Der Ausdruck „Staat" wird unterschiedlich verwendet[3]. Es werde daher im folgenden so vorgegangen, daß unabhängig von dem — ohnehin nicht immer eindeutigen — Wortgebrauch der an der Diskussion beteiligten Autoren eigene Wortgebrauchsregelungen vorgeschlagen werden und die Aussagen fremder Autoren, soweit erforderlich, in diese Terminologie übersetzt werden. Nur durch eine solche Projektion auf einen einheitlichen Wortgebrauch kann der systematische Gehalt der Kontroverse herausgearbeitet werden. Die folgenden Wortgebrauchsregelungen beanspruchen nicht richtig, sondern nur fruchtbar zu sein[4]. Unter *Staat* werde im Anschluß an H. *Heller*[5] dasjenige bürokratisch organisierte (funktionale) Untersystem des gesellschaftlichen Gesamtsystems verstanden, das soziale Konflikte durch Produktion verbindlicher Entscheidungen löst bzw. zu lösen intendiert[6]. Dabei ist zu beachten, daß wie überhaupt soziale Systeme, so auch die „Staat" oder „Gesellschaft"

---

[2] Der Syllogismus ist hier natürlich sehr vereinfacht. Im einzelnen ist die Argumentation differenzierter. Darauf ist im folgenden noch einzugehen. Die Ansicht wird vertreten von E. *Fischer,* Trennung von Staat und Kirche, S. 158; Fr. *v. Zezschwitz,* Staatliche Neutralitätspflicht und Schulgebet, S. 339 f.; abgeschwächt von H. *Krüger,* Allgemeine Staatslehre, S. 561; Kl. *Obermayer,* Staatskirchenrecht im Wandel, S. 16.

[3] Vgl. dazu H. H. *Rupp,* Grundfragen der heutigen Verwaltungsrechtslehre, S. 22 f. und die dort zitierte Literatur.

[4] Vgl. dazu A. *Podlech,* Grundrechte und Staat, S. 342, Anm. 9.

[5] H. *Heller,* Staatslehre, S. 242 ff.

[6] Die korrekte Fassung des Gedankens von *Heller* ist erst durch die soziologische Systemanalyse möglich geworden. Vgl. dazu D. *Easton,* A Framework for Political Analysis, passim; *ders.,* A. System Analysis of Political Life, passim; G. A. *Almond,* A Developmental Approach to Political Systems, S. 184 ff., 191 ff.; N. *Luhmann,* Grundrechte als Institution, S. 14 f., 30, 56, 189; *ders.,* Positives Recht und Ideologie, S. 550, 557 ff.; Ch. B. *Robson,* Der Begriff des „politischen Systems", passim; H. V. *Wisman,* Political Systems, passim.

§ 13. Das Verhältnis von Staat und Kirche als Ausgangspunkt

genannten Systeme nicht aus Personen oder Menschen bestehen, sondern nur über sozialen Verhalten solcher Personen definierbar sind[7]. Der Ausdruck *gesellschaftliches Gesamtsystem*, der hier nur als Hilfsbegriff für die Definition des Ausdrucks „Staat" verwendet wird, könnte näher bestimmt werden als die Gesamtheit aller sozialen Verhalten der Personen in einem gegebenen Personen-Raum-Zeit-Gebiet[8].

Dieses Gesamtsystem ist gliederbar in Handlungssysteme oder in funktionale Untersysteme. Solche *Handlungssysteme*[9] als Untersysteme der Gesellschaft sind z. B. die einzelnen Familien, die einzelnen Wirtschaftseinheiten (Betriebe) und die einzelnen Behörden. *Funktionale Untersysteme* sind z. B. die Wirtschaft, das Bildungswesen, der Staat[10].

Diejenige Gesamtheit von Personen[11], die oft *auch* „Staat" genannt wird, also z. B. die Gesamtheit aller Bundesrepublikaner, soweit sie ein abgegrenztes Gebiet bewohnen, werde hier „Gemeinwesen", „rechtlich verfaßtes Gemeinwesen", „rechtlich oder staatlich verfaßte Gesellschaft" oder auch „Staatswesen" genannt[12]. Mit einer für die vorliegende Untersuchung hinreichenden Korrektheit läßt sich sagen, daß *Gemeinwesen* diejenige Gesamtheit von Personen ist, die ein Gebiet bewohnen und für deren Verhalten der Staat im angegebenen Sinn die verbindliche Entscheidungsbefugnis besitzt.

Die Bundesrepublik Deutschland ist nach einem häufigen Sprachgebrauch ein Gemeinwesen in diesem Sinn. Das heißt, daß sie in diesem Sinn kein Staat *ist*, aber einen Staat im angegebenen Sinn *besitzt* derart, daß die Verhalten ihrer Bürger von dem „Staat" genannten Entscheidungssystem (mit-)geregelt werden[13].

---

[7] Darauf wurde schon oben § 9 hingewiesen. Dies ist ein Beispiel des Sachverhalts, der in der Logik seit B. *Russel* als Typentheorie behandelt wird. Vgl. dazu R. *Carnap*, Einführung in die symbolische Logik, S. 80 f.; D. *Hilbert*, W. *Ackermann*, Grundzüge der theoretischen Logik, S. 163 ff. Zur ontologischen Bedeutung der Typentheorie vgl. W. *Stegmüller*, Das Universalienproblem einst und jetzt, passim.

[8] Vgl. dazu A. *Podlech*, Logische Anforderungen kybernetischer Systeme an ihre Anwendung auf Rechtssätze, S. 107.

[9] Vgl. dazu oben § 9.

[10] Zu diesem Unterschied vgl. T. *Parsons*, The Structure of Social Action, S. 35, 731 f.; T. *Parsons*, N. J. *Smelser*, Economy and Society, S. 255 f.; M. J. *Levy*, The Structure of Society, S. 199 ff.; N. *Luhmann*, Grundrechte als Institution, S. 194 f.

[11] Gemeinwesen sind also soziale Gebilde — vgl. dazu oben § 8.1 —, Staaten sind soziale Systeme — vgl. dazu oben § 9.

[12] Vgl. dazu H. J. *Wolff*, Organschaft und juristische Person, 1. Bd., S. 238 ff., 343 f.

[13] Die Äquivokationen des Ausdrucks „Staat" sind damit noch keineswegs aufgelöst. Außer für das hier „Staat" und das hier „Gemeinwesen" Genannte, wird der Ausdruck „Staat" noch verwendet für eine spezifische Eigenschaft von Gemeinwesen, so z. B. im Völkerrecht bei der Frage, ob die DDR — ein Gemeinwesen im oben gekennzeichneten Sinn — ein Staat sei. Eine vierte Wortbedeutung schließlich ist die Bezeichnung einer juristischen Person als

III. Die Bedeutung für die Grund- und Hauptschule

3. Parallele Unterscheidungen lassen sich für Religionsgesellschaften und Kirchen aufstellen. *Religionsgesellschaften* (und Kirchen als Teilklasse der Religionsgesellschaften)[14] sind Gesamtheiten von Personen, die ein gemeinsames (religiöses) Bekenntnis haben und auf der Grundlage dieses Bekenntnisses zur Erfüllung der bekenntnismäßigen Aufgaben organisiert sind[15]. Strukturell stehen also Gemeinwesen und Religionsgesellschaften insofern auf einer Stufe, als sie beide Personenverbände, soziale Gebilde sind, wobei dieselbe Person einem Gemeinwesen und einer oder mehreren Religionsgesellschaften angehören kann[16]. Begrifflich und bezüglich der sozialen Wirklichkeit von den

---

„Staat", etwa die ins Grundbuch eintragungsfähige Bundesrepublik Deutschland oder das Deutsche Reich. Auf diese Fragen braucht hier nicht weiter eingegangen zu werden. Ohne funktionale Analysen und eine Beherrschung der Regeln der Typentheorie lassen sich jedoch terminologische Fragen dieser Art nicht lösen. Der (allein praktische) Grund für die oben gegebene Wortgebrauchsregelung ist der, daß „Staat" in dem verwendeten Sinn definitorisch der primäre Begriff ist: Mit seiner Hilfe läßt sich „Gemeinwesen" und mit dessen Hilfe wieder — was hier nicht durchgeführt zu werden braucht — „Staat als juristische Person" und „Staat im Sinne des Völkerrechts" definieren.

[14] Im Sinne des der vorliegenden Arbeit zugrunde liegenden methodischen Verständnisses von Sprache her beanspruchen Bezeichnungen nicht, Wesenserkenntnisse zu vermitteln. Vielmehr sollen die verwendeten Ausdrücke lediglich bezeichnen. Mit der Prädizierung bestimmter Personenverbände als „Religionsgesellschaft" oder „Kirche" soll nur *die* Klasse der Verbände gekennzeichnet werden, die auf Grund der gegebenen Definition von anderen Personenverbänden zu unterscheiden sind. Aus Wortverwendungen sind keine Erkenntnisse abzuleiten, und ob Kirchen etwas anderes *sind* als Religionsgesellschaften, ist zwar eine möglicherweise religionsgeschichtlich oder theologisch, nicht aber eine juristisch zu beantwortende Frage. Vgl. dazu E. R. *Huber*, Verträge zwischen Staat und Kirche im Deutschen Reich, S. 4 ff. Zur Frage des kirchlichen Selbstverständnisses als Kirchen vgl. A. *Köttgen*, Kirche im Spiegel deutscher Staatsverfassungen der Nachkriegszeit, S. 486 ff. Ein Beispiel für den als Berufskrankheit der Juristen zu bezeichnenden Begriffsrealismus bietet H. *Peters*, Die Gegenwartslage des Staatskirchenrechts, S. 186 f., wenn er aus der Verwendung des Wortes „Kirche" in Verfassungstexten folgert, „*daß die Kirchen auch vom Staat als mit eigenen ursprünglichen hoheitlichen Funktionen ausgestattete juristische Personen anerkannt werden.*" Der Ausdruck *Religionsgemeinschaft* wird vermieden, weil „Gemeinschaft" in der Soziologie nur Primärgruppen — siehe dazu oben § 8.5 — genannt werden. Möglicherweise ist eine kleine Pfarrei eine Gemeinschaft, nicht aber ein soziales Gebilde wie die weltumspannende katholische Kirche. Die Selbstbezeichnung „Communio Sanctorum" liegt auf einer anderen Ebene. Sie braucht von einer weltlichen Wissenschaft ihrer Terminologie nicht zugrunde gelegt zu werden.

[15] Nach J. *Heckel*, Budgetäre Ausgabeninitiative im Reichstag zugunsten eines Reichskultusfondus, S. 430; G. *Anschütz*, Die Verfassung des Deutschen Reichs, Art. 137, Erl. 2. Zur Problematik staatsrechtlicher Definitionen auf kirchlichem Gebiet vgl. J. *Heckel*, Melanchthon und das heutige deutsche Staatskirchenrecht, passim.

[16] Z. B. verlangen einige christliche Sekten bei der Aufnahme neuer Mitglieder nicht den Austritt aus einer Landeskirche. Da umgekehrt das Verhältnis der evangelischen Landeskirchen zu den Sekten weitgehend ungeklärt ist, bestehen wenigstens rechtlich die Möglichkeiten mehrfacher Mitgliedschaft. Vgl. dazu auch Fr. *Meß*, Wer gehört der Kirche an? S. 14 f.

§ 13. Das Verhältnis von Staat und Kirche als Ausgangspunkt

Religionsgesellschaften zu unterscheiden sind die wenigstens für einige Religionsgesellschaften und alle Kirchen bestehenden Entscheidungs- und Lenkungsapparate. Diese Apparate haben keinen einheitlichen Namen. Sie seien hier *Kirchenleitungen* genannt[17]. Staat und Kirchenleitungen stehen insofern strukturell auf einer Stufe, als sie beide Untersysteme größerer Systemeinheiten sind. Innerhalb der katholischen Kirche wird die Kirchenleitung „Hierarchie" genannt.

4. Der Ausdruck „Hierarchie" läßt sich formalisieren und ist geeignet zur Formulierung des Prinzips der Trennung von Staat und Kirche[18]. Hierarchie ist eine formale[19] Struktur, die z. B. in der kirchlichen Hierarchie, aber auch in der staatlichen Behörden- oder militärischen Befehlshierarchie verwirklicht ist[20]. Gegeben sei eine Klasse von Organen; dann ist *Hierarchie*[21] jede Beziehung zwischen diesen Organen, die folgenden Bedingungen genügt: Die Beziehung ist asymmetrisch, d. h. ist ein Organ einem anderen übergeordnet, so gilt nicht das Umgekehrte, zweitens ist die Beziehung voreindeutig, d. h. jedem Organ ist in derselben Hinsicht[22] höchstens ein Organ übergeordnet, und drittens die

---

[17] Ähnliche Äquivokationen wie beim Ausdruck „Staat" bestehen auch beim Ausdruck „Kirche".
Zur Bedeutung *Kirchenleitung* vgl. Corp. J. Can., c. 5 (Alex. III) X 3, 10 pars dec.; *Marsilius* von Padua, Defensor pacis, II, 2 § 2.
Zur Bedeutung *Anstalt zur Vermittlung von Heilsgütern* vgl. J. *Gerson*, Propositio coram Anglicis, S. 128—130; E. *Friedberg*, Lehrbuch des katholischen und evangelischen Kirchenrechts, § 1; E. R. *Huber*, Verträge zwischen Staat und Kirche im Deutschen Reich, S. 12 ff.; A. *Köttgen*, Kirche im Spiegel deutscher Staatsverfassung der Nachkriegszeit, S. 488.
Zur Bedeutung *Personenverband der Gläubigen* vgl. *Clemens* von Alexandrien, Stromata, VII, 5, 29, 4; *Augustinus*, ep. 98, 5 (MPL 33, 362); *Johannes* de Turrecremata, Summa de ecclesia Domini, 1, cap. 1, § 1; *Marsilius* von Padua, a. a. O., § 3; R. *Bellarmin*, Quarta controversia generalis de Conciliis, 1. III, c. 2 (S. 317); E. R. *Huber*, a. a. O., S. 12 f.

[18] Staat und Kirche in der vorstehend festgelegten Terminologie sind keine vergleichbaren Größen. Es muß entweder heißen „Staat und Kirchenleitungen" oder „Gemeinwesen und Kirchen". Der Terminus „Staat und Kirche" wird in der vorliegenden Untersuchung nur gebraucht als allein historisch zu verstehende Benennung für den Topos „Trennung von Staat und Kirche". Zur historischen Bedingtheit vgl. E. *Troeltsch*, Die Trennung von Staat und Kirche, der staatliche Religionsunterricht und die theologischen Fakultäten, S. 11 f.

[19] „Hierarchie" ist rein logisch definierbar. Die oben folgende Definition ist nicht mehr rein logisch, weil sie nicht über beliebigen Gliedern von Relationen, sondern über Organen erfolgt.

[20] Vgl. dazu H. *Malz*, Das Beamtenverhältnis als besonderes Gewaltverhältnis, S. 100. Malz spricht von Hierarchien als von Rangordnungssystemen.

[21] Zur Klasse von Organen als Feld der Relation „Hierarchie" vgl. A. *Haenel*, Das Gesetz im formellen und im materiellen Sinne, S. 222 f. Seine Ausführungen S. 235 ff. bedürfen jedoch einiger Korrekturen.

[22] Dieser Punkt bedürfte noch einer Klärung, die hier aber zu weit führen würde.

Beziehung besitzt genau ein Anfangsglied, d. h. es gibt genau ein Organ, dem kein Organ übergeordnet ist[23].

Es gibt verschiedene rechtliche Konkretisierungen solcher hierarchischer Beziehungen, z. B. Befehls-, Weisungs- und Aufsichtshierarchien, Dienstwege, Rechtsmittelzüge u. a. Hierarchien sui generis sind (kirchliche sakramentale) Weihehierarchien.

5. Mit Hilfe der Struktur der Hierarchie läßt sich das *Prinzip der Trennung von Staat und Kirche*[24] im engsten und dem in dieser Untersuchung verwendeten Sinne folgendermaßen formulieren: Für jedes beliebige Paar kirchlicher und staatlicher Hierarchien gilt, daß sie kein gemeinsames Glied haben[25]. Mit diesem Prinzip nicht vereinbar ist z. B. eine staatliche Aufsicht über die kirchliche Vermögensverwaltung[26], wohl aber eine Mitgliedschaft eines Kirchenrates im Rundfunkrat einer öffentlichen Rundfunkanstalt[27]. Dieses Prinzip besagt, daß eine völlige Trennung von Staat und Kirchenleitungen im Sinne der oben eingeführten Wortgebrauchsregelung besteht. Das Prinzip in diesem Sinn ist geltendes bundesrepublikanisches Verfassungsrecht[28]. Durchbrechungen müssen verfassungsrechtlich ausdrücklich oder stillschweigend[29] zugelassen

---

[23] Die Definition folgt R. *Carnap*, Einführung in die symbolische Logik, S. 220. Die im logischen Bereich erforderliche Endlichkeitsbedingung ist fortgelassen worden, weil sie im sozialen Bereich tatsächlich immer erfüllt ist.

[24] Zu den verschiedenen Ausdeutungen des Prinzips vgl. etwa E. *Troeltsch*, Die Trennung von Staat und Kirche, der staatliche Religionsunterricht und die theologischen Fakultäten, S. 29 ff., 54 ff.; G. *Holstein*, Die beamtenrechtlichen Normen der Reichsverfassung und die Stellung der geistlichen und Kirchenbeamten, S. 169 ff., bes. S. 174 ff.; E. *Spranger*, Die wissenschaftlichen Grundlagen der Schulverfassungslehre und Schulpolitik, passim; U. *Stutz*, Das Studium des Kirchenrechts an den deutschen Fakultäten, S. 2; E. *Fischer*, Trennung von Staat und Kirche, passim.

[25] Vgl. dazu G. *Anschütz*, Die Verfassung des Deutschen Reichs, Art. 137, Erl. 1; P. *Mikat*, Kirche und Religionsgemeinschaften, S. 146: „Organisatorische Entflechtung der beiden Gemeinschaften"; W. *Keim*, Schule und Religion, S. 130.

[26] Vgl. dazu J. B. *Mennicken*, Einige Probleme der Gesetzgebung über die jüdischen Kultusgemeinden in den Bundesländern, S. 19 ff. Ein Sonderproblem stellt jedoch die Aufsicht über die Erträgnisse der Kirchensteuern dar.

[27] Dies deswegen, weil Mitglied nicht das Organ, sondern ein Organwalter ist. Vgl. dazu M. *Heckel*, Die Kirchen unter dem Grundgesetz, S. 38.

[28] VGH Bad.-Württ., Beschluß vom 14. 2. 1967, in: DÖV 1967, S. 311 f.; H. *Weber*, Grundprobleme des Staatskirchenrechts, S. 443; A. *Hollerbach*, Die Kirchen unter dem Grundgesetz, S. 62; A. *Erler*, Kirchenrecht, S. 32 f. Im allgemeinen fehlt der Erörterung dieses Prinzips, beispielsweise bei Erler, eine korrekte soziologische Funktionsanalyse.

[29] So H. *Weber*, a. a. O., S. 435, 443; a. A. E. *Fischer*, a. a. O., S. 222 ff., 250 ff. Die Zulässigkeit stillschweigender Ausnahmeregelungen auf Grund herkömmlicher Zustände — „Der Verfassungsgesetzgeber wollte dies oder das doch nicht abschaffen!" — wirft Probleme auf, die hier nicht allgemein diskutiert werden können. Ich halte eine Lösung auf folgender Linie für diskutabel: Ist eine Ausnahmeregelung ausdrücklich normiert — z. B. Art. 141 GG —, so ist das Geregelte verfassungskräftig (Zu möglichen Einschränkungen siehe G.

§ 13. Das Verhältnis von Staat und Kirche als Ausgangspunkt

sein[30]. Solche Durchbrechungen sind z. B. die Verbeamtungen kirchlicher Organwalter (Geistlicher)[31] als Theologieprofessoren, Religions-Lehrer[32], Anstalts- und Militärgeistliche, oder Aufsichtsrechte über Hoheitsakte von kirchlichen Organen als Organen von Körperschaften des öffentlichen Rechts nach Art. 137 Abs. 5 i. V. m. Art. 140 GG (z. B. bei der Verwaltung von Monopolfriedhöfen oder im Besteuerungsrecht)[33].

In dem engen und strengen Bereich, der durch dieses Prinzip beherrscht wird, gilt nicht das Gebot staatlicher *Toleranz*[34] als Duldung fremder Überzeugungen bei Beibehaltung einer eigenen weltanschaulichen Überzeugung[35], sondern das Gebot des *Indifferentismus* als Verbot jeder religiösen oder weltanschaulichen Identifikation[36].

Dürig, Die Rechtsstellung der katholischen Privatschulen im Lande Bremen, S. 38). Ist eine Ausnahmeregelung nur stillschweigend anerkannt — z. B. die Bestallung von Anstaltsgeistlichen als Beamte —, so ist das Geregelte zwar nicht unter Berufung auf den allgemeinen Satz — hier Trennung von Staat und Kirche —, möglicherweise aber unter Berufung auf sonstige Bestimmungen im Wege der systematischen Argumentation — z. B. auf Art. 3 oder 4 GG — als verfassungswidrig zu erweisen.

[30] Ist eine Durchbrechung dieses Trennungsprinzips verfassungsrechtlich ermöglicht, gestattet dies das Wirken von Kirchenleitungen innerhalb von staatlich determinierten Sozialgebilden — z. B. von besonderen Gewaltverhältnissen — wie noch gezeigt werden wird, aber auch eine Unterordnung von Organen der Kirchenleitungen unter Organe des Staates. Vgl. dazu R. *Zippelius*, Kirche und Staat und die Einheit der Staatsgewalt, S. 55 ff.

[31] Zu dem Anordnungsverhältnis, in dem Geistliche als Glieder der kirchlichen Hierarchie stehen, vgl. D. *Scheven*, Ist der kirchliche Dienst öffentlicher Dienst? S. 290 f.

[32] Vgl. dazu G. *Buch*, Die Rechtsstellung des Lehrers zu Kirche und Staat bei der Erteilung des Religionsunterrichts, S. 23 f., 47 ff.; H. *Peters*, Elternrecht, Erziehung, Bildung und Schule, S. 422 f.; H. *Weber*, a. a. O., S. 442. Den Ausnahmecharakter des beamteten Religionslehrers hat scharf betont Fr. *Paulsen*, Das deutsche Bildungswesen in seiner historischen Entwicklung, S. 147 ff. Dazu, daß solche Geistliche als kirchliche Organwalter der kirchlichen Hierarchie inkorporiert bleiben, vgl. S. C. Conc., decr., 22. 2. 1927, bes. Nr. II, in: AAS 19 (1927), S. 99 f. Allgemein zum kanonischen Ämterrecht vgl. E. *Eichmann*, Kl. *Mörsdorf*, Lehrbuch des Kirchenrechts, 1. Bd., S. 279 ff.

[33] Dazu H. *Weber*, a. a. O., S. 442. Daß solche Durchbrechungen es erlauben, auch unter der Geltung von Verfassungen wie der Weimarer Verfassung oder des Bonner Grundgesetzes von der „Idee des christlichen Staates" zu sprechen, wie O. *Koellreutter*, Staat, Kirche und Schule im heutigen Deutschland, S. 15, meint, braucht wohl nicht eigens widerlegt zu werden.

[34] Zum Ausdruck „Toleranz" vgl. Th. *Maunz*, Toleranz und Parität im deutschen Staatsrecht, S. 5 ff.; A. *Hartmann*, Toleranz und christlicher Glaube, S. 112 ff.; U. *Scheuner*, Auseinandersetzungen und Tendenzen im deutschen Staatskirchenrecht, S. 153. In der neueren Untersuchung von G. J. *Sieger*, Toleranz im Staat, passim, werden zutreffend religiöse, gesellschaftliche und politisch-philosophische Toleranz unterschieden und ihre unterschiedlichen Prämissen dargestellt.

[35] Öffentliche Organe haben keine religiösen oder weltanschaulichen Überzeugungen und die Organwalter haben solche nicht in der Rolle als Organwalter. Anders ist es mit Organwaltern im kirchlichen Bereich.

[36] So BVerfGE 12,1 (4); H. *Krüger*, Verfassungsänderung und Verfassungsauslegung, S. 727; ders., Allgemeine Staatslehre, S. 43 ff.; Th. *Maunz*, Staat

III. Die Bedeutung für die Grund- und Hauptschule

Das Trennungsprinzip gilt hingegen nicht für das Verhältnis von Gemeinwesen und Religionsgesellschaften und Kirchen. Dies schon deswegen nicht, weil ein nicht unbeachtlicher Teil der Bürger Glied beider Verbände ist[37]. Über diese Begründung hinaus hat unsere Rechtsordnung mittels der allen Bürgern zustehenden Grundrechte (Art. 2, 3, 4, 5, 8, 9, 12, 14 GG)[38] und mittels einiger Religionsgesellschaften besonders zustehenden Grund- und anderen Rechten (Art. 4 Abs. 2, 140 GG i. V. m. Art. 137 Abs. 2 bis 7, 138 Abs. 2, 141 WV)[39-40] den Religionsgesellschaften umfangreiche Mittel zur Verfügung gestellt, in der durch das Gemeinwesen konstituierten Öffentlichkeit zu wirken[41]. Das Gemeinwesen ist ihnen gegenüber nicht indifferent, sondern es rechnet mit ihnen im positiven Sinn[42, 43]. Das Miteinander in diesem Bereich soll geregelt sein

---

und Schule im Verfassungsrecht, S. 4; E. *Fischer*, a. a. O., S. 31 ff.; Fr. *v. Zezschwitz*, Staatliche Neutralitätspflicht und Schulgebet, S. 339; W. *Keim*, Schule und Religion, S. 128.

[37] So ausdrücklich H. *Peters*, Die Gegenwartslage des Staatskirchenrechts, S. 178; A. *Erler*, a. a. O., S. 32; H. *Marré*, Zur Koordination von Staat und Kirche, S. 12; K. *Hesse*, Freie Kirche im demokratischen Gemeinwesen, S. 354 ff.; M. *Heckel*, a. a. O., S. 32. Eine theologische Ausdeutung dieses Sachverhalts findet sich bei *Augustinus*, De civitate Dei, I, c. 35. Dazu J. *Heckel*, Lex charitatis, S. 34 ff.; R. *Zippelius*, a. a. O., S. 62.
Allerdings folgt daraus, daß auch keine Trennung von Gläubigen und Bürgern stattfinden darf. Sollten sich Religionsgesellschaften auf eine solche Trennung berufen, braucht dies vom Gemeinwesen her nicht berücksichtigt zu werden. Auf Art. 4 GG kann sich nicht berufen, wer Exkorporation aus dem Gemeinwesen verlangt. Dazu, daß es solche Ansichten gibt, vgl. P. *Mikat*, Kirche und Staat in nachkonziliarer Sicht, S. 429.

[38] Kritisch zu dieser Sicht M. *Heckel*, a. a. O., S. 17 f.; positiv H. *Weber*, a. a. O., S. 439.

[39-40] Dazu H. *Weber*, a. a. O., S. 439 f.

[41] Die Formulierung, „daß die Religion im öffentlichen Leben nichts mehr zu suchen habe", mit der A. *v. Campenhausen*, Erziehungsauftrag und staatliche Schulträgerschaft, S. 112, Anm. 12, die Ansichten von H. *Quaritsch*, E. *Fischer* und H. *Krüger* wiedergibt, ist viel zu ungenau, um das vorliegende Problem diskutieren zu können.

[42] Th. *Maunz*, Staat und Schule im Verfassungsrecht, S. 4; W. *Geiger*, Die verfassungsrechtlichen Grundlagen des Verhältnisses von Schule und Staat, S. 35 ff.; W. *Weber*, a. a. O., S. 170 f.; P. *Feuchte*, P. *Dallinger*, Christliche Schule im neutralen Staat, S. 365; Kl. *Obermayer*, Staatskirchenrecht im Wandel, S. 17; K. *Hesse*, Freie Kirche im demokratischen Gemeinwesen, S. 354 ff.; P. *Mikat*, Kirche und Staat in nachkonziliarer Sicht, S. 119 ff.; E.-W. *Böckenförde*, Religionsfreiheit und öffentliches Schulgebet, S. 31; R. *Zippelius*, a. a. O., S. 60 f.; H. *Weber*, a. a. O., S. 444; W. *Keim*, Schule und Religion, S. 140; K. *Hesse*, Grundzüge des Verfassungsrechts der Bundesrepublik Deutschland, S. 148; sehr weitgehend K. *Hesse*, Der Rechtsschutz durch staatliche Gerichte im kirchlichen Bereich, S. 57 ff.; H. *Marré*, a. a. O., S. 13: „positive Religionspflege" als staatliche Aufgabe! Zur älteren Literatur vgl. E. *Troeltsch*, a. a. O., S. 38 ff., 59 ff.; G. J. *Ebers*, Religionsgesellschaften, S. 363 f.

[43] Zu dem Umstand, daß dieses positive Verhältnis, das durch die Verfassung, also säkular, inauguriert wird, von seiten der Kirchen her nicht unproblematisch zu sein braucht, vgl. E. *Wolf*, Kirche, Staat und Gesellschaft, passim.

durch das Postulat der *rechtlichen Freiheit*, die innerhalb der für alle geltenden Schranke der Sozialunverträglichkeit die Verhalten der Bürger nicht bewertet. *Toleranz* als Duldung fremder Überzeugungen bei Beibehaltung einer eigenen weltanschaulichen Überzeugung ist in einem pluralistischen, durch eine freiheitliche Verfassung verfaßten Gemeinwesen überhaupt kein Rechtsprinzip mehr[44], sondern eine von den Bürgern zu übende moralische Haltung. Toleranz ist kein Rechtsgebot. Wie jedoch in den folgenden Paragraphen noch ausgeführt wird, ist der Rechtsordnung durch Art. 4 GG weder unmöglich gemacht, Auswirkungen intoleranter Verhalten zu verhindern — etwa durch § 130 StGB — oder öffentliche Organwalter, z. B. Lehrer, anzuweisen, in öffentlichen Einrichtungen, z. B. Schulen, die Haltung der Toleranz einzuüben.

Als Ergebnis des Exkurses ist also zu formulieren: Das Prinzip der Trennung von Staat und Kirche gilt in unserer Rechtsordnung in dem Sinn, daß es eine nur kraft Verfassungsbestimmung zu durchbrechende Trennung von Staat und Kirchenleitung vorschreibt, nicht aber eine Trennung von staatlich verfaßtem Gemeinwesen und Religionsgesellschaften bzw. Kirchen. Die sich aus diesem Ergebnis für die Beurteilung von weltanschaulichen Schulproblemen ergebenden Folgerungen werden im nächsten Paragraphen erörtert.

§ 14. Die Neutralität des Staates

1. Die zu Beginn des vorigen Paragraphen formulierte Frage nach dem Einfluß des Grundrechts der Gewissensfreiheit auf den rechtlich ausgestalteten weltanschaulichen Charakter einer Schule läßt sich nun folgendermaßen präzisieren: Da Art. 4 GG (zusammen mit anderen Verfassungsbestimmungen) die Trennung von Staat und Kirchen im oben formulierten engen Sinn, nicht aber die Trennung von Gemeinwesen und Religionsgesellschaften fordert, ist zu untersuchen, ob öffentliche Schulen zum Bereich des Staates, zum Bereich des Gemeinwesens oder zu einem dritten Bereich gehören.

Ob öffentliche Schulen zum Bereich des Staates gehören, ist deswegen nicht so einfach zu entscheiden, weil Staat und Schulen nicht ohne weiteres vergleichbar sind. Der Staat ist ein funktionales System — dem etwa das funktionale System „öffentliches Schulwesen" entsprechen würde —, während Schulen — je nach dem Blickwinkel — entweder als soziale Gebilde zu betrachten sind, denen etwa das Gemeinwesen als soziales Gebilde entsprechen würde, oder als Handlungssysteme, denen etwa Regierungspräsidien oder Provinzialschulkollegien entsprechen würden.

---
[44] Vgl. dazu E. W. *Böckenförde*, Erklärung über die Religionsfreiheit, Einleitung, S. 16.

III. Die Bedeutung für die Grund- und Hauptschule

Wird von den erst später zu behandelnden besonderen Gewaltverhältnissen der Beamten und Soldaten abgesehen[1], sind besondere Gewaltverhältnisse nicht Teilsysteme des Staates, sondern soziale Gebilde, auf die sich die Entscheidungs- und Lenkungsgewalt des Staates in einer besonderen Weise erstreckt. Weder ein Strafgefangener noch ein Schüler[2], noch ein Krankenhausinsasse sind Staatsorgane oder einer staatlichen Behörde in irgendeiner Weise inkorporiert[3].

Die gegenteilige Ansicht[4] überzeugt nicht. Weder der Umstand, daß Mitglieder der besonderen Gewaltverhältnisse von Behörden „bearbeitet" werden — um einen Ausdruck von Fr. *Fleiner* zu gebrauchen — noch daß dies in abgeschlossenen primären sozialen Gebilden geschieht, noch daß die Mitglieder in einem diffusen Unterordnungsverhältnis stehen, bedeutet rechtlich oder tatsächlich eine Inkorporation in eine Behörde[5]. Verhalten von Schülern, Kranken, Strafgefangenen, Fürsorgezöglingen o. a. werden nicht dem Staat zugerechnet, sondern bleiben Verhalten von Privatpersonen auch dann, wenn sie in besonderen Gewaltverhältnissen geübt werden.

Insofern besondere Gewaltverhältnisse Mitglieder haben, sind sie Teilverbände des Gemeinwesens. Dies wird deutlich, wenn man sich klarmacht, daß Schulen als soziale Gebilde in keinem besonderen Verhältnis zum Staat stehen müssen, sie heute nicht alle stehen und sie historisch nicht gestanden haben[6], ehe es Staaten im hier verwendeten Sinne gab[7]. Umgekehrt können durch Rechtsvorschrift bestehende soziale Ge-

---

[1] Den Unterschied zwischen Dienst- und Anstaltsverhältnissen, auf den noch zurückzukommen ist, macht auch C. H. *Ule*, Das besondere Gewaltverhältnis, S. 152.

[2] Vgl. dazu A. *Eisenhuth*, Die Entwicklung der Schulgewalt und ihre Stellung im Verwaltungsrecht in Deutschland, S. 68.

[3] Ebenso E. *Stein*, Die Grenzen des dienstlichen Weisungsrechts, S. 19.

[4] Vgl. z. B. Fr. *Fleiner*, Institutionen des Deutschen Verwaltungsrechts, S. 166; E. *Forsthoff*, Lehrbuch des Verwaltungsrechts I, S. 121.

[5] Die gegenteilige, am Bereich des öffentlichen Dienstes abgelesene Ansicht ist der erste Grund für die frühere These, besondere Gewaltverhältnisse seien als Staatsinterna rechtsfreie Räume. Vgl. dazu H. H. *Rupp*, Grundfragen der heutigen Verwaltungsrechtslehre, S. 19 ff.; W. *Brohm*, Verwaltungsvorschriften und besonderes Gewaltverhältnis, S. 240. Der zweite Grund lag in der methodisch falschen Deduktion, da die Funktion des Rechts (nur) soziale Schrankenziehung oder Eingriffsermächtigung sei, sei Rechtssatz nur der Satz, der eine solche Funktion leiste. Vgl. dazu E.-W. *Böckenförde*, Gesetz und gesetzgebende Gewalt, S. 226 ff. Der Fehler liegt darin, daß feststehen muß, was Rechtssatz genannt wird, *ehe* seine Funktion bestimmt wird. Andernfalls ist man nie sicher, ob man eine vollständige Disjunktion aufgestellt hat.

[6] Dazu Fr. *Paulsen*, Das deutsche Bildungswesen in seiner geschichtlichen Entwicklung, S. 5 ff., 171 f.; E. *Troeltsch*, Die Trennung von Staat und Kirche, der Religionsunterricht und die theologischen Fakultäten, S. 16.

[7] Unrichtig insofern W. *Mohs*, Schulgewalt und Elternrecht in Preußen, S. 77: „Die Schule ist kein selbständiger Erziehungsfaktor, sondern der Staat übt durch sie seine Erziehung aus." Wie viele Fehler würden vermieden, wenn man anstatt der logisch bedenklichen Substantivierung von Abstrakta die Sätze als Allsätze über Individuenbereichen formulieren würde. Dann würden sich sofort die Fragen stellen: Stimmt es denn, daß tatsächlich der Staat durch *alle*

§ 14. Die Neutralität des Staates

bilde, wie etwa Fahrschulen oder Sportvereine, in besondere Gewaltverhältnisse überführt werden[8].

Es ist also keineswegs so, wie H. *Krüger*[9] meint, daß „der Staat" die besonderen Gewaltverhältnisse immer „aus sich heraussetzt". Um im Bild zu bleiben, kann man eher sagen, daß er beispielsweise Schulen, Universitäten und Krankenhäuser in sich hineingezogen hat[10].

Mit Ausnahme der Beamten- und Soldatenverhältnisse gilt also folgender Satz: *Besondere Gewaltverhältnisse sind als soziale Gebilde Teilglieder des Gemeinwesens, auf die sich die Leitungs- und Lenkungsgewalt des Staates in einer besonderen Weise erstreckt.*

Für Schulen ist dies ausdrücklich anerkannt, insofern unter *Schulaufsicht* im Sinne des Art. 7 Abs. 1 GG der Inbegriff der Herrschaftsrechte über die Schulen verstanden wird[11] und das Objekt dieser Herrschaftsrechte in seiner sozialen Wirklichkeit von der staatlichen Einwirkung zu trennen ist[12].

Für das Verhältnis von Gewissensfreiheit und weltanschaulichem Charakter der Schulen ergibt sich daraus folgendes Problem, wenn von einem privaten Ersatzschulsystem vorläufig abgesehen werde: Schulen sind Objekt mindestens zweier, nicht unbedingt deckungsgleicher Interessenbündel, nämlich der der Schulträger (Gründer, Unterhalter) und der der Beteiligten (der Schüler und ihrer Erziehungsberechtigten)[13]. In unserem Kulturkreis war das Interesse der Gründer, nämlich das kirchlicher Institutionen[14] das ursprüngliche und für lange Zeit ausschlaggebende Interesse. Erst als ein eigenes Interesse des Bürgertums in den Städten erwachte, wurden städtische (Latein-)Schulen errichtet,

---

Schulen seine Erziehungsgewalt ausübt? Wenn ja, soll das denn so sein? „Sollen" im positiv-rechtlichen und in einem rechtspolitischen Sinn. So viele Fragen können durch *eine* unkorrekte Formulierung verdeckt werden.

[8] Dabei werde einmal davon abgesehen, daß wahrscheinlich andere Verfassungsbestimmungen als Art. 4 GG solche Überführungen verbieten. Vgl. dazu oben § 11.2.

[9] H. *Krüger*, Das besondere Gewaltverhältnis, S. 120.

[10] Ebenso H. *Herrfahrdt*, in: VVDStRL 15 (1957), S. 199 f. Zur These, daß es ein Bildungswesen geben muß, *ehe* der Staat seine Prinzipien auf es anwenden kann, vgl. L. v. *Stein*, Die Verwaltungslehre, 2. Hauptgebiet, Das Bildungswesen, 1. Teil, S. 12 ff. Dazu E. *Spranger*, Die wissenschaftlichen Grundlagen der Schulverfassungslehre und Schulpolitik, S. 10 ff., bes. S. 15. Die These, daß es dem Staat überhaupt verwehrt sei, öffentliche Erziehung zu betreiben, hat vertreten W. v. *Humboldt*, Ideen zu einem Versuch, die Grenzen der Wirksamkeit des Staates zu bestimmen, S. 109.

[11] So BVerwGE 6, 101 (104); 18, 38 (39); Th. *Maunz*, in: *Maunz-Dürig*, Grundgesetz, Art. 7, Rdnr. 17; A. v. *Campenhausen*, Erziehungsauftrag und staatliche Schulträgerschaft, S. 20 ff. Noch weitergehend H. *Peters*, Elternrecht, Erziehung, Bildung und Schule, S. 410, und E. W. *Fuß*, Verwaltung und Schule, S. 206 ff.

[12] So ausdrücklich A. H. *Berkenhoff*, Schulaufsicht und Kommunalaufsicht in Nordrhein-Westfalen, S. 117. A. A. für das frühere Recht W. *Landé*, Die staatsrechtlichen Grundlagen des deutschen Unterrichtswesens, S. 710.

[13] Vgl. dazu W. *Landé*, a. a. O., S. 720.

[14] Vgl. dazu noch I. O. P., Art. V, §§ 31, 34.

deren Schulherr der Rat war[15], neben denen auch bald private (deutsche Lese- und Schreib-)Schulen entstanden, in denen man die Vorläufer der Volksschulen sehen kann[16]. Da nun die Entwicklung dazu geführt hat, daß das Volksschulwesen vorwiegend öffentlichen Charakter trägt, vermag das (noch zu formulierende) Interesse der Schulträger mit möglichen weltanschaulichen Interessen der Beteiligten zu kollidieren. Das auf Grund von Art. 4 GG zu entscheidende Problem besteht nun darin, ob durch staatliche Entscheidung Schulen derart in öffentliche Schulen überführt oder als solche unterhalten werden dürften, daß weltanschauliche Interessen Beteiligter, die in nichtöffentlichen Schulen verwirklicht werden könnten, mehr oder weniger neutralisiert werden. Topos dieser Diskussion sind die Neutralität des Staates[17] und ihre Voraussetzungen. Es bedarf also der Klarheit über diese Ausdrücke.

2. *Voraussetzung* bedeutet im Kontext der Diskussion um weltanschauliche Charaktere von Volksschulen nicht „Voraussetzung" im erkenntnistheoretischen Sinn, sondern „Voraussetzung von Entscheidungen".

Die Frage etwa, welche Voraussetzungen angenommen werden müssen, um das Hebelgesetz zu einem beweisbaren (demonstrierbaren) Satz zu machen, mag auf der Universität, vielleicht auch im Unterricht der höheren Schule eine Rolle spielen, nicht aber im Unterricht der Volksschule. Tatsachen können dort als voraussetzungslos im naiven Sinne angenommen werden.

Die Frage der Voraussetzungen spielt jedoch eine große Rolle für zwei weitere Fragen, nämlich für die nach der *Auswahl* der zu lehrenden Tatsachen und die *Entscheidung* über die einzuübenden Verhaltensmuster und Moralen. Wie bereits oben § 12 erwähnt wurde, gibt es (auch) für diese Fragen keine Voraussetzungslosigkeit. Jede Annahme der Voraussetzungslosigkeit impliziert, worauf besonders K. R. *Popper* hingewiesen hat[18], ihre eigene Unrichtigkeit. Der Standpunkt des *unkritischen Rationalismus*, der meint, voraussetzungslos argumentieren zu können, ist logisch inkonsistent. Praktisch bedeutet dies, daß es voraussetzungslose Entscheidungen über Tatsachenauswahlen und in den Schulen einzuübende Verhaltensmuster und Moralen nicht gibt[19]. Daraus ist gelegent-

---

[15] Vgl. dazu Fr. *Paulsen*, a. a. O., S. 19; A. *Eisenhuth*, a. a. O., S. 5 ff. Zu sehr vereinfachend H. *Peters*, Elternrecht, Erziehung, Bildung und Schule, S. 405 f.

[16] Fr. *Paulsen*, a. a. O.

[17] Zur Neutralität des Staates vgl. E. W. *Fuß*, Kirche und Staat unter dem Grundgesetz, S. 735.

[18] K. R. *Popper*, Die offene Gesellschaft und ihre Feinde, 2. Bd., S. 282; ders., Das Elend des Historismus, S. 102 ff. Im Ergebnis ebenso E. *Spranger*, Die wissenschaftlichen Grundlagen der Schulverfassungslehre und Schulpolitik, S. 37.

[19] Vgl. dazu A. *Köttgen*, Schule und Lehrer im modernen Staat, S. 11; W. *Rein*, Die deutsche Schule im deutschen Staat, S. 22 ff.; E. *Spranger*, a. a. O., S. 28 f.; A. *v. Campenhausen*, Erziehungsauftrag und staatliche Schulträgerschaft, S. 25 ff.

§ 14. Die Neutralität des Staates

lich gefolgert worden, daß, wie jede Diskussion und Entscheidung, auch diese Fragen auf Grund irrationaler Einstellungen beantwortet werden müssen. Da es aus demselben Grund für irrationale Einstellungen keine rationale Präferenzskala gebe, wird daraus weiter die Gleichberechtigung aller irrationalen Einstellungen gefolgert[20], woraus dann jede Partei in der Auseinandersetzung um die Ausgestaltung der Schule das Recht abzuleiten sucht, *ihre* Einstellung zur weltanschaulichen Grundlage *wenigstens* der Schulen für *ihre* Schüler machen zu können.

3. Ob diese Argumentation in ihrer Allgemeinheit schlüssig ist, braucht hier nicht entschieden zu werden. Die Einführung einer *tatsächlichen* Prämisse gestattet nämlich eine Reduktion des Problems. In der sozialen Wirklichkeit, die durch die geltende Rechtsordnung geordnet ist, besitzt der Staat kein *Schulmonopol*[21] und besitzen öffentliche Schulen weder ein *Erziehungsmonopol*[22] noch die Möglichkeit einer *Erziehungstotalität*[23], d. h. sie sind nicht der einzige Erziehungsträger, noch besitzen sie den ausschließlichen Einfluß auf alle gestaltbaren Faktoren, die heranwachsende Menschen prägen[24].

Das war praktisch immer so, schloß aber den Versuch einer beinahe totalen Erziehung nicht aus. So finden sich beispielsweise im 10. Kapitel des Sachsen-Gothaischen Schulmethodus des Herzogs *Ernst* des Frommen (1642) eine eingehende Ordnung für das Verhalten der Kinder während des ganzen Tages[25].

---

[20] W. *Geiger*, Die verfassungsrechtlichen Grundlagen des Verhältnisses von Schule und Staat, S. 36 ff. Zugrunde liegt dieser Gedanke den Ausführungen von P. *Feuchte*, P. *Dallinger*, Christliche Schule im neutralen Staat, S. 365 f.

[21] Zahlreiche Belege für die mit dem 18. Jahrhundert einsetzende Ansicht, der Staat habe ein Schulmonopol, finden sich bei K. *Maury*, Elterliche Erziehungsgewalt und öffentliche Schulgewalt nach deutschem Recht, S. 6 ff.; J. *Dolch*, Das Elternrecht, S. 20 ff. Zum möglichen Inhalt des staatlichen Schulmonopols vgl. E. *Spranger*, a. a. O., S. 21.

[22] Vgl. dazu A. *v. Campenhausen*, a. a. O., S. 41 ff. Zu der weitergehenden These, daß verfassungsrechtlich sogar der Schulzwang ausgeschlossen sei, vgl. H. *Mayer*, Elternrecht, Schule und Kirche, S. 585. Bedenken gegen die Zulässigkeit staatlicher Schulen äußert R. *Wimmer*, Sind die deutschen Schulverwaltungen rechtsstaatlich? S. 851.

[23] Dieses Ziel einer Erziehungstotalität ist in der Form des nationalen Erziehungsideals wenigstens theoretisch konzipiert worden und hat auch auf die Schulpraxis Einfluß gehabt. Vgl. dazu die Nachweise bei H. U. *Evers*, Verwaltung und Schule, S. 147 f.

[24] M. E. dürfte z. B. der Einfluß des *Springer-Konzerns*, der über 90 % der gesamten kommerziellen Jugendschriften herausgibt, die Verhaltensmuster und Bewertungsmaßstäbe (Moralen) der Jugendlichen mehr prägen als der weltanschauliche Charakter der Schulen. Man muß einmal, z. B. an jüngeren Geschwistern, erfahren haben, wie Jugendliche auf ‚Bravo' reagieren, eine Wochenzeitschrift, die mit einer jährlichen Gesamtauflage von fast 38 Millionen erscheint. Vgl. dazu N. *Sander*, Axel Springer als „Erzieher der Jugend", passim. Inzwischen ist seit Juni 1968 der Kindler- und Schiermeyer-Verlag, bei dem die Verlagsrechte der Jugendzeitschriften „Bravo" und „Twen" liegen, aus dem Springer-Konzern ausgeschieden.

[25] Abdruck bei R. *Vormbaum*, Die evangelischen Schulordnungen des 16. bis 18. Jahrhunderts, 2. Bd., S. 295 ff.

III. Die Bedeutung für die Grund- und Hauptschule

Den Anspruch auf Erziehung auch außerhalb des schulischen Bereichs (Rauchen, Lokalbesuch, Tanzveranstaltungen, Theaterbesuche, sogenanntes ‚Poussieren') hat die öffentliche Schule mit Rückzugsgefechten erst nach 1945 endgültig aufgegeben, wohl nicht unbeeinflußt davon, daß die Hitlerjugend ihr diesen Einfluß nach 1933 mit Erfolg streitig gemacht hatte. Noch 1931 schrieb K. *Maury*[26]: „Und zwar beschränkt sich die Erziehungsgewalt der Schule nicht auf den Ort und die Stunde des Unterrichts, sondern erstreckt sich auf das gesamte Leben der Schüler in und außerhalb der Schule. Es folgt dies mit Notwendigkeit aus dem Wesen der Erziehung, mit dem eine derartige Beschränkung unvereinbar wäre[27]." *Man muß sich immer vor Augen halten, daß der Kampf um die konfessionelle Schule aus einer Zeit stammt, in der die Schule wenigstens versuchte, das Leben der Schüler als Ganzes zu beeinflussen*[28]. Dann entdeckt man, daß wenigstens gelegentlich der politische Kampf auf diesem Gebiet nur noch um Worthülsen geführt wird.

Diese tatsächliche Lage ist durch die Verfassung stabilisiert. Das Erziehungsmonopol wird durch Art. 2 Abs. 1, 4 Abs. 1 und 2, 5 Abs. 1 und 7 Abs. 3 GG rechtlich unmöglich gemacht[29]. Diese Prämisse, die aus tatsächlichen und aus rechtlichen Gründen erfüllt ist, werde das Grundprinzip der *Partialerziehung durch öffentliche Schulen* genannt. Ist diese Prämisse erfüllt, ist es sinnvoll, einen Begriff der *relativen Neutralität öffentlicher Schulen* in bezug auf einen gegebenen weltanschaulichen Anspruch auf die Erziehung folgendermaßen zu formulieren. Werde *Erziehungsprogramm* die Gesamtheit der Auswahlregeln von Tatsachen und einzuübenden Verhaltensmustern und Moralregeln in einer gegebenen Schulordnung genannt, so heiße dieses Erziehungsprogramm *relativ neutral* gegenüber einem gegebenen weltanschaulichen Anspruch, wenn sich Erziehungsprogramm und Weltanschauungsanspruch nicht widersprechen. Der Ausdruck „widersprechen" bedarf der Explikation. Da eine systematische Explikation zu umständlich werden würde, geschehe sie durch Beispiele.

Eine Auswahlregel historischer Tatsachen derart, daß aus der Kirchengeschichte vorwiegend heute negativ beurteilte Tatsachen ausgewählt werden, widerspricht dem Anspruch, Schüler in Kirchen Objektivierungen göttlicher Lenkung sehen zu lassen. Die Einführung *auch* negativ beurteilbarer Tatsachen widerspricht diesem Anspruch nur dann, wenn er die Behauptung umfaßt, daß kein kirchlicher Amtsträger jemals sich hat irren oder in der Wahl der Mittel hat vergreifen können. Die fehlende Einübung kirchlichen Brauchtums (z. B. an Weihnachten oder Ostern) in der Schule widerspricht der Ein-

---

[26] K. *Maury*, a. a. O., S. 21.
[27] Vgl. dazu auch E. *Schaar*, Elternhaus und Schule, S. 61 ff.; W. *Mohs*, Schulgewalt und Elternrecht in Preußen, S. 135 ff.; beide mit interessanten Beispielen.
[28] Zu den geistigen Hintergründen dieses Kampfes vgl. H. *Lübbe*, Säkularisierung, S. 86 ff., bes. S. 95 f.
[29] Ebenso H. U. *Evers*, Verwaltung und Schule, S. 152; W. *Geiger*, Die verfassungsrechtlichen Grundlagen des Verhältnisses von Schule und Staat, S. 33 ff., 39 f.; A. *Arndt*, Aufgaben und Grenzen der Staatsgewalt im Bereich der Schulbildung, S. 77 f.

§ 14. Die Neutralität des Staates

übung kirchlichen Lebens nur dann, wenn entweder das Fehlen *im Unterricht* aufklärerisch oder ideologieenthüllend motiviert wird oder wenn außerhalb des Rahmens der Schule effektiv keine Zeit oder Gelegenheit zur Einübung besteht. Die Erziehungsprogramme von Konfessionsschulen sind mit den weltanschaulichen Einstellungen Anders- oder Nichtgläubiger unvereinbar.

Daß „Widerspruch" hier nicht nur logische Inkonsistenz bedeutet, folgt daraus, daß er eine Funktion des Entwicklungsstandes der Schüler sein kann. Die katholische Moraltheologie beispielsweise lehnt jeden Geschlechtsverkehr außerhalb der Ehe ab. Werden in ein Erziehungsprogramm die Moralregeln eingeführt, daß Geschlechtsverkehr *nur* dann ausgeführt werden darf, wenn erstens die Gefahr der Zeugung eines unehelichen Kindes vermieden wird und zweitens er von jedem Partner in Respektierung der gegenseitigen Gefühle und Hoffnungen geschieht[30], so widersprechen sich dieses Erziehungsprogramm und die katholische Moraltheologie nicht, da beide Systeme nur notwendige Bedingungen der Erlaubtheit formulieren und nichts darüber aussagen, wann Geschlechtsverkehr positiv erlaubt ist. Das schließt aber nicht aus, daß auf einer bestimmten Entwicklungsstufe des Schülers die Erwähnung des (bei notwendigen Bedingungen ja nur hypothetisch angenommenen) außerehelichen Verkehrs das kirchliche Gebot abgeschwächt erscheint oder eine sonstige Verhaltensunsicherheit eintritt. Andererseits ist es möglich, daß in anderen Entwicklungsstufen (etwa in Berufsschulen oder Gymnasialoberstufen) ein säkulares Interesse an der Einübung eines solchen Erziehungsprogramms besteht etwa der Art, daß gesagt wird, daß die strenge Lehre der Kirche (der Kirchen) möglicherweise gut begründet sei, daß man aber dann, wenn man sich daran nicht gebunden halte — was tatsächlich bei einem Teil der Jugendlichen nicht der Fall ist —, *wenigstens* die beiden angeführten Moralregeln beachten solle[31]. Aus den unten zu entwickelnden Kriterien folgt, daß Eltern unter Berufung auf Art. 4 GG ein solches Erziehungsprogramm etwa in der Berufsschule nicht angreifen können[32].

4. Nun sollen einige Folgerungen aus den vorangegangenen Ausführungen entwickelt werden. Der doppelte Umstand, daß an Schulen unlösbar eigene Interessen der dem Gemeinwesen angehörigen Beteiligten geknüpft sind[33] und daß die These des unkritischen Rationalismus falsch ist, berechtigt zu der Aussage, daß Schulen nicht völlige Neutralität gegenüber allen weltanschaulichen Ansprüchen auferlegt werden kann. Das schwächste Kriterium lautet daher: *Ein weltanschaulicher Charakter einer Schule ist immer dann zulässig, wenn er relativ neutral ist gegenüber den weltanschaulichen Interessen aller Beteiligten.*

---

[30] Vgl. dazu A. *Comfort,* Der aufgeklärte Eros, S. 114 f., 116 ff.

[31] Die Forderung, in der Erziehung Moralregeln nicht an den Willen Gottes zu binden, hat schon aufgestellt I. *Kant,* Über Pädagogik, S. 707 (A 24 f.).

[32] Anknüpfungspunkt für Gewissensbedenken könnte etwa sein P. *Pius XI.,* Enc. „Casti connubii", Nr. 94.

[33] Wäre das Wort *vorstaatlich* nicht durch die Naturrechtsdiskussion verbraucht, könnte man diese Interessen „vorstaatlich" nennen in dem doppelten Sinn, daß sie erstens bereits bestanden haben, ehe es Staat im hier verwendeten Wortsinn gab, und daß zweitens diese Interessen auch heute nicht staatlich vermittelt zu sein brauchen.

Dieses Kriterium regelt erstens den Fall der *Deckung* zwischen Interessen der Beteiligten und weltanschaulichem Charakter einer Schule. Auf die Frage der Zulässigkeit von öffentlichen Konfessionsschulen angewandt führt dies zu dem Ergebnis, daß es der Entscheidungsgewalt des Staates durch Art. 4 GG nicht verwehrt ist, öffentliche Konfessionsschulen einzurichten[34], wenn ihr Besuch freiwillig ist[35]. Da Schulen soziale Gebilde sind und nicht „Staat", bedeutet die Einwirkung weltanschaulicher Strömungen auf den Unterricht nicht, daß sich *der* Staat mit diesen Weltanschauungen identifiziere[36]. Dieses Kriterium gestattet jedoch nicht die Beantwortung der Frage der Minderheitenschüler und die Frage eines möglichen Rechts auf Einrichtung von Konfessionsschulen.

Das erste Kriterium regelt aber nicht nur den Fall der Deckung zwischen Interesse der Beteiligten und weltanschaulichen Charakteren von Schulen. Es regelt auch den Fall eines *ergänzbaren überschießenden Interesses* der Beteiligten. Ist eine durch das Gewissen geforderte weltanschauliche, speziell religiöse ergänzbare Erziehung durch Elternhaus oder Kirchen außerhalb der öffentlichen Schulen möglich, so kann unter Berufung auf Art. 4 GG nicht gefordert werden, daß die Ergänzung *in* öffentlichen Schulen stattfindet[37]. Um solche Ergänzungen dürfte es sich handeln etwa im Verhältnis von evangelischen Konfessionsschulen zu weiteren konfessionellen Besonderungen, etwa in Calvinismus oder Luthertum. Die Frage, ob es sich auch im Verhältnis von Gemeinschaftsschulen zum Protestantismus oder Katholizismus um eine solche Ergänzung handelt, ist nicht so leicht und nur auf Grund empirischer, etwa

---

[34] Ebenso BVerfGE 6, 309 (339); BVerwGE 6, 101 ff.; 10, 136 (137); 17, 267 (269); 19, 252 (258); BayVerfGHE 12, 152 (162); *Maunz-Dürig*, Grundgesetz, Art. 7, Rdnr. 46; P. *Feuchte*, P. *Dallinger*, Christliche Schule im neutralen Staat, S. 365; W. *Hofmann*, Die religiöse Kindererziehung in verfassungsrechtlicher Sicht, S. 66; S. *Grundmann*, Landschulreform und Bekenntnisschule, S. 38; W. *Keim*, Schule und Religion, S. 158; A. *v. Campenhausen*, Erziehungsauftrag und staatliche Schulträgerschaft, S. 176.

[35] A. A. Fr. *v. Zezschwitz*, Staatliche Neutralitätspflicht und Schulgebet, S. 341, Anm. 31; E. *Fischer*, Bekenntnis- oder Gemeinschaftsschule? S. 59. Wie hier BayVerfGH, Entscheidung vom 20. 3. 1967 (DÖV 67, 307); vom 14. 7. 1967 (DÖV 67, 635), allerdings wohl mit der unrichtigen Abstellung auf die rechtliche Zugehörigkeit zu einem Bekenntnis. Ähnlich die Entscheidung vom 12. 3. 1968 (DÖV 1968, S. 355). Für Fragen des Art. 4 GG darf niemand am offiziellen Bekenntnis festgehalten werden, weil die Frage, warum jemand, dessen persönliches Bekenntnis sich nicht mehr oder nur noch partiell mit seinem offiziellen Bekenntnis deckt, den ohnehin nur staatskirchenrechtlich wirksamen Austritt aus seiner Religionsgesellschaft nicht erklärt, wiederum eine Gewissensfrage ist. Würde man anders entscheiden, würde eine sicher Art. 4 GG widersprechende Pflicht der Erziehungsberechtigten statuiert, ihre Kinder in dem betreffenden Bekenntnis zu erziehen. Eine solche Pflicht statuierte die Verfassung Norwegens vom 17. 5. 1814, § 2 Satz 2. Vgl. dazu unten § 16.2.

[36] Ebenso P. *Feuchte*, P. *Dallinger*, a. a. O., S. 374. A. A. Fr. *v. Zezschwitz*, a. a. O., S. 341.

[37] Ebenso Kl. *Obermayer*, Staatskirchenrecht im Wandel, S. 16.

jugendspychologischer und pädagogischer Untersuchungen zu klären. Wer geltend macht, ein Erziehungsprogramm sei nicht relativ neutral gegen seine weltanschauliche Anforderung an Erziehung, muß nachweisen, daß und inwiefern das Erziehungsprogramm eine weltanschauliche Ergänzung durch Elternhaus, Kirchen oder andere Institutionen unmöglich macht oder wenigstens so erschwert, daß eine Ergänzung praktisch unmöglich ist.

5. Für alle folgenden Ausführungen sei dabei auf folgendes hingewiesen. Man hat gelegentlich den Eindruck, daß in der Diskussion um die Bekenntnisschule die relative Neutralität einer Schulform nur nebenbei bestritten wird, der eigentliche Grund für die Forderung nach Bekenntnisschulen aber die — meiner Ansicht nach tatsächlich unzutreffende — Überzeugung ist, daß allein diese Schulform effektiv noch christlich erziehen kann. Mit anderen Worten: es wird nicht ernsthaft bestritten, daß die Schulerziehung die weltanschauungskonforme Ergänzung nicht ausschließt, aber es wird bezweifelt, ob Elternhaus und Kirchen noch in der Lage sind, die Ergänzung effektiv zu leisten. Auf dieses Problem, das hauptsächlich mit der Wandlung der sozialen Rolle und der inneren Struktur der Familie zusammenhängt[38], braucht im einzelnen nicht eingegangen zu werden. Nur soviel sei hervorgehoben. Soweit Elternhaus und Kirchen nicht mehr in der Lage sind, aus sich heraus eine christliche Erziehung sicherzustellen, kann nicht über Art. 4 GG oder Art. 6 Abs. 2 GG von staatlichen Institutionen verlangt werden, daß sie subsidiär diese prinzipiell unstaatliche Aufgabe erfüllen. Wenn im folgenden davon die Rede ist, daß schulische Erziehung durch private oder kirchliche Erziehung ergänzbar sei, wird die Voraussetzung gemacht, daß die Ergänzbarkeit schon dann behauptet werden kann, wenn sie nur durch ein lebendiges kirchliches oder religiöses Leben in der Familie oder der Gemeinde geleistet werden kann. Bringt das zeitgenössische Christentum dieses Leben in Familie, Gemeinde und Öffentlichkeit des Gemeinwesens nicht mehr oder nur noch in zu geringem Maße auf, kann daraus kein Einwand gegen die behauptete Ergänzbarkeit hergeleitet werden.

§ 15. Die Zulässigkeit der einzelnen Kombinationen von Schulformen

1. Aus dem im vorigen Paragraphen entwickelten Kriterium folgt, daß weder durch das Prinzip der Trennung von Staat und Kirchen noch durch das der Neutralität des Staates weltanschauliche Charaktere öffentlicher Schulen generell untersagt werden. Damit ist aber noch nicht die weitere Frage beantwortet, ob jede Kombination von weltanschau-

---

[38] Vgl. dazu H. *Schelsky*, Wandlungen der deutschen Familie, passim; *ders.*, Schule und Erziehung in der industriellen Gesellschaft, S. 31 ff.

lich bestimmten Schulformen zulässig ist. Unter einer *Kombination von Schulformen* öffentlicher Schulen werde eine durch Rechtsvorschrift erfolgte Auswahl aus der Klasse aller möglichen Schulformen derart verstanden, daß alle öffentlichen Schulen eine oder mehrere[1] der ausgewählten Formen besitzen können oder müssen. Im Grenzfall werde von einer Kombination auch dann gesprochen, wenn nur eine Form ausgewählt ist[2].

Sieht man von Weltanschauungsschulen ab, so besteht zwischen Gemeinschaftsschulen, christlichen Gemeinschaftsschulen und Bekenntnisschulen eine bestimmte Ordnung, die man die der *abnehmenden Neutralität* nennen könnte. Da an allen öffentlichen Schulen ein schon aus Art. 3 Abs. 3 GG folgendes *Toleranzgebot* derart besteht, daß im Unterricht auf die religiösen, weltanschaulichen und politischen Einstellungen aller Schüler Rücksicht zu nehmen ist[3], dürfen an öffentlichen Gemeinschaftsschulen christliche Überzeugungen und an öffentlichen christlichen Gemeinschaftsschulen konfessionelle Überzeugungen nicht verletzt werden. Dies bedeutet, daß unter Beachtung des oben § 14.3 formulierten Prinzips der Partialerziehung Gemeinschaftsschulen relativ neutral sind im Sinne des oben § 14.3 festgelegten Wortgebrauchs gegenüber christlichen Erziehungsansprüchen, und christliche Gemeinschaftsschulen relativ neutral sind gegenüber konfessionellen Erziehungsansprüchen, wenn nicht einzelne solcher Ansprüche infolge tatsächlicher Umstände — etwa jugendpsychologische Umstände oder regelmäßiges Versagen des Elternhauses — durch relativ neutrale Schulformen nicht verwirklicht werden können.

Der Versuch, das öffentliche Schulwesen nach dem *Prinzip der zunehmenden Neutralität*, das heißt nach dem der abnehmenden Neutralität konversen Prinzip zu ordnen, wird in der Literatur gelegentlich als Minimalisierung oder Ausdruck des Indifferentismus oder ähnlich bewertet. Es widerspricht der in der vorliegenden Untersuchung angewandten Methode der Argumentation, solche Wertungen zu übernehmen oder ihnen zu widersprechen. Nur auf folgendes sei hingewiesen:

1. (Mindestens) berechtigt ist eine solche Wertung als Propagierung im Rahmen politischer Auseinandersetzungen um erwünschte oder unerwünschte Schulformen. Innerhalb des weiten Rahmens der rechtlich durch die Ver-

---

[1] Dieser Fall ist gegeben, wenn in einer einheitlichen Schule verschiedene Klassen verschiedene weltanschauliche Charaktere besitzen. Eine solche Regelung ist zur Zeit in Bayern geplant.

[2] Dieser Fall liegt meistens vor bei den fortbildenden Schulen. Vgl. Art. 27 Abs. 6 der Verf. des Saarlandes i. d. F. vom 23. 2. 1965 — ABl. Saar, S. 189 —: „Die Realschulen, Berufsschulen und Gymnasien sind christliche Gemeinschaftsschulen."

[3] Landesrechtlich ist das *Toleranzgebot* enthalten in Bestimmungen wie Art. 56 Abs. 3 und 7 Verf. des Landes Hessen; Art. 136 Abs. 1 Verf. des Freistaates Bayern; Art. 33 Landesverf. der Freien Hansestadt Bremen; Art. 17 Verf. des Landes Baden-Württemberg.

fassung für zulässig erachteten Schularten, -typen und -formen muß die politische Entscheidung auf Grund der Wertungen der Mitglieder des Gemeinwesens getroffen werden.

2. Derselbe Sachverhalt, der als Minimalisierung negativ bewertet wird, vermag als Zusammenfassung von Schulen — besonders in dünn besiedelten Gebieten — und dadurch bewirkte Ermöglichung verbesserter Ausbildungen der Schüler, als Ermöglichung der Einübung von Verhalten, die im täglichen Miteinander konfessionelle Unterschiede als unerheblich empfindet und aus anderen Gründen auch als positiv bewertet zu werden. Da es für diese unterschiedlichen Wertskalen keine allgemeingültige (Meta-)Bewertung derart gibt, daß eine und nur eine als richtig nachgewiesen werden kann und auch die Verfassung für diesen Fall keine solche (Meta-)Bewertung normativ getroffen hat, vermögen solche Wertungen nicht als Argumente in wissenschaftliche Untersuchungen eingeführt zu werden.

3. Unten wird der Nachweis versucht, daß eine tatsächliche Asymmetrie zwischen den Paaren der aufgezeigten Ordnung derart besteht, daß im Prinzip — d. h. unter Umständen mit Ausnahmen — zwar die relativ neutralen Formen allen oder mindestens den meisten weltanschaulichen Ansprüchen gerecht zu werden vermögen, nicht aber die anderen Formen. Dieser Nachweis wird ohne Rückgriff auf Wertungen versucht werden.

2. Werden die möglichen Kombinationen an der durch Art. 4 GG gewährleisteten Gewissensfreiheit geprüft, so ergibt sich folgendes Kriterium: *Notwendige und - wenigstens im Hinblick auf Art. 4 GG zugleich — hinreichende Bedingung für die Zulässigkeit einer Kombination von Schulformen ist der Umstand, daß kein rechtlicher Zwang zum Besuch einer Schule mit einer Form besteht, die gegenüber weltanschaulichen Forderungen Beteiligter nicht relativ neutral ist*[4]. Das einfachste Beispiel für die Anwendung dieses Kriteriums ist die Notwendigkeit — oder besser ihre Unzulässigkeit —, eine Grundschule fremder Konfession besuchen zu müssen. Entgegen früherer Ansicht[5] wird die Gültigkeit des Kriteriums für diesen Fall heute allgemein anerkannt[6]. Der Grund hierfür ist einfach. Nachdem durch Art. 136 Abs. 4 WV i. V. m.

---

[4] Ebenso A. *Arndt*, Aufgaben und Grenzen der Staatsgewalt im Bereich der Schulbindung, S. 84; E. *Stein*, Das Recht des Kindes auf Selbstentfaltung in der Schule, S. 66.
[5] BVerfGE 6, 309 (339 f.); Ch. *Link*, Art. ‚Bekenntnisschule', Sp. 144 (jedoch mit Bedenken); H. J. *Toews*, Die Schulbestimmungen des niedersächsischen Konkordats, S. 365; W. *Hoffmann*, Die religiöse Kindererziehung in verfassungsrechtlicher Sicht, S. 63.
[6] W. *Keim*, Schule und Religion, S. 167; W. *Hamel*, Glaubens- und Gewissensfreiheit, S. 89; Th. *Maunz*, Toleranz und Parität im deutschen Staatsrecht, S. 10; Kl. *Obermayer*, Staatskirchenrecht im Wandel, S. 16; ders., Gemeinschaftsschule im Auftrag des Grundgesetzes, S. 41; H. *Weber*, Grundprobleme des Staatskirchenrechts, S. 443; Fr. v. *Zezschwitz*, Staatliche Neutralitätspflicht und Schulgebet, S. 341; O. *Redelberger*, Zur Frage der Vereinbarkeit der Bekenntnisschule mit dem Grundgesetz, S. 108. A. v. *Campenhausen*, Erziehungsauftrag und staatliche Schulträgerschaft, S. 176 ff.; R. *Zippelius*, Art. 4, Rdnr. 27. — Diesen Standpunkt nimmt auch die im zweiten Vatikanischen Konzil erarbeitete katholische Lehre ein. Vgl. Decl. de libertate religiosa (AAS 58 (1966) S. 929—941) Abs. 5 und dazu E.-W. *Böckenförde*, Erklärung über die Religionsfreiheit, Einleitung S. 19 f.; ders., Rechtsgutachten, S. 104.

Art. 140 GG jeder Zwang zur Teilnahme an Kult- und ähnlichen Handlungen untersagt worden ist, ist der Zwang zum Besuch einer Bildungs- und Erziehungsanstalt, die ausdrücklich die Verbindlichkeit eines fremden Glaubens oder einer fremden Weltanschauung propagiert, die schärfste Verletzung des Gewissens der Beteiligten. Soll Art. 4 GG überhaupt normativen Gehalt haben, muß dieser Zwang ausgeschlossen sein.

Die Gewissensverletzung ist durch faktische pädagogische und psychologische Schwierigkeiten vermittelt. Geht man davon aus, daß alle Beteiligten ihre Überzeugungen ernst nehmen — eine Prämisse, die zwar durchaus nicht immer gegeben ist, auf deren Fehlen sich aber Anhänger der Bekenntnisschule nicht berufen dürfen —, bedeutet es einen erheblichen Mehraufwand an Erziehungskunst, wenn Eltern den Einfluß eines im Sinne eines Bekenntnisses gestalteten Unterrichts paralysieren wollen. Man denke einmal an die Wirkung der Marienverehrung oder des Schutzengelkultes (besonders in den Monaten Mai oder Oktober) in katholischen Volksschulen auf evangelische Schüler oder umgekehrt des reformatorischen Liedgutes oder der fehlenden Sonntagspflicht auf katholische Schüler — um nur einmal Brauchtum und nicht dogmatische Fragen wie die Stellung des Papsttums oder der Existenz des Fegefeuers zu nehmen. Auf die Unmöglichkeit der Identifizierung solcher Kinder mit ihren Lehrern oder den Zwiespalt zwischen Eltern- und Lehrerideal und die erheblichen Einwirkungen solcher Fakten auf die kindliche Psyche braucht nur hingewiesen zu werden.

3. Es fragt sich nun, ob Entsprechendes auch für den umgekehrten Fall gilt, ob also entsprechende Gewissens-, pädagogische oder psychologische Konflikte auch dann entstehen, wenn grundschulpflichtige streng konfessionell erzogene Kinder (im Extremfall) weltliche Gemeinschaftsschulen besuchen. Für diesen Fall sind zwei Problemkreise getrennt zu untersuchen, nämlich erstens der der formellen oder materiellen Gewissensproblematik und zweitens der der faktischen Beeinträchtigung.

Unter einer *formellen Gewissensposition* werde eine solche verstanden, die ein gegebenes Verhalten für verboten oder geboten hält ohne Rücksicht auf mögliche Folgen des Verhaltens; unter einer *materiellen Gewissensposition* werde eine solche verstanden, die ein gegebenes Verhalten für verboten oder geboten hält im Hinblick auf gewissensrelevante Folgen des Verhaltens. Der Besuch einer Bekenntnisschule ist materielle Gewissensposition, wenn der Besuch für geboten (und der Besuch einer anderen Schulform für verboten) gehalten wird, weil nur dieser Besuch die im Gewissen als verpflichtend erfahrene konfessionelle Erziehung garantiert[7]; er ist formelle Gewissensposition, wenn der Besuch auch dann für geboten erachtet wird, wenn dieser oder ein anderer Grund nicht gegeben ist[8].

---

[7] Vgl. dazu C. J. C., c. 1113: Parentes gravissima obligatione tenentur prolis educationem tum religiosam et moralem, tum physicam et civilem pro viribus curandi, et etiam temporali eorum bono providendi. Vgl. auch c. 1372 § 2.

[8] Vgl. dazu C. J. C., c. 1374: Pueri catholici scholas acatholicas, neutras, mixtas quae nempe etiam acatholicas patent, ne frequentent. Ebenso P. *Pius XI.*, Enc. „Divini illius magistri" vom 31. 2. 1929, Dz. 2219.

§ 15. Kombinationen von Schulformen

Für Katholiken, denen kirchliche Gesetze nicht nur äußere Verhaltenspflichten, sondern auch Gewissenspflichten auferlegen[9], ist das Verbot des Besuchs einer Gemeinschaftsschule aus C. J. C., cc. 1113, 1372 § 2 möglicherweise materielle und aus c. 1374 formelle Gewissenspflicht. Ob die formelle Gewissenspflicht in der Bundesrepublik inzwischen durch die Gewissensentscheidung der *Epikie*, d. h. durch Aufhören der Gesetzespflicht im Einzelfall wegen Eintritts außerordentlicher Umstände aufhebbar ist[10], braucht hier nicht erörtert zu werden.

Da, wie im 1. Abschnitt festgestellt wurde, das Grundrecht der Gewissensfreiheit nicht das Recht gewährleistet, unabhängig von der staatlichen Rechtsordnung jederzeit in Übereinstimmung mit seinem eigenen Gewissen zu handeln, ist zu prüfen, ob zwischen materiellen und formellen Gewissenspositionen ein Unterschied besteht in dem Grad, in dem sie Berücksichtigung finden müssen. Da die Berücksichtigung aller formellen Gewissenspositionen mit hoher Wahrscheinlichkeit zur Inkonsistenz der staatlichen Rechtsordnung dann führt, wenn die Zahl solcher Positionen ein gewisses Maß überschreitet[11], kann allein die Geltendmachung solcher Positionen nicht zu einem Recht auf Berücksichtigung führen. Um die durch Art. 4 Abs. 1 GG geforderte Abwägung zwischen geltend gemachten Gewissenspositionen und den Interessen der Gesamtheit durchführen zu können, insbesondere um die Möglichkeit von Alternativen überprüfen zu können, trifft denjenigen, der Gewissenspositionen geltend macht, die Obliegenheit, wenigstens im Ansatz die geltend gemachte Position zu begründen.

An dieser Stelle wird das Motto der Einleitung relevant. *Verstand* und *Gewissen* sind die beiden Motivationsregler menschlichen Verhaltens, die nur in ihrem Zusammenwirken begründungsfähiges und somit sozialverträgliches moralisches Verhalten ermöglichen. In Abwandlung eines bekannten Wortes von *I. Kant* läßt sich formulieren: Verhalten ohne Verstand ist blind, Verhalten ohne Gewissen unmenschlich.

Auch in Gewissensfragen soll nur der ein Recht gegenüber der staatlich verfaßten Gesellschaft geltend machen, wer die Kommunikation nicht prinzipiell abbricht. Wer mit anderen spricht, um Forderungen zu stellen, soll nicht berechtigt sein, zu schweigen, wenn er nach Gründen der Forderung gefragt wird[12]. Die Begründung hierfür liegt darin, daß allein die Geltendmachung relativ begründungsfähiger Gewissensposi-

---

[9] Vgl. dazu E. *Eichmann*, Kl. *Mörsdorf*, Lehrbuch des Kirchenrechts, 1. Bd., S. 101.
[10] Vgl. dazu ebd., S. 112 ff.
[11] Vgl. dazu oben § 2.4.
[12] Das Problem des Kommunikationsabbruchs durch Berufung auf Nichtmitteilbares — und ein solcher liegt bei der Berufung auf rein formelle Gewissenspositionen immer vor — besteht nicht nur für staatlich verfaßte Gesellschaften, sondern auch für religiöse Gruppen, wenigstens so lange und insofern, als keine Hierarchie mit festen Verfahren etabliert ist. Der klassische Text für dieses Problem sind die Ausführungen des Apostels *Paulus* über die Sprachengabe (1. Cor. 14, 2—25).

III. Die Bedeutung für die Grund- und Hauptschule

tionen die Möglichkeit bietet, nach funktional äquivalenten Mitteln zu suchen und so die Konsistenz der Rechtsordnung als Verhaltensordnung für alle Bürger des Gemeinwesens zu wahren. Nur materielle Positionen sind veränderlich insofern, als unter wechselnden Umständen wechselnde Gesichtspunkte relevant werden können.

Als Ergebnis läßt sich folgendes Kriterium formulieren: *Notwendige Bedingung für ein Recht auf Berücksichtigung einer Gewissensposition ist der Umstand, daß die Position auch eine materielle Gewissensposition ist*[13].

Dieses Kriterium entscheidet zwei getrennte Fälle. Der erste Fall ist der *heteronomer Gewissenspositionen*, d. h. von Gewissenspositionen auf Grund von Entscheidungen solcher Instanzen, deren Verbindlichkeit im voraus und allgemein anerkannt ist. Typisch für diesen Fall sind Gewissenspositionen auf Grund kirchlicher Entscheidungen[14]. Der zweite Fall ist der *kontingenter Gewissenspositionen*, d. h. von solchen, für die keine weitere Begründung gegeben werden kann als eben die im Gewissen erfahrene Verbindlichkeit.

Innerhalb des Bereichs der christlichen Großkirchen gibt es kaum mehr rein kontingente Gewissenspositionen, da diese durch die mittelalterliche rationale Theologie teils aufgelöst, teils mit Begründungen versehen worden sind. Kontingente Gewissenspositionen finden sich jedoch bei Sektenangehörigen und bei persönlichen Gotteserfahrungen. Es sei noch darauf hingewiesen, daß die durch das formulierte Kriterium erfolgte Schwächerstellung formeller Gewissenspositionen nicht etwa mit ihrer Heteronomie — etwa im *Kantischen* Sinn — oder gar damit begründet wird, daß sie (nur) von Sektenangehörigen vertreten werden. Der Grund liegt vielmehr in der Kommunikationslosigkeit.

Auf die Schulfrage angewandt, ergibt das formulierte Kriterium folgendes:

Es ist durchaus möglich, daß etwa im vorigen Jahrhundert, als nichtkirchliche Gesellschaftskreise zugleich meist antikirchlich waren, der Besuch einer Gemeinschaftsschule überzeugungsgefährdend war[15], insofern

---

[13] Die Einführung des Topos „formelle Gewissensposition" wirkt sich nicht nur gewissensbeschränkend, sondern auch gewissensschützend aus. Vgl. dazu unten § 25.

[14] Das Phänomen verfehlt in diesem Fall K. *Brinkmann*, Grundrecht und Gewissen im Grundgesetz, S. 195, 35, wenn er solchen heteronomen Positionen die Gewissensfähigkeit überhaupt abspricht. Die katholische Kirche verlangt Gewissensbindung ihrer Gesetze. Vgl. dazu P. *Innozenz XI.*, Const. „Coelestis Pastor" v. 20. 11. 1687 (Dz. 1286); P. *Pius VI.*, Const. „Auctorem fidei" v. 28. 8. 1794 (Dz. 1504); P. *Pius IX.*, Enc. „Quanta cura" v. 8. 12. 1864 (Dz. 1697). Diese Forderung wird von den Gläubigen als im Gewissen bindend erfahren. Vgl. dazu *Origines*, In Jesu Nave homiliae, Hom. 3 n. 5 (MPG 12, 841); *Cyprian*, De catholicae ecclesiae unitate, 6: Quisque ab ecclesia segregatus ... alienus est, profanus est, hostis est. Habere non potest Deum patrem, qui ecclesiam non habet matrem. (MPL 4, 519); A. *Augustinus*, Sermo ad Caesariensis ecclesiae plebem, 6: Salutem homo non potest habere nisi in ecclesia catholica (MPL 43, 695).

[15] Vgl. dazu die Ausführungen oben § 14.3.

§ 15. Kombinationen von Schulformen

der Besuch also materiell durch C. J. C., cc. 1113, 1372 § 2 verboten war, während — was empirisch überprüfbar ist — eine solche Gefährdung heute in der Bundesrepublik weggefallen sein könnte. In diesem Fall könnte die aus cc. 1113, 1372 § 2 folgende materielle Gewissenspflicht fortgefallen sein, während die aus c. 1374 folgende formelle Gewissenspflicht bestehenbliebe, diese aber vom Staat als durch Art. 4 GG geschützte Position nicht berücksichtigt zu werden brauchte[16]. Das bedeutet, daß ein Recht auf Einrichtung von Konfessionsschulen dann durch Art. 4 GG nicht gewährleistet ist, wenn die rechtlich vorgesehenen Schulformen neutral sind gegenüber den Anforderungen der christlichen Bekenntnisse.

4. Da die Forderung nach Bekenntnisschulen vorwiegend vom katholischen Bevölkerungsteil oder wenigstens von einem nicht unerheblichen Teil dieses Bevölkerungsteils geltend gemacht wird, werde noch eine Argumentation im Hinblick auf die katholische Position hinzugefügt[17]. Es werde folgende These vertreten: *Art. 7 Abs. 4 und 5 gewährleisten alle Rechte, die Erziehungsberechtigte und Schüler katholischen Bekenntnisses gegenüber dem Staat in Anspruch nehmen müssen, um ihrer in C. J. C., cc. 1113, 1372 § 1, 1374 ausgedrückten Gewissenspflicht genügen zu können. Darüber hinausgehende Rechte und insofern nur auf Art. 4 GG zu stützende Ansprüche können aus der katholischen Moral- und Rechtsordnung nicht hergeleitet werden*[18].

Ausgangspunkt der Begründung ist das von der katholischen Kirche sich zugesprochene Recht, eigene Schulen aller Schularten und -typen selbst zu errichten und zu tragen[19]. *Eigene kirchliche Schulen* sind dabei solche, die entweder als juristische Person kirchlichen Rechts errichtet sind[20] oder von kirchlichen Organen getragen werden. *Katholische Schulen* im Sinne des C. J. C., c. 1379 §§ 1 und 3 sind eigene kirchliche Schulen in diesem Sinn und von katholischen Trägern auch privaten Rechts in Übereinstimmung mit kirchlichen Vorschriften getragene Schulen[21]. Errichtet die katholische Kirche

---

[16] Was wiederum über die möglicherweise politische Unzweckmäßigkeit einer solchen rechtlich-zulässigen Mißachtung nichts sagt.
[17] Vgl. dazu eingehend A. v. *Campenhausen*, Erziehungsauftrag und staatliche Schulträgerschaft, S. 115 ff.; E.W. *Böckenförde*, Rechtsgutachten S. 98 ff.
[18] Ähnlich wohl W. *Geiger*, Die verfassungsrechtlichen Grundlagen des Verhältnisses von Schule und Staat, S. 45. A. v. *Campenhausen*, a. a. O., S. 65, bezeichnet die „Ventilfunktion für Gewissensfragen" als besondere Aufgabe der Privatschulen.
[19] C. J. C., c. 1375; P. *Pius XI.*, Enc. „Divini illius magistri" (Dz. 2205): Litteras igitur, scientias et artes, quatenus de animarum salute operam sunt necessariae vel utiles, Ecclesia promovet, suas etiam scholas, instituta sua condendo sustentadoque, ubi quaevis disciplina tradatur et ad quemlibet eruditionis gradum fiat aditus. Vgl. dazu auch A. *Süsterhenn*, Zur staatskirchenrechtlichen Stellung kirchlicher Hochschulen, S. 181.
[20] Vgl. dazu E. *Eichmann*, Kl. *Mörsdorf*, Lehrbuch des Kirchenrechts, 1. Bd., S. 210 f., 2. Bd., S. 399 f.
[21] In der Bundesrepublik erfüllen auf Grund der Art. 5 und 8 des Bayerischen Konkordats vom 29. 3. 1924 höchstens die bayerischen katholischen Konfessionsschulen ohne Minderheitenangehörige die Bedingungen des katholischen Kirchenrechts. Der Besuch aller anderen Schulen verletzt die formelle Gewissenspflicht des C. J. C., c. 1374. Vgl. dazu auch unten § 15.5.

III. Die Bedeutung für die Grund- und Hauptschule

Schulen nicht als eigene, beansprucht sie über alle nichtkirchlichen Schulen, seien sie öffentlich — d. h. auch staatlich[22] — oder privat — z. B. von einem katholischen Schulträgerverein —, die von katholischen Kindern besucht werden, ein Aufsichtsrecht[23]. Mindestens soweit der Staat diese Anforderungen nicht erfüllt — und heute aus verfassungsrechtlichen und politischen Gründen durchweg nicht mehr erfüllen kann —, lehnt die katholische Kirche das staatliche Schulmonopol ab und fordert die Freistellung katholischer Kinder von der Staatsschule[24] und statuiert für sie das Recht und die Pflicht, katholische Schulen zu besuchen[25]. Für Gemeinwesen mit verschiedenen Bekenntnissen liegt daher nach kirchlicher Lehrmeinung die Lösung des Problems nicht in der staatlichen Simultanschule, sondern darin, daß der Staat „der Initiative der Familie und der Kirche Freiheit läßt und durch entsprechende finanzielle Zuschüsse nachhilft"[26]. Das *katholische Schulideal* ist also die — staatlich gesehen — private katholische Schule mit staatlicher Finanzhilfe[27]. Da die Frage des Staatszuschusses keine Gewissens-, sondern wie P. *Pius XI.* ausdrücklich sagt, eine Gerechtigkeitsfrage ist, die möglicherweise unter dem Gesichtspunkt des Art. 3 Abs. 1 und 3 GG zu diskutieren ist[28], folgt daraus, daß für den Fall, daß die Gemeinschaftsschule oder die christliche Gemeinschaftsschule die einzige errichtete öffentliche Schule ist, Katholiken ihrer Gewissenspflicht dadurch nachkommen können, daß sie ihre für diesen Fall durch Art. 7 Abs. 5 GG gewährleisteten Rechte in Anspruch nehmen.

---

[22] Vgl. dazu E. *Eichmann*, Kl. *Mörsdorf*, a. a. O., 2. Bd., S. 402.

[23] C. J. C., cc. 1381, 1832; P. *Pius XI.*, a. a. O.: Est praetera Ecclesiae et ius, quod abdicare, et officium, quod deserere nequit, pro tota vigilandi educatione, quiscumque filiis suis, scilicet fidelibus, in institutis vel publicis vel privatis impertitur, non modo quod attinet ad religiosam, quae ibidem tradatur, doctrinam, *sed etiam quamlibet aliam disciplinam* rerumve ordinationem, quatenus cum religione morumque praeceptis aliquid habeanti necessitudinis.

[24] *Ebd.*: Itaque nefas est, civitatem educationis institutionisque causam ita ad se redigere totam, ut familiae, contra christianae conscientiae officia vel contra quam legitime malint, physice aut moraliter ad civitatis ipsius scholas liberos suos mittere cogantur.

[25] *Ebd.* (Dz. 2220): ... oportet, ut tota institutio ac doctrina, scholae ordinatio tota, nempe magistri, studiorum ratio, libri, ad quamvis disciplina quod pertinet, christiano spiritu, sub ductu maternaque Ecclesiae vigilantia, sic imbuti sint ac polleant, ut religio ipsa totius instituendi rationis cum fundamentum tum fastigium constituat; neque hoc solum in scholis, in quibus doctrinae elementa, sed in iis etiam, ubi alteriores disciplinae traduntur.

[26] *Ebd.*

[27] In der Bundesrepublik ist diesem Schulideal am nächsten gekommen die beabsichtigte Schulreform im Lande Nordrhein-Westfalen gemäß den sog. „Kalkumer Empfehlungen" vom 19. 3. 1967. Ihr Inhalt ist wiedergegeben bei E. W. *Böckenförde*, a. a. O., S. 44 ff. Zur Entsprechung von katholischem Schulideal und diesen Empfehlungen vgl. *ebd.*, S. 98 ff. Die Verwirklichung dieser von einer SPD/FDP-Koalition versuchten Schulreform ist am politischen Widerstand der katholischen Bischöfe im Lande Nordrhein-Westfalen gescheitert. Damit ist wohl für immer — vermutlich aus Gründen der Kirchenraison — die Chance verpaßt worden, katholischen Eltern in der Bundesrepublik eine Schulordnung zur Verfügung zu stellen, die sie nach katholischer Lehre in ihrem Gewissen verlangen müssen. Vgl. dazu die Nachbemerkung a. a. O., S. 109.

[28] Vgl. dazu G. *Dürig*, Die Rechtsstellung der katholischen Privatschulen in Bremen, S. 39—46; aber auch H. *Barion*, Feudaler oder neutraler Staat, S. 366 ff. Zum Verhältnis von Gewissenspositionen und Geldausgleich vgl. N. *Luhmann*, Die Gewissensfreiheit und das Gewissen, S. 284.

§ 15. Kombinationen von Schulformen

Der unter der Geltung des Grundgesetzes stehende Staat ist nicht in der Lage, Katholiken eine den Vorschriften des kanonischen Rechts entsprechende öffentliche Schule anzubieten. Nur katholische Privatschulen könenn diesen Anforderungen entsprechen[29].

Als Ergebnis ist festzustellen: Eine formelle Gewissensposition des Inhalts, öffentliche Schulen zu verlangen, die in Übereinstimmung mit einseitig von Kirchen festgelegten Regeln stehen, ist durch das Grundrecht der Gewissensfreiheit nicht geschützt[30]. Eine formelle Gewissensposition des Inhalts, solche Schulen als Privatschulen zu errichten, ist durch Art. 7 Abs. 4 und 5 GG anerkannt. Die Frage der finanziellen Unterstützung solcher Privatschulen ist keine Frage der Gewissensfreiheit, sondern eine anhand des Art. 3 Abs. 1 und 3 GG zu entscheidende Frage.

5. Zur Entscheidung der oben § 15.3 gestellten Frage, ob die rechtliche Zwangseinweisung in Gemeinschaftsschulen die entsprechenden Probleme aufwirft wie eine solche in Bekenntnisschulen, ist weiter zu prüfen, welche möglichen Beeinträchtigungen durch eine solche Einweisung entstehen können. Ausgangspunkt sei folgendes Kriterium für Art. 4 Abs. 1 GG: *Hinreichende Bedingung für die Erlaubtheit einer Erziehung durch Inhaber der elterlichen Gewalt (Art. 6 Abs. 2 Satz 1 GG) in Übereinstimmung mit den weltanschaulichen Grundsätzen der Inhaber ist der Umstand, daß die beabsichtigte Erziehung nicht gegen das Wohl des Kindes (Art. 6 Abs. 2 Satz 2 GG) verstößt.* Für den vorliegend verfolgten Zweck ist eine Präzision des Ausdrucks „Wohl des Kindes" insofern nicht erforderlich, als Übereinstimmung darüber besteht, daß eine religiöse Erziehung im Sinne der Bekenntnisse der christlichen (Groß-)Kirchen nicht gegen das Wohl der erzogenen Kinder verstößt[31]. Die Frage lautet dann, ob der rechtlich angeordnete Besuch einer Gemeinschaftsschule dem durch Art. 4 GG auch geschützten Anspruch auf religiöse oder allge-

---
[29] Ähnlich Ch. *Link*, Art. ‚Bekenntnisschule', Sp. 145; H. *Mayer*, Elternrecht, Schule und Kirche, S. 588 f.; J. *Heckel*, Gegenwartsprobleme des Schulrechts und der Schulverwaltung, S. 485; ders., Zur Frage der Vereinbarkeit der Bekenntnisschule mit dem Grundgesetz, S. 144; E. W. *Böckenförde*, a. a. O., S. 88 f.
[30] Nicht entschieden ist damit die Frage, ob sich ein solches Recht aus Art. 6 Abs. 2 Satz 1 GG ergibt. Dazu eingehend, wenn auch wohl mit für Gemeinschaftsschulen nicht zutreffenden tatsächlichen Prämissen, M. *Maurer*, Das Elternrecht und die Schule, passim, bes. S. 92 ff.
[31] Die Beschränkung auf die christlichen (Groß-)Kirchen soll nicht ein generelles Mißtrauen gegen die Bekenntnisse von (sogenannten) Sekten und schon gar nicht ein solches gegen andere Hochreligionen ausdrücken. Religiöse Erziehung *kann* aber im Einzelfall gegen das Wohl des Kindes verstoßen. Ein solcher Verstoß liegt m. E. z. B. vor, wenn grundschulpflichtige Kinder von ihren Eltern regelmäßig zu sogenannten Missionsbesuchen mitgenommen werden und dabei die meist ihren Eltern gegenüber abweisende Reaktion der Besuchten erleben müssen. Soweit auch katholische oder evangelische Erziehung gegen das Wohl des Kindes verstößt, liegt dies m. E. an der subjektiven Interpretation des betreffenden Bekenntnisses. Anders ausgedrückt: Die christlichen (Groß-)Bekenntnisse gestatten immer eine Interpretation, die eine nicht schädliche Erziehung ermöglicht.

mein weltanschauliche Erziehung widerspricht. Bei der Prüfung dieser Frage werde von dem durch Art. 7 Abs. 4 und 5 GG gewährleisteten Recht auf Errichtung von Privatschulen abgesehen. Die Privatschullösung erscheint zwar — wie ausgeführt — gegenüber sich auf ihre kirchliche Bindung berufenden und insofern privatschulfreundlichen katholischen Bürgern als eine akzeptable Lösung. In der Regel muß aber zuerst geprüft werden, ob staatliche Lösungen *in sich* den Forderungen des Art. 4 GG entsprechen. Die gestellte Frage ist faktischer, nicht normativer Art und ihre Antwort zudem abhängig vom Alter der Schüler. Die folgenden Ausführungen beschränken sich auf das Grundschulalter.

Daß die formelle Gewissensposition des C. J. C., c. 1374, die für *alle* Altersstufen gilt, bei der internen Willensbildung katholischer Eltern und ihrer Ordinarien gegenüber der materiellen Gewissensposition der cc. 1113, 1372 § 2 zurücktritt, zeigt der Umstand, daß die bei den Schularten der weiterführenden Schulen — insbesondere der Gymnasien — fast ausschließlich bestehende Schulform der Gemeinschaftsschule allgemein akzeptiert wird, und selbst Zöglinge bischöflicher Konvikte, die den besonders strengen Vorschriften C. J. C., cc. 1353, 1360 § 1, 1364 unterliegen, solche staatliche Anstalten, also akatholische Schulen im Sinne des Kirchenrechts, besuchen.

Da in allen Schulen das oben § 15.1 formulierte Toleranzgebot gilt und Gemeinschaftsschulen wenigstens insofern relativ neutral sind gegenüber religiösen und speziell christlichen Erziehungszielen, als in ihnen stattfindender Unterricht nicht durch ausdrückliches Verhalten der Lehrer gegen diese Erziehungsziele verstoßen werden darf, bleibt für eine Verletzung der relativen Neutralität und damit der Gewissensfreiheit der Beteiligten nur übrig, daß Unterlassungen der Lehrer gegen sie verstoßen. Solche Unterlassungen könnten sein z. B. fehlendes Schulgebet, fehlende Einübung kirchlichen Brauchtums oder Liedguts, fehlende Verkündigung von Glaubenswahrheiten (Gott, Jesuskind, Mutter Gottes, Schutzengel, Himmel, Fegefeuer u. ä.).

6. Als erstes ist hierzu festzustellen, daß die Zulässigkeit von *Brauchtum* keine Gewissensfrage ist, bzw. korrekter, daß sie auch dann, wenn sie von Beteiligten zur Gewissensfrage gemacht wird, dies für die Schulverwaltungen und die übrigen Beteiligten unerheblich ist. Der Grund dafür liegt darin, daß Brauchtumspflege auch dann nicht gewissensäquivalent ist, wenn es sich um religiöses Brauchtum handelt, d. h. daß die Pflege solchen Brauchtums weder allein aus Glaubensüberzeugungen heraus geschieht — man denke nur an die Weihnachts- und Osterbräuche — noch daß alle, die einen christlichen Glauben bekennen, religiös-kirchliches Brauchtum pflegen. Daraus folgt, daß die Einübung solchen Brauchtums — speziell in der Grundschule — eine Frage ist, die — möglichst in Übereinstimmung mit den Elternwillen — durch die Inhaber der Schulgewalt geregelt werden kann[32]. Ähnlich ist es mit dem Lied-

---

[32] A. A. E. *Fischer,* Schulgebet in Hessen, S. 343.

gut. Sowenig eine Konzertaufführung der h-moll-Messe von J. S. Bach eine religiöse Veranstaltung zu sein braucht, sowenig braucht in der Pflege etwa des reformatorischen Liedgutes in der Schule eine solche zu liegen. Das einzige Problem, das hier in der Schule entsteht, ist das des pädagogischen Takts und der Toleranz nach beiden Seiten.

7. Anders ist die Frage der Schulgebete und der *Glaubensverkündigung* zu beantworten. Das Schulgebet wird im folgenden Paragraphen gesondert behandelt. Allgemein läßt sich aber wohl folgende tatsächliche Vermutung aufstellen: Allein der Umstand, daß ein Kind in der Grundschule nicht ausdrücklich in den Glaubenswahrheiten außerhalb des Religionsunterrichts unterrichtet und in kirchliches Leben eingeübt wird, beeinträchtigt die religiösen Erziehungsziele der Erziehungsberechtigten noch nicht. Sollte diese Vermutung widerlegt werden, sollten also feststellbare Beeinträchtigungen auftreten, besteht die erste Aufgabe darin, durch die Unterrichtsgestaltung Abhilfe zu schaffen. Der Topos, unter dem dieses praktische Problem diskutierbar ist, ist der der Offenheit für das Christentum. Im Anschluß an die logische Modalität der Offenheit[33] werde dabei unter der *Offenheit einer Schulform für einen weltanschaulichen Erziehungsanspruch* der Umstand verstanden, daß ein Einfluß des Unterrichts in einer Schule der betreffenden Schulform im Sinne des betreffenden Erziehungsanspruchs zwar möglich, mit der Gestaltung des Unterrichts in der Intention aber nicht notwendig verbunden ist. Art. 12 Abs. 6 Satz 1 der Verfassung für das Land Nordrhein-Westfalen in der Fassung vom 5. 3. 1968 — GV NW S. 36 — hat die Offenheit des Unterrichts in Gemeinschaftsschulen für christliche und andere religiöse oder weltanschauliche Überzeugungen angeordnet. Meines Erachtens läßt sich diese Bestimmung als Normativforderung für alle Gemeinschaftsschulen interpretieren[34].

8. Als Ergebnis ist festzuhalten: Ein gesetzlicher Zwang zum Besuch von Schulen der Form der Gemeinschaftsschule ist mit Art. 4 GG vereinbar[35]. Ebenfalls ist zulässig, daß nach dem Willen der Mehrheit der Beteiligten oder auf Anordnung der Schulverwaltung religiös oder kirchlich gefärbtes Brauchtum geübt wird. Eine Offenheit für das Christentum nimmt einer Schule ebenfalls nicht die relative Neutralität gegenüber Erziehungsansprüchen nichtchristlicher Art.

---

[33] Vgl. dazu H. A. *Schmidt*, Mathematische Gesetze der Logik, S. 517 ff.
[34] Mit Ausnahme der gleich zu behandelnden bekenntnismäßigen christlichen Gemeinschaftsschule, für die es keine Offenheit für andere religiöse oder weltanschauliche Überzeugungen zu geben braucht.
[35] Ebenso W. *Keim*, Schule und Religion, S. 179 ff. Vorsichtiger E.-W. *Böckenförde*, Religionsfreiheit und öffentliches Schulgebet, S. 37 f., bes. Anm. 39, der zwar ein aus Art. 4 GG folgendes Recht auf öffentliche Bekenntnisschulen ablehnt, aber aus der Bekenntnisfreiheit und dem Erziehungsrecht der Eltern einen Anspruch auf weitgehende Freigabe von Privatschulen folgert. A. A. W. *Hamel*, Glaubens- und Gewissensfreiheit, S. 88 ff.

III. Die Bedeutung für die Grund- und Hauptschule

9. Dies führt zur Betrachtung der letzten Schulform, nämlich der der christlichen Gemeinschaftsschule. Der Ausdruck „christliche Gemeinschaftschule" wird nicht einheitlich verwendet[36]. Mindestens zwei Wortbedeutungen sind zu unterscheiden. Die erste findet sich in Bestimmungen wie Art. 27 Abs. 5 Satz 3 der Verfassung des Saarlandes in der Fassung vom 23. 2. 1965:

> In christlichen Gemeinschaftsschulen werden Schüler verschiedener Bekenntnisse auf der Grundlage christlicher Bildungs- und Kulturwerte unterrichtet und erzogen[37].

Dieser Wortgebrauch entspricht dem oben § 12 festgelegten. Das Wort „christlich" wird hier im religionskundlichen oder kulturellen, nicht im dogmatischen Sinn verwendet[38]. Christentum wird als wertvolles historisches Kulturereignis, nicht als religiös-weltanschauliche Lehre oder Lebensform aufgefaßt, wobei natürlich das erste für das zweite offen sein kann. Diese Form der Gemeinschaftsschule werde *bildungsmäßige christliche Gemeinschaftsschule* genannt[39]. Der Ausdruck „christliche Gemeinschaftsschule" kann jedoch auch Schulen bezeichnen, in denen das Christentum als religiös verbindlich dem Unterricht und der Erziehung zugrunde liegen soll. Dieser Fall dürfte wohl vorliegen in Art. 29 Abs. 2 Satz 3 der Verfassung von Rheinland-Pfalz:

> Unterricht und Erziehung sind in den Simultanschulen christlich, aber nicht bekenntnismäßig gebunden[40].

Diese Schulform werde *bekenntnismäßige christliche Gemeinschaftsschule* genannt[41].

---

[36] Vgl. dazu A. *Arndt*, Aufgaben und Grenzen der Staatsgewalt im Bereich der Schulbildung, S. 78 ff.

[37] Vgl. Art. 12 Abs. 6 Satz 1 der Verfassung des Landes Nordrhein-Westfalen i. d. Fassung vom 5. 3. 1968 — GV NW S. 36 —; Art. 16 Abs. 1 Satz 1 der Verfassung des Landes Baden-Württemberg; § 1 Satz 4 SchulG für Berlin i. d. Fassung vom 5. 8. 1952 (GVBl. S. 957).

[38] Skeptisch gegenüber der Möglichkeit einer solchen Schulform ist U. *Scheuner*, Auseinandersetzungen um Tendenzen im deutschen Staatskirchenrecht, S. 150 f.

[39] Fr. *Pitzer*, in: NJW 66, S. 31, meint, die „Bezugnahme auf die Erziehung mit christlichen und abendländischen Bildungs- und Kulturwerten" mache Schulen noch nicht zu solchen mit christlicher Prägung. Ich bin seiner Ansicht; aber nach 1945 hat sich im Zuge einer nur zeitbedingt zu verstehenden Hinwendung zu dem Wert des christlichen Abendlandes besonders im pädagogischen Bereich ein anderer Sprachgebrauch durchgesetzt. Er erschwert zwar die Verständigung, ist aber bei der Prüfung rechtlicher Fragen hinzunehmen. Soweit der Ausdruck einen dilatorischen Formelkompromiß decken soll, vgl. oben den Text.

[40] Vgl. Art. 15 Abs. 1 der Verfassung des Landes Baden-Württemberg i. d. Fassung vom 8. 2. 1967 (BWGBl. S. 7).

[41] Vgl. dazu W. *Keim*, a. a. O., S. 88 f. Daß alle christlichen Gemeinschaftsschulen diesen bekenntnismäßigen Charakter haben, liegt zugrunde den Argumentationen bei M. *Maurer*, Das Elternrecht und die Schule, S. 83 f.; E.-W. *Böckenförde*, Religionsfreiheit und öffentliches Schulgebet, S. 37 f.

§ 15. Kombinationen von Schulformen

Man könnte versucht sein, als Kriterium für die bekenntnismäßige christliche Gemeinschaftsschule das in der Gemeinschaftsschule geübte *Schulgebet* anzunehmen. Aufgrund der hier vertretenen Auffassung von der Unzulässigkeit der bekenntnismäßigen christlichen Gemeinschaftsschule als Pflichtschule würde dies zu dem mit Art. 4 Abs. 1 GG nur schwer zu vereinbarenden Ergebnis führen, daß in keiner Pflichtschule gebetet werden dürfte. Es ist daher zweckmäßiger, die Übung des Schulgebets nur als Indiz für den bekenntnismäßigen Charakter einer christlichen Gemeinschaftsschule anzunehmen und die Zulässigkeit des Schulgebets nach gesonderten Regeln zu beurteilen[42].

Die Frage der Zulässigkeit des gesetzlichen Zwangs zum Besuch von Schulen dieser Schulform ist für beide Schulformen getrennt zu prüfen. Für bildungsmäßige christliche Gemeinschaftsschulen ist sie leicht zu beantworten. Da hier das Christentum nur als Bildungsgut aufgefaßt wird, dem wegen seiner Bedeutung für die europäische Geschichte ein gebührender Platz im Unterricht eingeräumt wird, ist eine Gewissenskollision ausgeschlossen, oder genauer, sie ist unbeachtlich. Ähnlich wie im Schultyp des humanistischen Gymnasiums nicht die griechische Religion als verbindlich dargestellt wird, wird in der Schulform der bildungsmäßigen christlichen Gemeinschaftsschule die christliche Religion nicht deswegen als verbindlich dargestellt, weil die durch sie vermittelten Kulturgüter im Unterricht angemessene Berücksichtigung finden. Das Problem dieser Schulform besteht darin, bei der Darstellung und Vermittlung dieser Kulturgüter auf Einstellungen und Empfindungen von Nichtchristen ebenso Rücksicht zu nehmen wie auf Einstellungen und Empfindungen von Christen bei der Mitdarstellung der Schattenseiten unserer christlichen Geschichte. Für bekenntnismäßige christliche Gemeinschaftsschulen gilt dasselbe wie für Bekenntnisschulen. Da in ihnen — in der Regel mindestens durch die Übung des Schulgebets — das Christentum als religiöse, also nur im Glauben zu bejahende Lebensform verbindlich dargestellt wird, widerspricht die Schulform dem oben § 15.2 formulierten Kriterium. Das bedeutet, daß niemand rechtlich gezwungen werden darf, eine Schule dieser Form zu besuchen.

Oft gibt der Kontext des Ausdrucks „christliche Gemeinschaftsschule" keinen Hinweis darauf, ob eine bildungsmäßige oder eine bekenntnismäßige christliche Gemeinschaftsschule gemeint ist. In solchen Fällen dürfte es sich um einen dilatorischen Formelkompromiß handeln[43], der verdeckt, daß eine Entscheidung für oder gegen eine bekenntnismäßige Bindung der Schulen nicht getroffen worden ist.

Oft pflegt ein solcher Kompromiß die Abschaffung der Konfessionsschulen zu begleiten, um den Widerstand gegen die Abschaffung zu verringern.

Im Wege der verfassungskonformen Auslegung ist der Ausdruck „christliche Gemeinschaftsschule" als „bildungsmäßige christliche Ge-

---
[42] Vgl. dazu unten § 16.1.
[43] Zum Begriff vgl. C. *Schmitt*, Verfassungslehre, S. 32.

meinschaftsschule" zu interpretieren wenigstens dann, wenn die christliche Gemeinschaftsschule die einzige öffentliche Schulform ist.

10. Wendet man zusammenfassend das oben § 15.2 formulierte Kriterium auf die besprochenen Schulformen an, so ergibt sich folgendes: Der Besuch von Bekenntnisschulen, bekenntnismäßigen christlichen Gemeinschaftsschulen und Weltanschauunggschulen darf auch im Einzelfall nicht rechtlich erzwungen werden. Daraus folgt, daß diese Schulformen weder als einzige öffentliche Schulformen noch als Regelschulen in dem Sinne angeordnet werden dürfen, daß Gemeinschaftsschulen nur auf Antrag errichtet werden und der Besuch der Regelschule Pflicht ist, wenn oder solange keine Antragsschule errichtet ist. Als freiwillig besuchte Schulen, d. h. als Antragsschulen oder als von Amts wegen neben Gemeinschaftsschulen oder bildungsmäßigen christlichen Gemeinschaftsschulen dürfen Schulen aller Formen, insbesondere auch Bekenntnisschulen errichtet werden. Als einzige öffentliche Schulformen sind nur Gemeinschaftsschulen oder bildungsmäßige christliche Gemeinschaftsschulen zulässig.

§ 16. Einzelne Schulprobleme

1. Unter einzelnen, jetzt noch zu erörternden Schulproblemen, die Art. 4 GG aufgibt, ist in den letzten Jahren besonders die Zulässigkeit des *Schulgebets* diskutiert worden. Besonders im Anschluß an die Entscheidung des *Hessischen Staatsgerichtshofs* vom 27. 10. 1965[1] ist diese Frage sehr eingehend erörtert worden[2].

Auf die in wichtigen Punkten berechtigte Kritik an dieser Entscheidung wird im folgenden nicht mehr eingegangen. Die fehlerhafte Gesamtargumentation ist besonders von E.-W. *Böckenförde*, die inkonsequente Unterscheidung von positiver und negativer Bekenntnisfreiheit hauptsächlich von W. *Hamel* kritisiert worden.

Nur einige die Entscheidung betreffende Klarstellungen, die auch in anderen Zusammenhängen von Bedeutung sein können, seien hier eingeschoben. Die Entscheidung geht davon aus, daß es ein Gruppenbekenntnis gibt. Unter einem *Gruppenbekenntnis* versteht man zweckmäßigerweise jedes Verhalten einer Gruppe, das auf Grund einer — nicht unbedingt demokratischen — Gruppenwillensbildung beruht und in gleichgerichteten, objektiv-bekenntnishaften Charakter tragenden Verhalten aller räumlich-zeitlich anwesenden

---

[1] ESVGH 16, 1 ff.; NJW 1966, S. 31 f.; DÖV 1966, S. 51 ff.

[2] W. *Hamel*, Die Bekenntnisfreiheit in der Schule; E.-W. *Böckenförde*, Religionsfreiheit und öffentliches Schulgebet; Fr. v. *Zezschwitz*, Staatliche Neutralitätspflicht und Schulgebet; E. *Fischer*, Die Entscheidungen über Schulgebet und Religionsunterricht; Fr. *Pitzer*, Anm. in: NJW 1966, S. 31; U. *Scheuner*, Auseinandersetzungen und Tendenzen im deutschen Staatskirchenrecht, S. 151 f.; P. *Feuchte*, P. *Dallinger*, Christliche Schulen im neutralen Staat, S. 364 f.; E. *Stein*, Das Recht des Kindes auf Selbstentfaltung in der Schule, S. 66 ff.; W. *Keim*, Schule und Religion, S. 191 ff.

§ 16. Einzelne Schulprobleme

Glieder der Gruppe besteht. *Teilnahme* an einem Gruppenbekenntnis nennt man dann zweckmäßigerweise diejenige räumlich-zeitliche Anwesenheit, die infolge der Ausgestaltung der betreffenden Situation die Unterscheidung nicht ermöglicht, ob eine innere Teilnahme vorliegt oder nicht, wobei die tatsächliche Vermutung dafür besteht, daß räumlich-zeitlich anwesende Gruppenfremde an einem Gruppenbekenntnis nicht teilnehmen. Daraus folgt, daß zwar auch ein schweigender — dösender, geistig abwesender — Schüler am Schulgebet teilnimmt, nicht aber mangels entgegenstehenden Verhaltens ein Verkehrspolizist an einer Prozession, der im Zusammenhang mit ihr den Verkehr regelt. M. E. bedeutet *„Teilnahme" im Sinne des Art. 136 Abs. 4 WV „Teilnahme" in dem gekennzeichneten Sinn.* Daraus folgt, daß — wie noch zu erörtern sein wird — zwar ein Schüler die stehende räumlich-zeitliche Anwesenheit beim Schulgebet verweigern kann, nicht aber der Verkehrspolizist den Dienst zur Verkehrsregelung, und zwar auch dann nicht, wenn er etwa an der Spitze die ganze Prozession begleiten muß.

Es steht nicht die Zulässigkeit des Schulgebets überhaupt zur Diskussion. Soweit die Schulformen der Bekenntnisschule und der bekenntnismäßigen christlichen Gemeinschaftsschule zulässig sind, ist in Schulen dieser Formen auch das ihnen entsprechende Schulgebet zulässig. Es bleiben zur Prüfung also nur noch die Formen der Gemeinschaftsschule und der bildungsmäßigen christlichen Gemeinschaftsschule übrig. Für sie stehen sich zwei Extremansichten gegenüber. Zum einen wird aus der angeblich absolut geschützten Gewissensfreiheit gefolgert, daß jeder Schüler das Recht hätte, sein Tagewerk in der Schule mit einem — laut und gemeinsam gesprochenen — Gebet zu beginnen[3]. Zum anderen wird aus dem Grundsatz der Neutralität des Staates gefolgert, daß das Grundrecht der ungestörten Religionsausübung nicht im staatlichen Bereich der öffentlichen Schule gelte[4]. Die Prämissen beider Ansichten stimmen nicht. Wie im 1. Abschnitt dargelegt wurde, sind Gewissenspositionen nicht absolut geschützt. Daher bedarf es für die Anerkennung einer solchen Position einer weiteren Begründung. Ob es solche Begründungen gibt, wird noch zu untersuchen sein. Wie in § 14 dargelegt wurde, ergibt sich allein aus dem Grundsatz der Neutralität des Staates gerade für besondere Gewaltverhältnisse nichts für oder gegen die Zulässigkeit oder Unzulässigkeit religiöser Handlungen. Gäbe Art. 4 GG nur einen *Unterlassungsanspruch* gegen staatliche Eingriffe[5], würde dies bedeuten, daß in besonderen Gewaltverhältnissen niemals Gewissenspositionen betätigt oder die Religionsausübung verwirklicht werden könnte. Besonders deutlich wird dies bei Straf- und Erziehungsanstal-

---

[3] So W. *Hamel*, Die Bekenntnisfreiheit in der Schule, S. 19 f. Kritisch zu dieser Ansicht E.-W. *Böckenförde*, a. a. O., S. 34.
[4] So E. *Fischer*, Schulgebet in Hessen, S. 342.
[5] So W. *Geiger*, Die verfassungsrechtlichen Grundlagen des Verhältnisses von Schule und Staat, S. 44; *ders.*, Gewissen, Ideologie, Widerstand, Nonkonformismus, S. 67 f. Diese Ansicht erstreckt sich bei W. Geiger jedoch offensichtlich nicht auf die Gewährleistungspflicht des Staates nach Art. 4 Abs. 2 GG.

ten, auf die im 5. Abschnitt noch eingegangen wird. Würde man die Rechte aus Art. 4 GG auf Unterlassungsansprüche zuzüglich der — vorwiegend straf- und polizeirechtlich gedachten — Gewährleistungsansprüche aus Art. 4 Abs. 2 GG beschränken, so blieben mindestens in geschlossenen besonderen Gewaltverhältnissen schutzwürdige Gewissenspositionen ungeschützt. Das Argument aus der Neutralität des Staates beweist daher zuviel und somit zuwenig. Speziell für Schulen ist darüber hinaus noch die oben § 14.1 beschriebene besondere Interessenlage zu beachten, die durch die Einbeziehung sozialer Gebilde in die staatliche Sonderordnung als besonderes Gewaltverhältnis entsteht. Die Frage ist daher differenziert zu untersuchen.

Ausgegangen werde von der oben § 8.5 eingeführten Unterscheidung zwischen geleiteten und ungeleiteten Klassen. Unter Berücksichtigung der oben § 11.1 gegebenen Wortgebrauchsregelung des Ausdrucks „besonderes Gewaltverhältnis" werde der Ausdruck *geleitete Klasse* dahingehend präzisiert, daß darunter eine beliebige Anzahl von Mitgliedern einer Schulklasse so lange und insoweit verstanden werde, als das Verhalten der Mitglieder von dem Verhalten eines Lehrers als Organwalters abhängig ist. Solange und insoweit eine Klasse keine geleitete Klasse ist, heiße sie *ungeleitete Klasse*.

Zuerst werde die Frage geprüft, ob es ein durch Art. 4 GG gewährleistetes Recht einer ungeleiteten Klasse auf ein gemeinsames Schulgebet gibt. Schulorganisatorisch würde ein solches Gebet zweckmäßigerweise kurz vor Unterrichtsbeginn in einem Klassenraum stattfinden.

Dies entspräche der Praxis an den Universitäten, wenn sich Mitglieder der Studentengemeinden und andere Studenten freiwillig vor Vorlesungsbeginn in einem Hörsaal zu einem kurzen Gebetsgottesdienst treffen.

Wägt man zwischen dem Interesse von Beteiligten auf Beginn des Tagewerkes mit einem gemeinsamen Gebet einerseits und schulorganisatorischer Mehrbelastung des Schulbetriebs andererseits ab, wird man der Gewissensposition den Vorrang geben müssen. Zu beachten ist, daß eine Klasse auch nicht dadurch zu einer geleiteten wird, wenn ein Lehrer freiwillig, d. h. nicht in Befolgung einer ihn bindenden Schulordnung, das Gebet mitspricht[6]. Als Ergebnis werde formuliert: *Beteiligte haben ein aus Art. 4 GG folgendes subjektiv-öffentliches Recht gegen die Schulleitung*[7], *ungeleiteten Klassen ein gemeinsames Schulgebet zu ermöglichen.*

Die zweite Frage lautet, ob aus Art. 4 GG ein Recht auf Schulgebet durch geleitete Klassen, also im Rahmen des normalen Schulbetriebs

---

[6] A. A. wohl E. *Stein*, Das Recht des Kindes auf Selbstentfaltung in der Schule, S. 68.
[7] Die Schulleitung ist natürlich nicht als Anspruchsadressat im verfahrensrechtlichen Sinne gemeint, sondern als diejenige öffentliche Stelle, die den Anspruch erfüllen kann.

§ 16. Einzelne Schulprobleme 109

folgt. Diese Frage ist durch das vorstehende Ergebnis entschärft. Da die Gewissensposition darin besteht, das Tagewerk gemeinsam mit einem Gebet beginnen zu können, und diese Position nach dem formulierten Satz geschützt ist, braucht in einem neutralen Staat die weitergehende Forderung, daß das Schulgebet in der Form des durch öffentliche (staatliche) Organwalter geleiteten Gebets verrichtet werden kann, nicht erfüllt zu werden. Art. 4 GG verpflichtet die öffentliche hoheitlich handelnde Gewalt nur zur Bereitstellung von Alternativen, nicht zur Ermöglichung jedes speziell gewünschten Verhaltens. Es gilt also folgender Satz: *Beteiligte haben kein aus Art. 4 GG folgendes subjektiv-öffentliches Recht gegen die Schulleitung, ein Schulgebet als gemeinsames Gebet einer geleiteten Klasse verrichten zu können.*

Mit diesem letzten Satz, der ein Recht auf ein Schulgebet im Unterricht verneint, ist noch nicht entschieden, ob ein solches Schulgebet nicht trotzdem durch die Schulleitung angeordnet werden darf. Die unstreitige Minimalbedingung ist natürlich, daß nach Art. 136 Abs. 4 WV i. V. m. Art. 140 GG die Teilnahme freiwillig ist. Entsprechend der oben S. 107 gegebenen Umschreibung dessen, was Teilnahme ist, braucht sich ein Schüler nicht darauf verweisen zu lassen, daß er sich innerlich distanzieren oder seine fehlende Teilnahme durch Schweigen dokumentieren könne. Die weitergehende Ansicht, daß die Neutralität des Staates das gemeinsame Schulgebet geleiteter Klassen untersage, ist oben schon zurückgewiesen worden. Da es keine weiteren Gründe dagegen gibt, folgt daraus, daß bei Zustimmung aller Beteiligten das Schulgebet zulässig ist.

Das gilt aufgrund der Allgemeinheit der Argumentation auch für Pflichtschulen. An dieser Stelle wird deutlich, warum oben § 15.9 abgelehnt wurde, als Kriterium für das Vorliegen einer bekenntnismäßigen christlichen Gemeinschaftsschule die Übung des Schulgebets zu nehmen. Diese Konvention hätte es nicht gestattet, das vorliegende Ergebnis zu erarbeiten.

Es bleibt die letzte und schwierigste Teilfrage übrig, ob das Schulgebet von freiwilligen Teilnehmern auch dann im Unterricht verrichtet werden darf, wenn einige Beteiligte, im Grenzfalle einer, die Teilnahme ablehnen. Aus folgendem Grund ist die Frage nur durch tatsächliche, nicht allein durch normative Argumentation zu entscheiden. Die Beeinträchtigung der Gewissensfreiheit entfällt schon dadurch, daß niemand gezwungen werden darf, am Schulgebet teilzunehmen. Die Frage, ob die Schulleitung eine Übung derart anordnen kann oder dulden darf, daß die Klasse betet und einige Schüler dem Gebet fernbleiben, ist pädagogischer und jugendpsychologischer Art: Dürfen Beteiligte, die berechtigt die Teilnahme am Schulgebet verweigern, durch die Übung des Schulgebets in eine Außenseiterrolle gedrängt werden? Steht fest oder ergibt sich eine gewisse, nicht zu kleine Wahrscheinlichkeit dafür, daß Kinder im Grundschulalter durch eine solche ihnen — von ihren Erziehungsberechtigten und der Schule gemeinsam aufgedrängten — Außenseiterrolle geschädigt werden können, ist die Übung des Schulgebetes unzulässig. Dies ergibt sich aus Art. 3 Abs. 3 GG i. V. m. Art. 4 Abs. 1 GG. Das in Art. 3 Abs. 3 GG enthaltene absolute Gleichheitsgebot verbietet es, eine Teilgruppe von Schülern auf der Grundlage der gesetzlichen Schulpflicht deswegen der Gefährdung besonderer psychischer Konflikte auszusetzen, weil sie — bzw. ihre Eltern — auf Grund religiöser oder fehlender religiöser Überzeugungen berechtigt die Teilnahme am Schulgebet verweigern. Da ohnehin die Übung des Schulgebets in Gemeinschaftsschulen oder bildungsmäßigen christlichen Gemeinschaftsschulen als bekenntnismäßig-religiös gebundene Veranstaltung systemfremd ist, der Gewissensposition derer, die beten wollen, durch die oben beschriebene Alternativlösung Rechnung getragen ist und eine Außenseiterrolle speziell im grundschulpflichtigen Alter vermutlich zu Schäden führen kann, besteht eine tatsächliche Vermutung für die Unzulässigkeit eines nicht einstimmig gewünschten Schulgebets. Als Ergebnis werde daher formuliert: *Erheben keine Beteiligten Einspruch gegen die Übung des Schulgebets durch geleitete Klassen der Formen der Gemeinschaftsschulen oder der bildungsmäßigen christlichen Gemeinschaftsschulen, ist die Übung mit Art. 4 GG vereinbar. Erheben Beteiligte Einspruch, ist die Übung nur dann zulässig, wenn mit hinreichender Sicherheit feststeht, daß keinem Schüler psychische oder sonstige Nachteile aus der Teilnahme oder Nichtteilnahme erwachsen*[8].

2. Solange faktisch der — verfassungswidrige — Zustand besteht, daß in einem Schulbezirk nur Schulen in der Form katholischer oder evangelischer Bekenntnisschulen bestehen, ergibt sich die Frage, ob die *Wahl einer von mehreren Bekenntnisschulen* unter dem Gesichtspunkt der Gewissensfreiheit den Beteiligten freigestellt werden muß oder von welchen Merkmalen die Einschulung in die eine oder die andere Spezies Bekenntnisschule abhängt.

Aus einem Urteil des *Verwaltungsgerichts Köln*[9] geht hervor, daß die Schulbehörden das Merkmal der Taufe in dem einen oder anderen Bekenntnis für (allein) entscheidend halten. Für katholisch getaufte Kinder sei die katholische Bekenntnisschule und für die evangelisch getauften Kinder sei die evangelische Bekenntnisschule Pflichtschule. Für nichtgetaufte Kinder besteht dann wohl ein Wahlrecht. Es wird damit die kirchenrechtliche Bekenntniszugehörigkeit einem staatlichen Zwangsakt zugrunde gelegt.

Bedenken gegen die Taufe als Tatbestandsmerkmal für eine hoheitliche Zwangseinschulung ergeben sich schon daraus, daß eine der oben im 1. Kapitel durch Art. 4 GG absolut geschützt bezeichneten Position zum

---

[8] Der *Hessische Staatsgerichtshof* hat diese Frage ausdrücklich dahingestellt gelassen. Kritisch hierzu E.-W. *Böckenförde*, a. a. O., S. 31, 33.

[9] VG Köln, Urteil vom 13. 5. 1965 — 1 K 547/65 — (bisher wohl unveröffentlicht). Vgl. dazu den Bericht in: Vorgänge 5 (1966), S. 123.

§ 16. Einzelne Schulprobleme 111

Ausgangspunkt hoheitlicher Entscheidungen und Zwangsakte genommen wird. Diese Bedenken zerstreuen sich jedoch, wenn, wie oben § 15.2 ausgeführt wurde, eine einzelne Spezies von Bekenntnisschulen nicht Pflichtschule sein darf, Pflichtschule vielmehr eine gewählte Schule aus einer Wahlklasse von Schulen ist, unter denen immer eine Schule der Form Gemeinschaftsschule oder bildungsmäßige christliche Gemeinschaftsschule sein muß.

Es bleibt jedoch die Frage, wie die Rechtslage ist, wenn faktisch nur Bekenntnisschulen bestehen. Bei der Prüfung dieser Frage kann ohne weiteres von der Vermutung ausgegangen werden, daß das tatsächliche Bekenntnis mit dem durch die Taufe bekundeten übereinstimmt. Es fragt sich jedoch erstens, ob diese Vermutung unwiderleglich ist und zweitens, ob es des Rückgriffs auf die Taufe als Tatbestandsmerkmal für Einschulungsakte überhaupt bedarf.

Die erste Frage ist leicht auf Grund des positiven Rechts zu beantworten. Aus § 5 RelKErzG vom 15. 7. 1921 ergibt sich, daß das Bekenntnis eines Kindes durch die Erziehungsberechtigten gewechselt werden kann. Landesrechtliche Bestimmungen wie § 30 Abs. 2 nordrh.-westfäl. SchulG vom 8. 4. 1952 — GS NW S. 430 — sehen daher einen Wechsel der Spezies von Bekenntnisschulen bei Bekenntniswechsel vor. Es kommt also nicht auf die Art der Taufe als einmaligen Akt, sondern auf das tatsächliche jeweilige Bekenntnis an[10].

Es fragt sich weiter, ob es des Rückgriffs auf das Bekenntnis im kirchenrechtlichen Sinn und damit der Vermutung für das Tauf-Bekenntnis überhaupt bedarf.

Die Bedeutung dieser Frage wird deutlich anhand des Ausgangsfalls des genannten Urteils des Verwaltungsgerichts Köln. In der betreffenden Gemeinde bestanden nur Bekenntnisschulen. Dem Elternwillen der (gemischt konfessionellen) Eltern entsprach eine Gemeinschaftsschule. Da diese nicht vorhanden war, wählten sie für ihr katholisch getauftes Kind die evangelische Bekenntnisschule, weil sie ihren Vorstellungen eher entsprach als die katholische Schule. Das Gericht entschied gegen das Schulamt und das Regierungspräsidium, daß das Kind in der evangelischen Bekenntnisschule eingeschult werden müsse. Die Begründung des Gerichts, die Eltern hätten einen — sich in dem Einschulungsantrag manifestierenden — Bekenntniswechsel des Kindes vorgenommen, überzeugt nicht.

Folgende Gründe sprechen dafür, daß die Frage der Einschulung gänzlich von der Taufe gelöst und auf eine Erklärung der Eltern abgestellt wird. Die gegenteilige Praxis hätte folgende, mit Art. 4 GG nicht zu ver-

---

[10] Genaugenommen sind drei Dinge zu unterscheiden: 1. die rechtliche Zugehörigkeit zu einer Religionsgesellschaft — wobei kirchenrechtliche und staatskirchenrechtliche Zugehörigkeit noch auseinanderfallen können —; 2. das persönliche Bekenntnis; 3. die religiöse Erziehung im aktiven oder passiven Sinn. Vgl. dazu Fr. *Mess*, Wer gehört der Kirche an? S. 29 ff., 93 ff.

III. Die Bedeutung für die Grund- und Hauptschule

einbarende Wirkung. Es kann sein, daß Beteiligte sich subjektiv einem Bekenntnis zugehörig fühlen und dieses Bekenntnis durch die Taufe ihrer Kinder bekunden, ohne den Gesamtgehalt der traditionellen kirchlichen Bekenntnisse zu übernehmen[11].

Katholische Eltern, die z. B. die kirchliche Lehre über Hölle[12] oder Fegefeuer[13] ablehnen oder wenigstens der sich heute verbreitenden Ansicht sind, daß aus pädagogischen oder psychologischen Gründen Kindern im grundschulpflichtigen Alter davon nichts erzählt werden soll, können mit ihrem Gewissen in Konflikt kommen, wenn an einer katholischen Bekenntnisschule ihren Kindern die Hölle als Strafe angedroht wird[14]. Solche Beispiele ließen sich leicht vermehren.

Ergibt eine Abwägung der Vor- und Nachteile der vorhandenen Spezies von Konfessionsschulen für die Beteiligten, daß eine von der offiziellen Konfessionszugehörigkeit abweichende Schule die ihren weltanschaulichen Überzeugungen entsprechendere erscheint, haben sie das Recht, ihre Kinder in diese Schule zu schicken[15]. Der Wunsch der Behörden, Ordnung im konfessionellen Schulbetrieb zu haben, ist gegenüber den Gewissenspositionen Beteiligter unerheblich. Die Befürchtung, eine Bekenntnisschule würde ihren Charakter verlieren, ist insofern unberechtigt, als in keiner Schule Andersgläubige verletzende Äußerungen fallen dürfen und die Beteiligten eines von der Spezies abweichenden Bekenntnisses natürlich die Gestaltung des Unterrichts einschließlich konfessioneller Bräuche so hinnehmen müssen, wie er ist. Praktisch bedeutet dies, daß nicht die Taufe für eine Einschulung maßgeblich ist, sondern der bei der Anmeldung eines schulpflichtigen Kindes erklärte Wille der Erziehungsberechtigten, daß die Schule der Wahl diejenige ist, die angesichts der vorhandenen Schulformen und -spezies ihrer weltanschaulichen Einstellung am ehesten entspricht. Dieser Gedanke läßt sich zu einem allgemeinen Grundsatz erweitern: *Ist für die Anwendung*

---

[11] Der kirchenrechtliche Umstand, daß die Beteiligten mindestens der sogenannten authentischen — im Gegensatz zur unfehlbaren — Lehrgewalt ungehorsam sind, die gebietet, selbst Kundgebungen der Diözesanbischöfe nicht nur in gehorsamem Schweigen, sondern innerer, von religiöser Ehrfurcht getragener Zustimmung (assensus internus et religiosus) entgegenzunehmen, findet dabei staatskirchenrechtlich keine Beachtung. Zur katholischen — vorkonziliaren — Rechtslage vgl. H. *Jone*, Gesetzbuch der lateinischen Kirche, 2. Bd., c. 1323, Erl. zu § 1.

[12] Vgl. dazu P. *Pius VI.*, Const. „Auctorem fidei" vom 28. 8. 1794 (Dz. 1525); P. *Pius IX.*, Enc. „Quanto conficiamur moerore" vom 10. 8. 1863 (Dz. 1677).

[13] Vgl. dazu Conc. Trid. sess. 25, Decr. de Purgatorio (Dz. 983).

[14] Vgl. dazu das bayerische katholische Konfessionsschulbuch „Junge Welt", hrsg. von K. A. *Ederer*, Kösel-Verlag München 1963, 2. Bd. (3./4. Schuljahr), 1. Kapitel, Lesestück „Als ich nicht mehr meiner Mutter Kind war" mit dem Schluß: „Wenn man lügt, kommt man in die Hölle".

[15] Im Ergebnis, wenn auch mit anderer Begründung und anderen Beispielen, ebenso M. *Maurer*, Das Elternrecht und das Gewissen, S. 92; W. *Keim*, Schule und Religion, S. 206 ff.

staatlichen Rechts Bekenntniszugehörigkeit Tatbestandsmerkmal, gebietet Art. 4 GG, nicht die kirchenrechtliche Bekenntniszugehörigkeit der Subsumtion zugrunde zu legen, sondern die jeweils erklärte[16].

Zur Entscheidung der Frage, ob die Erklärung aus Gewissensgründen erfolgt ist oder nicht, gelten dieselben Regeln, die das *Bundesverwaltungsgericht* für die Ernsthaftigkeit der Kriegsdienstverweigerung entwickelt hat[17], d. h. letztlich ist die persönliche Glaubwürdigkeit der Erklärung entscheidend.

3. Besuchen Schüler eine Schule, die nicht die Form einer Bekenntnis- oder Weltanschauungsschule ihres Bekenntnisses oder ihrer Weltanschauung hat, ergibt sich die Frage, ob und in welchem Umfang die Schulordnung Rücksicht auf spezielle Gewissenspositionen nehmen muß.

Beispiele für solche Gewissenspositionen sind der kirchenrechtlich vorgeschriebene Besuch der hl. Messe an bestimmten Tagen[18], das Verbot für Angehörige des jüdischen Glaubens oder für Mitglieder bestimmter Sekten, z. B. der Adventisten, samstags zu arbeiten, das Verbot für Mohammedaner, an bestimmten Festen, z. B. am Kurban-Beyram, zu arbeiten und das Gebot, sich freitags bestimmter Handlungen zu enthalten.

Geschichtlich gesehen war die Praxis früher zumindest in Preußen sehr tolerant[19].

Jüdische Kinder sind auf Antrag der Erziehungsberechtigten von der Pflicht zum Schulbesuch am Samstag und an hohen jüdischen Festtagen dispensiert worden[20]. Dasselbe galt von Kindern von Adventisten[21]. Ohne Antrag war katholischen Kindern gestattet, der Schule an hohen katholischen Festtagen fernzubleiben[22].

Unter Berufung auf Art. 135 Satz 3 WV, wonach die allgemeinen Gesetze von der Gewährleistung der Gewissens- und Religionsfreiheit unberührt bleiben, ist diese Praxis für erlaubt, nicht aber für durch Art. 135 WV geboten erachtet worden[23]. Art. 4 GG enthält diesen Gesetzesvorbehalt nicht mehr. Jedoch ist die Schulpflicht staatsbürgerliche Pflicht

---

[16] Dieser These kommt sehr nahe Fr. *Mess*, Wer gehört der Kirche an? S. 93 ff., bes. S. 118 ff.
[17] Vgl. dazu BVerwGE 7, 242 (249); 9, 97 (98); 9, 100 (101); 12, 271 (272); 13, 171 (173); 14, 146 (147 ff.); 23, 96 (97 f.).
[18] Nach C. J. C., c. 1247 § 1 sind Festtage, an denen nach c. 1248 die Pflicht zum Besuch einer hl. Messe besteht und die nicht in allen Ländern der Bundesrepublik gesetzliche Feiertage sind, die Feste Epiphanie, Fronleichnam, Unbefleckte Empfängnis, Himmelfahrt Marias, des hl. Josefs, Peter und Paul und Allerheiligen. Auf die partikularrechtlichen Bestimmungen kann nicht eingegangen werden.
[19] So W. *Mohs*, Schulgewalt und Elternrecht in Preußen, S. 92 f.
[20] Ministerialerlaß vom 18. 1. 1894, in: Zentralblatt für Unterrichtsverwaltung (ZUV), 1894, S. 300.
[21] Ministerialerlaß vom 17. 7. 1919, in: ZUV 1919, S. 551.
[22] Ministerialerlaß vom 24. 8. 1921, in: ZUV 1921, S. 366.
[23] z. B. K. *Rothenbücher*, Das Recht der freien Meinungsäußerung, S. 19; W. *Mohs*, a. a. O., S. 92 f.

im Sinne von Art. 136 Abs. 1 WV i. V. m. Art. 140 GG. Entsprechend Abs. 3 Satz 2 der oben § 5 formulierten Arbeitsfassung des Art. 4 GG steht daher die Ausübung kultischer Handlungen unter dem Vorbehalt, daß die Schulpflicht nicht beeinträchtigt wird. Ist die Ausübung von Kulthandlungen zugleich Befolgung eines Gewissensgebots, ist zu prüfen, ob nach Abs. 3 Satz 3 der Arbeitsfassung Einschränkungen der Schulpflicht für die Allgemeinheit tragbar sind. Das Interesse der Gesamtheit besteht darin, daß jedem schulpflichtigen Kind der durch die Schule angebotene und in einem pädagogisch-didaktischen Zusammenhang stehende Unterricht unverkürzt zugute kommt. Dieses Interesse der Gesamtheit deckt sich mit dem wohlverstandenen Interesse der Kinder. Die Zulassung einer Alternative zum uneingeschränkten Schulzwang belastet in erster Linie nicht die Gesamtheit oder Dritte, sondern den betreffenden Schüler selbst. Daraus ergibt sich folgendes Kriterium: *Machen Erziehungsberechtigte für schulpflichtige Kinder aus Gewissensgründen Ansprüche auf zeitweilige Befreiung der Kinder von regelmäßigen Unterrichtsveranstaltungen geltend, so ist diese Position so lange geschützt, solange das Wohl des Kindes nicht irreparabel geschädigt wird.* Im einzelnen heißt das, daß gelegentliche Unterrichtsbefreiungen immer gewährt werden müssen. Für schwache Schüler könnte eine allwöchentliche Befreiung schädlich sein und das spätere Fortkommen des Kindes hemmen. Andererseits garantiert eine erzwungene Anwesenheit keine pädagogisch nützliche Anteilnahme am Unterricht. Vielmehr dürfte der Zwang die pädagogische Situation des Kindes in der Schule erheblich verschlechtern, so daß möglicherweise der Nachteil, der daraus erwächst, größer ist als derjenige, der vermieden werden sollte. Unter Abwägung dieser Gesichtspunkte wird man sagen können, daß die alte preußische Praxis heute durch Art. 4 GG rechtlich garantiert ist.

IV. Die Bedeutung des Grundrechts der Gewissensfreiheit für die besonderen Gewaltverhältnisse der Beamten, Soldaten und Ersatzdienstleistenden

§ 17. Die Rechtsverhältnisse der Beamten, Soldaten und Ersatzdienstleistenden als Sonderordnungen

Die Diensttätigkeit der Beamten wird vorwiegend durch zwei Merkmale gekennzeichnet, nämlich erstens durch die Einordnung in einen Behördenbetrieb und zweitens durch die innerhalb des Behördenbetriebs bestehenden Anordnungsverhältnisse[1]. Unter *Behördenbetrieb* werde dabei eine in die Organisation des Staates[2] eingeordnete Einheit von Personen und sächlichen Mitteln verstanden, die dazu bestimmt ist, dem Staat zurechenbare Entscheidungen zu treffen[3]. Beamtenverhalten im Dienst ist Behördenverhalten. Behördenbetriebe sind also Untersysteme des Staates, und zwar Handlungssysteme[4]. Sie erfüllen die Bedingungen, die oben § 11.1 für besondere Gewaltverhältnisse aufgestellt worden sind: Sie sind formale soziale Gebilde, deren Mitglieder die einzelnen Beamten sind[5]. Das diffuse Unterordnungsverhältnis ist das *beamtenrechtliche Anordnungsverhältnis*, d. h. die sich aus dem Beamtenrecht

---

[1] Vgl. dazu oben § 8.6.

[2] „Staat" im Sinne des oben § 13.2 eingeführten Sprachgebrauchs.

[3] Vgl. dazu BVerfGE 10,20 (48); E. *Forsthoff*, Lehrbuch des Verwaltungsrechts, S. 387; *Maunz-Dürig*, Grundgesetz, Art. 84, Rdnr. 22. Der Ausdruck „Behördenbetrieb" wurde gewählt, weil er im Gegensatz zu dem normativen Begriff „Behörde" im Sinne von H. J. *Wolff*, Verwaltungsrecht II, § 76 I, das soziologische Substrat des Entscheidungsträgers mitumfaßt.

[4] Korrekt muß es heißen: Die durch Behördenbetriebe definierten Sozialsysteme sind Untersysteme des Staates, und zwar Handlungssysteme. Vgl. dazu oben §§ 9, 13.2.

[5] Leider muß an dieser Stelle das Problem der Angestellten im öffentlichen Dienst außer Betracht bleiben. Vgl. dazu I. v. *Münch*, Besonderes Gewaltverhältnis, Arbeitsverhältnis und Beamtentum, passim; C. H. *Ule*, Öffentlicher Dienst, S. 543 ff., 555 ff.; E. *Stein*, Die Grenzen des dienstlichen Weisungsrechts, S. 17. Die hier entwickelten Grundsätze gelten zum großen Teil auch für Angestellte im öffentlichen Dienst. Es wäre an der Zeit, den von G. *Wacke*, in: VVDStRL 15 (1957) S. 208 ff. ausgesprochenen Gedanken aufzugreifen und die Einheitlichkeit der besonderen Gewaltverhältnisse der im öffentlichen Dienst stehenden Personen aufgrund einer soziologischen Systemanalyse zu untersuchen. Ausgangspunkt dürfte dabei nicht das Faktum sein, im öffentlichen Dienst zu stehen — darin steht auch ein Beleuchter in einem städtischen Theater —, sondern müßte die Inkorporation in einem Behördenbetrieb sein. Vgl. dazu E. *Stein*, a. a. O., S. 28—32.

IV. Die Bedeutung für die Beamten und Soldaten

als der für Behördenbetriebe geltenden Sonderordnung ergebenden Berechtigung, Anordnungen zu erteilen, und Verpflichtung, diese Anordnungen zu befolgen (vgl. dazu § 37 Satz 2 BRRG, § 55 Satz 2 BBG). Dieses Anordnungsverhältnis ist stets als Spezifikum des beamtenrechtlichen besonderen Gewaltverhältnisses angesehen worden[6]. Aus der Definition des Ausdrucks „Anordnungsverhältnis" und der mit seiner Hilfe erfolgten Festlegung des Ausdrucks „besonderes Gewaltverhältnis"[7] ergibt sich, daß Beamte, die keine Vorgesetzten im Sinne des § 3 Abs. 2 Satz 2 BBG haben, also nicht in einem Unterordnungsverhältnis stehen, nicht in einem besonderen Gewaltverhältnis stehen[8]. Es ist daher kurz zu prüfen, ob dieser Sprachgebrauch zweckmäßig ist zur Diskussion juristischer Probleme. Für alle Beamten, einschließlich jener, die keine Vorgesetzten haben, gilt eine öffentlich-rechtliche Teilrechtsordnung, nämlich das Beamtenrecht. Einer ähnlichen Teilrechtsordnung unterstehen aber auch z. B. die Notare (vgl. dazu §§ 92 ff. BNotO), ohne daß diese jedoch Einschränkungen ihrer Freiheit unterliegen, die sich nicht unmittelbar aus Gesetzen oder anderen Rechtsvorschriften ergeben. Das Spezifische der in einem Behördenbetrieb eingeordneten Beamtentätigkeit beruht darin, daß es geregelt ist durch weder nach Zeitpunkt, Anzahl noch Inhalt — anders als statistisch — vorhersehbare Anordnungen. Auch die zunehmende Verrechtlichung des internen Dienstbetriebs setzt diesen Anordnungen nur Grenzen, ohne sie ganz zu ersetzen, da die Inventarisierbarkeitsbedingung nicht erfüllt ist[9-10]. Es ist prinzipiell unmöglich, allein durch Erlaß genereller Regeln die Funktion des öffentlichen Behördenapparates zu garantieren derart, daß die Gehorsamspflicht gegenüber Einzelanordnungen überflüssig wird.

Dasselbe gilt für das besondere Gewaltverhältnis der *Soldaten* (vgl. dazu § 11 SoldatenG.)

Die Dienstpflichtigen des *zivilen Ersatzdienstes* (§ 1 ErsatzdienstG) werden in Dienstgruppen zusammengefaßt, die einem Leiter unterstehen (§ 5). Sie haben sich in die Gemeinschaft einzufügen, in der sie ihren Dienst ableisten (§ 27 Abs. 1 Satz 2) und in einer Gemeinschafts-

---

[6] BayVerfGHE 13,147 (151): „Der Beamte ist verpflichtet, die Anordnungen seines Vorgesetzten gewissenschaft und pünktlich zu befolgen. Er schuldet ihnen Gehorsam... Er kann sich..., um sich seiner Gehorsamspflicht zu entziehen, nicht auf das Grundrecht der Handlungsfreiheit berufen."

[7] Vgl. dazu oben §§ 8.6, 11.1.

[8] Da die staatliche Behördenhierarchie in der Regel in Organen endet, deren Walter nicht Beamte, sondern Minister sind, gibt es Beamte ohne Vorgesetzte — nicht: ohne Dienstvorgesetzte — in der Regel nur im kommunalen Bereich (vgl. etwa § 53 Abs. 2 nordrh.-westf. GO, §§ 42 Abs. 7 Nr. 2, 44 bad.-württ. GO) oder bei sonstigen Selbstverwaltungskörperschaften. Für irreguläre Gebilde wie den Bundesrechnungshof und die Deutsche Bundesbank gelten besondere Vorschriften (vgl. § 11 Abs. 3 BRHG, § 7 Abs. 4 BBankG).

[9-10] Vgl. oben § 10.2 und 5.

§ 17. Die Rechtsverhältnisse als Sonderordnungen 117

unterkunft zu wohnen und an einer Gemeinschaftsverpflegung teilzunehmen (§ 31). Sie haben schließlich die Anordnungen zu befolgen, die ihre Vorgesetzten erlassen (§ 30). Die Dienstgruppen bzw. die Einrichtungen, innerhalb deren die Dienstpflichtigen Dienst leisten (§ 3), sind also formale primäre soziale Gebilde, innerhalb deren die Dienstpflichtigen zu einem oder mehreren öffentlichen Organen (oder mit Hoheitsgewalt Beliehenen) in einem diffusen Unterordnungsverhältnis stehen. Es sind somit besondere Gewaltverhältnisse.

Beamten- und Soldatenverhältnisse sind von allen, die die Rechtsfigur des besonderen Gewaltverhältnisses beibehalten, als besondere Gewaltverhältnisse bezeichnet worden[11]. Dasselbe ist für die Ersatzdienstleistenden vertreten worden[12].

Einer kurzen Sonderbetrachtung bedürfen noch die Sonderverhältnisse der *Hochschullehrer*, speziell der Ordinarien, und der *Richter*[13]. Für sie ist kennzeichnend, daß für den Kern ihrer Diensttätigkeit, nämlich Forschung und Lehre einerseits und richtende Tätigkeit andererseits, verfassungsrechtliche Verbote jeglicher Unterordnungsverhältnisse und damit erst recht diffuser Unterordnungsverhältnisse bestehen (Art. 5 Abs. 3, 97 GG). Soweit ihre Pflichten nicht durch Rechtsvorschriften festgelegt sind, werden sie durch Selbstverwaltungsorgane — Fakultäten; Präsidien (vgl. §§ 22 a, 65 GVG, ähnlich für die anderen Gerichtszweige), Richter- und Präsidialräte (vgl. etwa §§ 14 ff., 22 ff. nordrh.-westf. LRiG) — konkretisiert. Dies gilt jedoch nicht ohne Ausnahme. Andere Regeln gelten z. B. dann, wenn es sich um verwaltende oder Prüfungstätigkeit handelt. Für Hochschulen findet sich z. B. eine Ausnahme in § 17 Abs. 1 Satz 3 bad.-württ. HochschulG vom 19. 3. 1968 — BWGBl. S. 11 —. Ferner haben etwa beisitzende Richter den Anordnungen des Vorsitzenden, sich zu einem bestimmten Zeitpunkt an einem bestimmten Ort zur Vorberatung einzufinden, in einer bestimmten Sache Vorarbeit zu leisten und darüber zu referieren und ähnlichen Anordnungen Folge zu leisten. Die möglichen Materien, die durch solche Anordnungen geregelt werden können, sind jedoch so beschränkt, eine Korrektur durch Kollegialbeschluß oft möglich, und die Diensttätigkeit wird

---

[11] Für das *Beamtenverhältnis*: E. *Forsthoff*, a. a. O., S. 188; *Maunz-Dürig*, a. a. O., Art. 17 Rdnr. 3; Art. 19 IV, Rdnr. 25; C. H. *Ule*, Öffentlicher Dienst, S. 616; I. v. *Münch*, S. 210.
Für das *Soldatenverhältnis*: *Maunz-Dürig*, a. a. O., Art. 17 a, Rdnr. 18 ff.; C. H. *Ule*, a. a. O.; I. v. *Münch*, a. a. O.,
Aus der Übereinstimmung von Beamten- und Soldatenverhältnissen in den Punkten, die besondere Gewaltverhältnisse konstituieren, folgt nicht, daß es zwischen beiden nicht wichtige, möglicherweise sogar prinzipielle Unterschiede gibt.
[12] R. *Dame*, Das Verhältnis der Grundrechte zu den besonderen Gewaltverhältnissen, S. 8.
[13] Auf die in ihrer Unabhängigkeit liegenden Besonderheit dieser Beamten hat z. B. hingewiesen W. *Jellinek*, Die Rechtsformen des Staatsdienstes, S. 30.

durch sie im Kern so wenig geprägt, daß es zweifelhaft ist, ob man noch von diffusen Unterordnungsverhältnissen sprechen kann. Im Prinzip sind die Rechte und Pflichten der Richter und Hochschullehrer durch Rechtsvorschriften abschließend festgelegt oder für ihre Konkretisierung Verfahren etabliert, die diffuse Unterordnungsverhältnisse nicht enthalten. Soweit in den sozialen Gebilden der Gerichte und Hochschulen richterliche Tätigkeit ausgeübt und Forschung und Lehre betrieben werden, sind sie für Richter und Hochschullehrer keine besonderen Gewaltverhältnisse.

§ 18. Gewissensprobleme beim Eintritt in diese besonderen Gewaltverhältnisse

1. Das erste Gewissensproblem, das im Zusammenhang mit dem Beamtenverhältnis steht, ist das des Beamteneides[1]. Entsprechend § 40 Abs. 1 BRRG hat jeder Beamte einen Diensteid zu leisten. Regelmäßig, aber nicht notwendig, steht die Eidesleistung in räumlich-zeitlichem Zusammenhang mit der Ernennung zum Beamten durch Aushändigung der Beamten-Urkunde entsprechend § 5 Abs. 2 BRRG. Die Gewissensproblematik der Eidesleistung rührt daher, daß Eide ursprünglich kultische Handlungen waren, durch die unter Wahrung besonderer Formen in feierlicher Form Gott zum Zeugen für die Wahrheit einer Aussage oder für die Ernsthaftigkeit eines Versprechens angerufen wurde.

Die Instruktion *Leopolds II.* für die Eidesleistung von Juden enthält z. B. fünf Druckseiten Beschreibung der Riten und einen Eidestext von einer Druckseite[2]. Die Instruktion zeichnet sich dadurch aus, daß sie peinlich darauf bedacht ist, alle jüdischen Anforderungen an einen Eid zu erfüllen, um dem Schwörenden die moralische Berechtigung zu nehmen, den geleisteten Eid als innerlich nicht verpflichtend zu erklären. Diese Auffassung, die den gesprochenen Eidestext ernst nimmt, sticht positiv ab von der bis 1919 üblichen Praxis, auch Atheisten zu verpflichten, die religiöse Formel zu gebrauchen. Aus dieser Praxis ergab sich logisch der einfache Umkehrschluß, daß für Atheisten deswegen keine innere Bindung einzutreten braucht, weil ihrer Auffassung nach ja Gott nicht hilft. Merkwürdigerweise hat die Aufklärung, die ja vorwiegend deistisch war, nicht bemerkt, daß dieser Schluß nicht nur für Atheisten, sondern auch für Deisten — und mithin auch für einen nicht unerheblichen Teil des zeitgenössischen Christentums — gilt. So bewirkte gerade der Versuch, den religiösen Charakter des Eides aufrechtzuerhalten, die Ablösung des Eides von dieser Grundlage, da es für die Rechtssphäre nicht

---

[1] Die letzte monographische Behandlung hat der Beamteneid gefunden bei E. *Friesenhahn*, Der politische Eid, 1928. Die Ansicht des Verf. ist bereits dargelegt in: A. *Podlech*, Gewissensfreiheit und Beamteneid — BayVerfGE 17,94, JuS 1968, S. 120 ff.

[2] Die Instruktion findet sich bei J. *Schwerdling*, Praktische Anwendung aller unter der Regierung Leopolds II. in geistlichen Sachen ergangenen Verordnungen, S. 332 ff. unter dem Stichwort „Von der Toleranz".

§ 18. Gewissensprobleme

mehr darauf ankommt, ob sich der Schwörende mit dem gesprochenen Text identifiziert[3].

Die Richtigkeit oder Unrichtigkeit des Gottesbildes, nach dem Gott Schwörenden hilft, ist natürlich von der Rechtsordnung nicht zu prüfen. Die Richtigkeit darf daher weder von ihr allgemein zugrunde gelegt noch bestritten werden.

Auch aus diesem Grund sind Ausführungen wie in BayVerfGE 17, 94 (97), der Eid binde im Gewissen, in Gerichtsurteilen unzulässig[4]. Gewissensbindung kann nicht Gegenstand eines Wissens, sondern nur eines Glaubens sein. Ist ein Schwörender von der Gewissensbindung überzeugt, hat ein Gericht — wenn es darauf ankommt — diese Überzeugung hinzunehmen. Ist jemand überzeugt, ein Eid binde das Gewissen nicht, ist auch diese Überzeugung hinzunehmen, da es kein allgemein anerkanntes Verfahren gibt, festzustellen, wann Gewissensbindung vorliegt oder nicht. Ein staatliches Gericht darf Gegenstände solcher Glaubensüberzeugungen nicht als Tatsachen behandeln.

Von ihrer Funktion her gesehen sind Eide[5], speziell die promissorischen Eide, Mythen. Nach dem seit G. *Sorel*[6] in der Theorie sozialer Handlungen üblichen Sprachgebrauch sind *Mythen* in einer Formulierung von H. *Lübbe* institutgewordene Formen verbalen Handelns in verfaßten Gruppen zur Stabilisierung politischer (sozialer) Verhaltensdispositionen.

Beamteneide genügen allein Bedingungen dieser Definition. Sie sind Formen verbalen Handelns, die eine — durch Gesetz fixierte — regelmäßige Einrichtung darstellen. Die verfaßte Gruppe ist das staatlich organisierte Gemeinwesen. Die zu stabilisierende Verhaltensdisposition ist der den Vorgesetzten zu leistende Gehorsam und die gegenüber dem staatlich verfaßten Gemeinwesen einzunehmende Loyalität, regelmäßig im Anklang an rechtshistorische Zustände „Treue" genannt. Daß Beamteneide diese Funktion von Mythen haben, ergibt sich etwa aus der Beschreibung von E. *Friesenhahn:* „Man wird

---

[3] E. *Friesenhahn*, a. a. O., S. 7, hat diesen Zustand zu Recht als „sinnlos und unsittlich" bezeichnet.

[4] Es handelt sich hier um ein Beispiel des logischen Fehlschlusses der Ignorantio elenchi (Unkenntnis des Streitpunktes). Vgl. dazu E. *Schneider*, Logik für Juristen, S. 233 ff. Ob ein Eid im Gewissen bindet oder nicht — nicht natürlich, ob ein Schwörender sich im Gewissen gebunden fühlt oder nicht —, ist unter keinen möglichen rechtlichen oder tatsächlichen Gesichtspunkten für einen Prozeß streitentscheidend.

[5] Die letzte große philosophische Darstellung der Funktion des Eides in der Gesellschaft findet sich bei J. P. *Sartre*, Kritik der dialektischen Vernunft, 1. Bd. S. 446—466. Die dialektische, logisch nicht ganz korrekte Formulierung von Sartre lautet: „Immer wenn sich die Freiheit zur gemeinsamen Praxis macht, um die Permanenz der Gruppe zu begründen, indem sie durch sich selbst und in der vermittelten Wechselseitigkeit ihre eigene Tätigkeit hervorbringt, so heißt dieser neue Status *der Eid*" (S. 446). Selbst wenn man die gelegentlich extreme Schärfe der Formulierungen Sartres berücksichtigt, bestärken seine Darlegungen bes. S. 458—463 meine in JuS 1968, S. 122 geäußerten prinzipiellen Bedenken gegen jeden promissorischen Eid.

[6] G. *Sorel*, Reflexion sur la violence (1906), deutsch: Über die Gewalt, S. 139 ff.

also als politische Eide im engeren Sinn die Eide bezeichnen können, die dazu dienen, den Staat zur Einheit zu integrieren. ... Fast immer greift man auf den Eid zurück, wenn es gilt, die Ordnung eines Staates zu sichern[7]." Der *Bayerische Verfassungsgerichtshof* bezeichnet den Beamteneid als Garant für die Erhaltung der Verfassungstreue der öffentlichen Bediensteten (BayVerfGE 17, 94 [97]). H. *Krüger*[8] zitiert H. v. *Treitschke* „Der politische Eid ist notwendig für den Staat, um ihn vor fortwährenden Revolten und Unruhen zu schützen"[9] und meint, hier sei der Eid als Mittel mißverstanden. Das Mißverständnis liegt darin, daß Mythen zwar verhaltensstabilisierende Funktionen haben oder haben können, diese Funktionen aber nicht intendierbar sind, ohne sie zu zerstören. Sie sind also notwendig latente Funktionen[10]. Das bedeutet, daß die Selbstinterpretation, die eine Gruppe von ihren Mythen gibt, die Funktionen dieser Mythen nicht enthüllt, sondern sie vielmehr verdeckt. Werden Mythen rationalisiert, verlieren sie meist ihre Funktion[11].

Die *Einrichtung des Beamteneides* ist also derjenige Mythos, zu dem Beamte durch Rechtsvorschrift zu dem (latenten) Zweck verpflichtet sind, eine Identifikation mit dem staatlich verfaßten Gemeinwesen herbeizuführen und ihre Gehorsamsbereitschaft zu erhöhen. Ist eine Gruppe nicht mehr von magischen oder sakramentalen Vorstellungen geprägt, nach denen äußeres Verhalten opere operato eine innere Wirkung hervorzubringen in der Lage ist[12], bedarf es der Geltung bestimmter sozialer Normen in dieser Gruppe, um Mythen wirksam werden zu lassen. Unter einer *sozialen Norm* sei dabei eine zeitlich generalisierte, vom Einzelfall unabhängig stabilisierte Verhaltenserwartung verstanden[13]. Die Gewissensproblematik der Eide rührt nun daher, daß die Eide seit ihrem Ursprung religiös im weitesten Sinne aufgefaßt wurden, und daß diese Auffassung auch heute noch verbreitet ist. Versteht man unter einem *Schwurpflichtigen* jeden, der einen Eid schwört oder schwören soll (vgl. § 478 ZPO), dann setzt ein *Gewissenskonflikt* anläßlich einer Eidesleistung zweierlei voraus, nämlich *erstens*, daß der Schwurpflichtige die gesellschaftlichen Normen anerkennt, denen zufolge eine Eidesleistung eine besondere, oft als Identifikation bezeichnete[14] und als religiös vermittelt aufgefaßte Zurechnung des beschworenen Verhaltens bewirkt, und *zweitens*, daß diese Identifikation aus Gewissensgründen abgelehnt wird. Dabei ist es für die Entstehung der Gewissensproblematik gleich-

---

[7] E. *Friesenhahn*, a. a. O., S. 14.
[8] H. *Krüger*, Allgemeine Staatslehre, S. 314.
[9] H. v. *Treitschke*, Politik, S. 199.
[10] Vgl. dazu N. *Luhmann*, Funktionen und Folgen formaler Organisation, S. 153 f.; 370 f.; ders., Grundrechte als Institution, S. 210 ff.
[11] Vgl. dazu H. *Krüger*, a. a. O., S. 313 ff.
[12] Zur Magie als Ursprung des Eides vgl. *ebd.*, S. 313.
[13] Vgl. dazu N. *Luhmann*, Funktionen und Folgen formaler Organisation, S. 57.
[14] Vgl. dazu N. *Luhmann*, Grundrechte als Institution, S. 53 ff.; ders., Die Gewissensfreiheit und das Gewissen, S. 263 ff.

§ 18. Gewissensprobleme

gültig, ob das beschworene Verhalten abgelehnt wird oder nur die durch den Eid vermittelte Identifikation.

Letzteres ist der Fall, wenn nur der Eid als Form abgelehnt wird, wie z. B. bei Zeugenaussagen. Die Eidesverweigerer lehnen bei dieser Gelegenheit nicht die wahre Zeugenaussage als Verhalten ab, sondern nur die durch den Eid vermittelte Identifikation des — ihrer Ansicht nach rein weltlichen — Geschäfts irdischer Gerichtsbarkeit mit dem religiösen Bereich. Ersteres ist der Fall, wenn zugleich das Verhalten, etwa Kriegsdienstleistung oder Gehorsamsleistung gegenüber weltlichen Vorgesetzten, als unzulässig angesehen wird. Dann wird natürlich auch die Beschwörung dieses Verhaltens als gewissenswidrig abgelehnt.

Zu prüfen ist nun die Frage, wie sich Gewissensbedenken gegen die Leistung des Beamteneids angesichts des Grundrechts auf Gewissensfreiheit darstellen. Bei der Prüfung dieser Frage werde ausgegangen von den in der Bundesrepublik sich nur wenig unterscheidenden Wortlauten der Beamteneide. Diese Eide enthalten drei Bestandteile, nämlich die Treueerklärung zur Verfassung (bzw. zur Bundes- und Landesverfassung) — den *Verfassungseid* —, die Gehorsamserklärung gegenüber den Gesetzen — einen exemplarischen Fall des sonst ausgestorbenen *Bürger-* (Untertanen-)*Eids*[15] — und die Verpflichtung zur gewissenhaften Erfüllung der Amtspflichten — den sogenannten *Amtseid*. Daß die staatlich verfaßte Gesellschaft nicht darauf verzichten kann, von Beamten das beschworene Verhalten zu verlangen, ist selbstverständlich. Es gilt also der Satz: *Richten sich die Gewissensbedenken gegen das zu beschwörende Verhalten und nicht nur gegen den Schwur, sind sie unbeachtlich.* In diesem — und nur in diesem — Sinne gilt der Satz von C. H. *Ule* „Wer den Eid nicht leisten mag, soll nicht Beamter werden"[16]. Schwieriger ist die Frage zu beantworten, wenn sich die Gewissensbedenken nur gegen den Schwur, nicht gegen das zu Beschwörende richten[17]. Die Beamtengesetze (vgl. z. B. § 58 Abs. 3 BBG; § 66 Abs. 2 BayBG; § 61 Abs. 3 nordrh.-westf. LBG; § 65 Abs. 3 bad.-württ. LBG); sehen Alternativen für diesen Fall vor unter zwei Bedingungen. Erstens muß der Schwurpflichtige Mitglied einer Religionsgesellschaft sein, zu deren Bekenntnis die Ablehnung weltlicher Eide gehört, und zweitens muß den Mitgliedern dieser Religionsgesellschaften die Verwendung einer Beteuerungsformel durch Rechtsvorschrift gestattet sein. Beide Einschränkungen sind mit Art. 4 und 3 Abs. 3 GG nicht vereinbar. Wenn überhaupt Gewissenspositionen zu berücksichtigen sind, ist es ein Verstoß gegen den Gleichheitssatz, nur Gewissenspositionen von Mitgliedern von Religionsgesellschaften zu berücksichtigen, und ein Verstoß gegen

---

[15] Vgl. dazu E. *Friesenhahn*, a. a. O., S. 53 ff.; H. *Krüger*, a. a. O., S. 313.
[16] C. H. *Ule*, Öffentlicher Dienst, S. 573.
[17] Das war der Fall, der der Entscheidung BayVerfGE 17,94 zugrunde lag. Vgl. dazu A. *Podlech*, a. a. O., bes. S. 124 f.

die Gewissensfreiheit, die Gewissensposition erst zu berücksichtigen, wenn sie durch Rechtsvorschrift als berücksichtigungswürdig anerkannt ist[18]. Löst man aus den Eidesformeln den Aussagegehalt heraus, der sachlich den Pflichtenkreis der Beamten umschreibt, ergibt sich folgender Text:

„Ich bejahe die (anerkenne die, bin treu der) freiheitlich-demokratische(n) Grundordnung unseres Staates (Gemeinwesens)[19], verspreche die Befolgung der Gesetze und erkläre, alle Amtspflichten gewissenhaft (loyal) zu erfüllen."

Diese Erklärung ist vor dem entgegennehmenden Beamten mündlich abzugeben oder in seiner Gegenwart zu unterzeichnen. Zeremonien mit der Hand — Schwurgeste, Handschlag — können aus Gewissensgründen abgelehnt werden.

Die Verpflichtung zur Abgabe einer Erklärung der vorgeschlagenen Form ist die Minimalverpflichtung, die jeder erfüllen muß, der Beamter werden will. Da Eidesverweigerer aus Gewissensgründen Moralregeln — oder vielleicht adäquater ausgedrückt: sittliche Verpflichtungen — im allgemeinen wenigstens insofern ernst nehmen, als sie ein bewußtes Verhältnis zu ihren Pflichten gewonnen haben, was man nicht von allen sagen kann, die vielleicht mehr oder weniger gedankenlos die vorgelegte Formel nachsagen, ist mindestens zu erwarten, daß sie ihre Dienstpflichten nicht weniger ernst nehmen als andere Beamte. Für die staatlich organisierte Gesellschaft ist es daher immer tragbar, Eidesverweigerer aus Gewissensgründen als Beamte zu haben. Die Verpflichtung zur Abgabe einer Erklärung der vorgeschlagenen Form ist daher zugleich die Maximalverpflichtung, die jeder erfüllen muß, der Beamter werden will.

2. Einige besondere Bemerkungen sind den Richtereiden zu widmen. Da oben § 17 festgestellt wurde, daß Richter in ihrer richtenden Tätigkeit nicht in einem besonderen Gewaltverhältnis stehen, gehören diese Bemerkungen strenggenommen nicht zum Thema. Sie werden jedoch der Vollständigkeit halber eingefügt.

Dabei werde zuerst auf die Eidespflicht der *Laienrichter* eingegangen, die es in allen fünf Gerichtszweigen gibt (§§ 36 ff., 84, 107 ff. GVG; §§ 20 ff. ArbGG; §§ 13 ff. SGG; §§ 19 ff. VwGO; §§ 16 ff. FGO). Mit Ausnahme des Ehrenamtes der Handelsrichter (§ 108 GVG) besteht eine Verpflichtung zur Übernahme der Laienrichterfunktion mit enumerativ aufgezählten Ablehnungsgründen (§§ 35, 84 GVG; § 24 ArbGG; § 18 SGG; § 23 VwGO; § 20 FGO). Alle Laienrichter sind zu vereidigen (§§ 51, 84, 111 GVG; § 20 ArbGG; § 15 SGG; § 31 VwGO; § 28 FGO). Gegen die Bestimmungen der

---

[18] Vgl. dazu A. *Podlech*, a. a. O., S. 125.

[19] Daß dies der Inhalt der politischen Treuepflicht der Beamten ist, vertritt auch R. *Bötcher*, Die politische Treuepflicht der Beamten und Soldaten und die Grundrechte der Kommunikation, S. 120 ff.

§ 18. Gewissensprobleme

§§ 51 Abs. 5 GVG, 15 Abs. 2 SGG, 31 Abs. 5 VwGO und 28 Abs. 5 FGO ist derselbe Einwand zu erheben wie gegen die entsprechenden Bestimmungen der Beamtengesetze, daß nämlich die Gewissensprivilegierung nicht auf Angehörige der Religionsgesellschaften beschränkbar ist, und daß die Privilegierung keiner Anerkennung durch Rechtsvorschrift bedarf. Dies gilt um so mehr, als das Laienrichteramt auf einer gesetzlichen Verpflichtung beruht, es für Gewissenskonflikte also keine Alternative gibt. Der Text aller gesetzlich vorgeschriebenen Eidesformeln ist ähnlich. Legt man ihn zugrunde, so ergibt sich als Minimalverpflichtung die Verpflichtung, eine Erklärung des folgenden Inhalts abzugeben:

„Ich verspreche, die Pflichten eines ehrenamtlichen ... -Richters ordentlich zu erfüllen und meine Stimme nach bestem Wissen und ehrlicher Überzeugung abzugeben."

Was die *Berufsrichter* betrifft, so kennt zwar § 11 Abs. 2 BVerfGG die übliche Gewissensklausel, nicht aber § 38 DRG. Dementsprechend fehlt sie auch in Landesrichtergesetzen, wie in § 2 nordrh.-westf. LRiG. Da § 11 Abs. 2 BVerfGG zeigt, daß das ordnungsgemäße Funktionieren der Rechtsprechung nicht vom Fehlen der Gewissensklausel abhängig ist, spricht nichts dagegen, allen Richtern das Recht einzuräumen, sich auf eine Gewissensposition zu berufen, die die Eidesleistung ablehnt. Der Text des Richtereides in § 38 DRG ist den objektiven Dienstpflichten der Richter so angepaßt, daß eine Abänderung des übrigen Wortlautes nicht verlangt werden kann. Die Gesetze müssen also so abgeändert werden, daß jeder Richter aus Gewissensgründen die Worte „Ich schwöre" durch „Ich gelobe" ersetzen kann.

3. § 1 Abs. 1 SoldatenG vom 19. 3. 1956 (BGBl. I, S. 114) unterscheidet zwei Klassen von Soldaten, nämlich diejenigen, die aufgrund der Wehrpflicht, und diejenigen, die aufgrund freiwilliger Verpflichtung dienen. Für die freiwillig dienenden Soldaten ergeben sich keine gegenüber den Beamten besonderen Eintrittsprobleme in das besondere Gewaltverhältnis. Anders ist es mit den Wehrpflichtigen. Die hier seit Einführung der allgemeinen Wehrpflicht im vorigen Jahrhundert bestehende religiöse und Gewissens-Problematik ist durch Art. 4 Abs. 3 GG berücksichtigt und zugunsten der Gewissenspositionen gelöst worden. Diese vom Text her dann klare Regelung, wenn der Regelungsumfang der Gewissensfreiheit feststeht[20], ist nun dadurch problematisch geworden, daß das in Ausführung des Art. 4 Abs. 3 Satz 2 GG ergangene Gesetz nicht vom Wortlaut des Grundgesetzes ausgeht, sondern § 25 WPflG vom 21. 7. 1956 (BGBl. I, S. 651) den Regelungsumfang nicht unerheblich einschränkt[21, 22].

---

[20] Ebenso W. *Kaufmann-Bühler*, Logische und begriffliche Probleme bei der näheren Regelung des Grundrechts der Kriegsdienstverweigerung, S. 20, 24 ff.

[21] Auf die verfassungsrechtliche Bedeutung des Umstandes, auf den W. *Kaufmann-Bühler*, a. a. O., S. 141 ff., hingewiesen hat, daß aus logischen

IV. Die Bedeutung für die Beamten und Soldaten

Der Wortlaut des Art. 4 Abs. 3 Satz 1 GG enthält als Tatbestandsmerkmal der Zulässigkeit einer Inpflichtnahme eines Bürgers zum *Kriegsdienst* allein den Umstand, daß er diesen Kriegsdienst mit der Waffe nicht aus Gewissensgründen ablehnt. Kurz: Nach der Verfassung ist hinreichende Bedingung für das Entfallen der Verpflichtung eine Gewissensposition, die einen Kriegsdienst mit der Waffe ablehnt.

§ 1 WPflG statuiert eine *Wehrpflicht* uneingeschränkt von jedem sich aus Art. 4 GG ergebenden Recht. Innerhalb dieser Wehrpflicht werden nach § 25 Satz 1 WPflG nur diejenigen Bürger vom Kriegsdienst mit der Waffe *(Wehrdienst)* entbunden[23], die sich der Beteiligung an *jeder* Waffenanwendung zwischen Staaten widersetzen. Kurz: Nach dem Wehrpflichtgesetz ist notwendige Bedingung für das Entfallen der Verpflichtung eine Gewissensposition, die den Kriegsdienst mit jeder Waffe ablehnt. Zu beachten ist dabei, daß das Ausführungsgesetz nach Art. 4 Abs. 3 Satz 2 GG nicht den verwendeten Gewissensbegriff verdeutlicht, sondern eine Einschränkung des beachtlichen *Inhalts* der Gewissenspositionen vornimmt[24]. Grob ausgedrückt: Die Verfassung sagt: Wenn Du Gewissensbedenken gegen den Kriegsdienst mit der Waffe hast, brauchst Du nicht zu dienen. Das Gesetz sagt: Nur wenn Du Gewissensbedenken ganz besonderer Art hast, brauchst Du nicht zu dienen.

Eine dritte Variante hat in diesen Auslegungsstreit das *Bundesverfassungsgericht* in seiner Entscheidung vom 20. 12. 1960[25] (BVerfGE 12, 45) gebracht. Sie entspricht weder dem Wortlaut des Art. 4 Abs. 3 GG, der keinerlei Einschränkungen hinsichtlich des Inhalts der Gewissensbedenken gegen den Kriegsdienst mit der Waffe enthält, noch dem Wortlaut des § 25 WPflG, der nur die Position des dogmatischen Pazifisten berücksichtigt und auch nur berücksichtigen wollte[26]. Ehe auf diese dritte Variante eingegangen wird, werde zuerst die Systematik des Grundrechts der Kriegsdienstverweigerung entwickelt.

Nach dem Wortlaut des Art. 4 Abs. 3 Satz 1 GG gewährt diese Bestimmung als *Kriegsdienstverweigerungsrecht* das jedem Bürger zustehende Recht, gegen sein Gewissen nicht zum Kriegsdienst mit der Waffe

---

Gründen jede Ausführungsregelung zu Grundrechten entweder tautologisch oder einschränkend ist, kann hier nicht eingegangen werden. Die Ausführungen BVerfGE 12, 45 (53) behandeln dieses Problem ohne Einsicht in seine logischen Grundlagen.

[22] Auf die umfangreiche Literatur zur Problematik der Kriegsdienstverweigerung, insbesondere bis zur Entscheidung des *Bundesverfassungsgerichts* vom 20. 12. 1960 (BVerfGE 12,45), wird hier nicht im einzelnen eingegangen. Eine gute Übersicht über den Problemstand und die vertretenen Meinungen bis zu diesem Zeitpunkt gibt W. *Hamel*, Glaubens- und Gewissensfreiheit, S. 100—109.

[23] Zu dieser Konstruktion vgl. G. *Dürig*, Art. 103 III und die „Zeugen Jehovas", S. 429.

[24] Ebenso W. *Kaufmann-Bühler*, a. a. O., S. 168.

[25] *Zustimmend:* U. *Scheuner*, Der Schutz der Gewissensfreiheit im Recht der Kriegsdienstverweigerer, S. 201 ff. *Ablehnend:* G. *Heinemann*, in: NJW 1961, S. 355 f.; W. *Gross*, Über die Freiheit des Gewissens, S. 481.

[26] Vgl. dazu G. *Heinemann*, a. a. O.; W. *Gross*, a. a. O.; M. *Hinzmann*, Die aktuelle Kriegsdienstverweigerung, S. 79 ff., bes. S. 112 f.; *Anonymus*, Die Kriegsdienstverweigerung im deutschen Wehrpflichtgesetz, S. 577.

§ 18. Gewissensprobleme 125

gezwungen zu werden[27]. Bei diesem Wortlaut ist auslegungsbedürftig in erster Linie der Ausdruck „gegen sein Gewissen". Die Einfügung der Bestimmung über die Kriegsdienstverweigerung in Art. 4 GG berechtigt zu der Auslegungsmaxime, den Ausdruck „Gewissen" in dieser Bestimmung systematisch von Abs. 1 dieses Artikels her zu interpretieren[28]. Legt man die oben § 5 entwickelte Arbeitsfassung des Art. 4 GG der Interpretation zugrunde, so gewährt Abs. 3 das Recht, von der öffentlichen hoheitlichen handelnden Gewalt eine Alternativlösung zum Kriegsdienst mit der Waffe dann verlangen zu können, wenn die Leistung dieses Dienstes gegen eine Gewissensposition verstößt. Dieser Regelungsinhalt ergibt sich allerdings bereits aus Abs. 1. Würde Abs. 3 jedoch fehlen, so könnte dem Kriegsdienstverweigerer gegenüber eingewandt werden, Alternativlösungen gäbe es nicht oder — was wahrscheinlicher wäre — sie seien angesichts der Not- und Zwangslage eines Krieges der Allgemeinheit nicht zumutbar. Dieser Einwand ist nach geltendem Verfassungsrecht unzulässig[29]. Die Funktion des Abs. 3 besteht also darin, daß er der staatlich verfaßten Gesellschaft — repräsentiert durch Gesetzgeber, Wehrersatzbehörden oder Gerichte — diesen Einwand gegen die Geltung des Kriegsdienstverweigerungsrechts abschneidet[30]. Die Erweiterung des Regelungsumfangs des Abs. 1 durch Abs. 3[31] liegt also nicht im Bereich des Ausdrucks „Gewissen", sondern im Bereich der Güterabwägung zwischen Gewissensposition und den Interessen der Gesamtheit. Das Grundrecht der Kriegsdienstverweigerung berücksichtigt gegenüber dem allgemeinen Grundrecht der Gewissensfreiheit verstärkt die subjektive Problematik des Gewissens[32]. Die *moralische Begründung* hierzu liegt in dem gegenüber allen anderen möglichen Rechtspflichten exzeptionellen Inhalt der Kriegsdienstpflicht als gesetzlicher Pflicht zur Tötungsbereitschaft[33]. Die *juristische Be-*

---

[27] Zu der Formulierung und ihrem logischen Grund vgl. W. *Kaufmann-Bühler,* a. a. O., S. 80.
[28] Ebenso *v. Mangoldt-Klein,* Das Bonner Grundgesetz, Art. 4, Anm. VI 4; W. *Hamel,* a. a. O., S. 103 f.; W. *Kaufmann-Bühler,* a. a. O., S. 17 ff. Anders M. *Hinzmann,* a. a. O., S. 44 ff.; vgl. jedoch auch S. 58 ff., 61.
[29] A. A. M. *Hinzmann,* a. a. O., S. 89 ff., der die Berücksichtigung des Kriegsdienstverweigerungsrechts der Unzumutbarkeitsklausel unterstellt. In ähnliche Richtung scheint das obiter dictum in BVerfGE 12,45 (57 f.) zu gehen. Kritisch hierzu W. *Gross,* a. a. O., S. 480 f.
[30] Ebenso H. *Weber,* Ersatzdienstverweigerung aus Gewissensgründen, S. 1611.
[31] Vgl. dazu *v. Mangoldt-Klein,* a. a. O.; M. *Hinzmann,* a. a. O., S. 54.
[32] Ebenso BVerfGE 12,45 (54).
[33] Gemäß der juristischen methodischen Grundeinstellung, von der die vorliegende Untersuchung ausgeht, werde diese moralische Begründung hier nicht ausgeführt. Die im folgenden gebrachten Beispiele moralischer Bewertungen sind nicht systematisch als Argumente im juristischen Begründungszusammenhang, sondern nur als Beispiele für mögliche Gewissenspositionen gemeint, denen gegenteilige Positionen ebenfalls moralisch begründungsfähig sein können und vom Staat her gesehen auch ungeprüft als solche anerkannt werden müssen.

IV. Die Bedeutung für die Beamten und Soldaten

gründung liegt darin, daß eine rationale Begründung für die Beantwortung der Frage, ob die Kriegsdienstverweigerung des einzelnen, der die Position geltend macht, für die Gesamtheit tragbar ist oder nicht, so gut wie unmöglich sein dürfte.

Zwei getrennte Problemkreise bedürften zur Beantwortung dieser Frage einer Lösung. Erstens müßte beantwortet werden, welcher Grad der Schwächung der Wehrkraft für die Gesamtheit tragbar ist. In Kriegszeiten wird es der Staatsleitung leicht sein, der Mehrheit der Gesamtheit einschließlich ihren Repräsentanten — besonders den Richtern — die Einsicht zu vermitteln: keine. Zweitens müßte beantwortet werden, in welchem Verhältnis die Verweigerung des einzelnen zur Wehrkraftverminderung durch andere Faktoren einschließlich der Verweigerung Dritter steht[33a].

Art. 4 Abs. 3 Satz 1 GG trifft daher die Entscheidung, daß diese Frage prinzipiell und ohne Ausnahme zugunsten der Kriegsdienstverweigerer zu beantworten ist[34]. Im System der oben § 5 entwickelten Arbeitsfassung stellt Abs. 3 also eine Vermutung, und zwar eine unwiderlegliche Vermutung[35] dafür auf, daß die Kriegsdienstverweigerung aus Gewissensgründen für die staatlich verfaßte Gesellschaft zumutbar ist[36, 37].

Da weder der Wortlaut des Art. 4 Abs. 3 GG[38] noch die hier vorgetragene Interpretation einen Anhalt dafür geben, daß situationsbedingte Kriegsdienstverweigerung aus Gewissensgründen den Schutz des Grundrechts nicht genieße, bedarf die Begründung der entgegenstehenden Entscheidung des *Bundesverfassungsgerichts* vom 20. 12. 1960 einer kritischen Erörterung. Die streitentscheidende Argumentation beginnt mit

---

[33a] Welche Schwierigkeiten die Prüfung solcher Kausalitätsfragen macht, zeigt die ja immer nur abgegrenzte soziale Sachverhalte untersuchende Diskussion der Strafrechtswissenschaft. Vgl. dazu etwa R. *Maurach*, Deutsches Strafrecht. Allgemeiner Teil, § 17 III.

[34] Ebenso U. *Scheuner*, a. a. O., S. 203; A. *Arndt*, in: NJW 1968, S. 979; H. *Weber*, a. a. O., S. 1611.

[35] Auf die Geltung einer einfachen Vermutung für die Tragbarkeit, aber eben einer widerleglichen, läuft die oben § 4.3 erarbeitete Argumentationslastregel hinaus.

[36] Der vorstehenden Argumentation kommt nahe M. *Hinzmann*, a. a. O., S. 67, einschränkend jedoch S. 89 ff.

[37] Wenn man will, kann man Art. 4 Abs. 1 GG in der funktionalen Interpretation als „Gewissensklausel" oder „Unzumutbarkeitsklausel" bezeichnen, wie dies bei H. J. *Scholler*, Die Freiheit des Gewissens, S. 193 f., geschieht. Die hier vorgeschlagene Interpretation des Art. 4 Abs. 3 GG zeigt, daß sich nicht, wie Scholler meint, von dieser Bestimmung her ein Einwand gegen die Interpretation des Grundrechts der Gewissensfreiheit als Unzumutbarkeitsklausel formulieren läßt. Die Ansicht von Scholler teilt M. *Hinzmann*, a. a. O., S. 36.

[38] Ebenso M. *Hinzmann*, a. a. O., S. 59 f., 114, 118 f., 127. Hinzmann ist der Auffassung, daß jede Kriegsdienstverweigerung inkonsequent sei (S. 91 ff.) und nur als unüberwindlicher Gewissensirrtum angesehen werden könne (S. 98) und daß Art. 4 Abs. 3 GG im Wege der Verfassungsänderung aufgehoben werden solle (S. 115). Wenn Hinzmann trotz dieser persönlichen dem Grundrecht der Kriegsdienstverweigerung gegenüber so negativen Einstellung zu dem Ergebnis kommt, daß Art. 4 Abs. 3 GG sowohl die prinzipiellen als auch die aktuellen Kriegsdienstverweigerer schützt, so kommt diesem Ergebnis besondere Beachtung zu.

§ 18. Gewissensprobleme

der These, daß die durch Art. 4 Abs. 3 Satz 1 GG geschützte Gewissensentscheidung sich ihrem Inhalt nach gegen den Waffendienst schlechthin richten muß (BVerfGE 12,45 [56]). Als Begründung wird ausgeführt, daß nur in der Vorstellung, mit Waffen Menschen im Krieg töten zu müssen, nach dem Grundgesetz für den einzelnen die schwere innere Belastung liege, die es rechtfertige, seine ablehnende Gewissensentscheidung anzuerkennen (ebd. S. 57). Diese Begründung ist ein Zirkelschuß, denn zur Entscheidung stand gerade die Frage, ob den Kriegsdienst und die von ihm implizierte Tötungsbereitschaft *hier und heute und mit dieser Waffe* nur ablehnen kann, wer auch gestern und morgen und überall und mit jeder Waffe ihn ablehnt.

In der Begründung für die Interpretation des Grundgesetzes wird also etwas als nicht begründungsbedürftiger Inhalt des Grundgesetzes ausgegeben, was erst zu begründender Inhalt ist.

Da der Wortlaut keine Einschränkung kennt, das Bundesverfassungsgericht (S. 57) ausdrücklich anerkennt, daß es Gewissensgründe geben könne, bestimmte Kriege oder Kriege mit bestimmten Waffen abzulehnen, müßte wenigstens *ein* systematischer aus Art. 4 GG zu entwickelnder Grund dafür angegeben werden, warum das Gewissen eines Wehrpflichtigen anerkannt wird, wenn er jede Tötungsbereitschaft ablehnt, nicht aber, wenn er sie in besonderen Situationen ablehnt.

So wäre z. B. eine Gewissensentscheidung einleuchtend, die eine Teilnahme an einem Krieg, wie ihn die *Israelis 1967* führten, der ein auch für die Beteiligten erkennbares und begrenztes Ziel mit voraussehbaren Mitteln und Folgen gegenüber vorwiegend Kombattanten im Sinne der Art. 1 und 2 der Haager Landkriegsordnung und Art. 4 des Genfer Abkommens über die Behandlung der Kriegsgefangenen vom 12. 8. 1949 führten, moralisch vertretbar, eine Teilnahme an einem Krieg, wie ihn die USA als *Vietnam-Konflikt* führen, der ein umrissenes, einleuchtendes und zugleich erreichbares Ziel zunehmend vermissen läßt, dessen Folgen in Gestalt von Toten, Verletzten, Zerstörungen von Sachgütern und Moralstrukturen unübersehbar werden und dessen Opfer Kombattanten und Zivilbevölkerung gleicherweise sind, für moralisch nicht vertretbar hält. Zwei mögliche Kennzeichen moderner Kriege sind es ja, die zu den traditionellen Argumenten um die Unerlaubtheit des Kriegsdienstes neue hinzufügen. Das erste ist die ungezielte Tötung Beteiligter und Unbeteiligter. Die Namen *Rotterdam, Dresden, Hiroshima* und *Biafra* bezeichnen dabei verschiedene Modi desselben Inhumanen. Das zweite ist die Korrumpierung der Moralstruktur zuerst der Beteiligten und dann im Wege öffentlicher Rechtfertigungsversuche der übrigen Bevölkerung und somit möglicherweise der öffentlichen Moralstruktur[39].

Der erste Einwand gegen die Entscheidung des Bundesverfassungsgerichts ist daher der Umstand, daß sie nicht zureichend begründet ist.

---

[39] Einer der wenigen, die dieses im ersten Weltkrieg zum erstenmal deutlich in Erscheinung tretende Phänomen klar erkannt hat, war Th. *Haecker*. Vgl. dazu seine im Mai 1915 geschriebenen Beiträge „Der Krieg und die Führer des Geistes", in: *ders.*, Satire und Polemik, S. 63 ff. Nicht zu vergessen ist die ebenfalls 1915 erschienene Arbeit von S. *Freud*, Zeitgemäßes über Krieg und Tod.

IV. Die Bedeutung für die Beamten und Soldaten

Alle in den Gründen folgenden weiteren Argumente entfalten nur das oben als petitio principii bezeichnete Argument.

Der zweite Einwand lautet, daß eine solche Begründung auch nicht geliefert werden kann, weil die Unterscheidung, die getroffen wird und auf der die Entscheidung beruht, fehlerhaft ist. Sie faßt Inhomogenes zusammen. Nach der Entscheidung gibt es drei Klassen von Kriegsdienstverweigerern, die sich nach der Allgemeinheit ihrer Positionen ordnen lassen: die Kriegsdienstverweigerer, die zu jeder Zeit und überall den Kriegsdienst mit jeder Waffe ablehnen (*dogmatische Pazifisten*), die Kriegsdienstverweigerer, die jetzt und hier den Kriegsdienst mit jeder Waffe ablehnen (*zeitgebundene Pazifisten*), und die Kriegsdienstverweigerer, die den Kriegsdienst nur hinsichtlich bestimmter Kriege, hinsichtlich von Kriegen bestimmter Art, unter bestimmten Bedingungen oder mit bestimmten Waffen verweigern (*situationsbedingte Kriegsdienstverweigerer*)[40]. Die moralische Position der dogmatischen Pazifisten ist zwar eine konsistente Position — wenn man von den Folgen absieht, die er hinzunehmen bereit sein muß — aber sie ist als solche nicht Inhalt einer möglichen Gewissensentscheidung.

Ein Zeitgenosse des 20. Jahrhunderts kann zwar der Auffassung sein, daß auch Kriege wie die des Josua gegen die Kanaaniter und die Eroberung Jerichos (Jos. 6), die der Spanier gegen die Araber in der Reconquista (bis 1492) oder die der Franzosen in den Revolutionskriegen (ab 1792) moralisch unerlaubte Kriege gewesen seien, es wird aber auch ohne weitere Begründung hier Zustimmung finden, wenn die These vertreten wird, daß er nicht die Gewissensentscheidung fällen kann, an einem solchen Krieg nicht teilzunehmen.

Dogmatischer Pazifismus ist nicht Inhalt, sondern Motiv, Norm oder Maßstab für die Entscheidung des Kriegsdienstverweigerers.

Diese Unterscheidung ist auch in den Gründen der Entscheidung getroffen, wenn dort (S. 55) ausgeführt wird, daß von der Gewissensentscheidung, die stets angesichts bestimmter Lagen getroffen werde — die somit immer situationsgebunden ist —, die Norm oder der Maßstab zu unterscheiden sei, die auf die Entscheidung einwirkten.

Umgekehrt ist die Position des situationsbedingten Kriegsdienstverweigerers keine moralische Position; die Motive, Normen oder Maßstäbe, der seine Gewissensentscheidungen entsprechen, können sehr verschieden sein. Seine Position ist nur als Gewissensposition denkbar, die mit sehr verschiedenen moralischen Positionen begründbar ist. Der Kriegsdienstverweigerer aus Gewissensgründen, der schließlich die Po-

---

[40] Für einen logisch geschulten Leser ist sofort erkennbar, daß die beiden ersten Beschreibungen, die sich alle eng an die Formulierungen der Leitsätze der Entscheidung halten, Klassen definieren, also Prädikate sind, während die dritte Beschreibung es nicht gestattet, die Zugehörigkeit eines Kriegsdienstverweigerers zu der intendierten Klasse zu entscheiden, weil es sich nur um die vage Skizzierung einer Prädikatenvariablen handelt.

sition des zeitgebundenen Pazifisten vertritt, hat für seine situationsgebundene Entscheidung eine Begründung geliefert, die mehr zu begründen in der Lage ist, als nur die tatsächlich gefällte Entscheidung, in der Bundesrepublik Deutschland in dem für ihn maßgeblichen Zeitpunkt den Wehrdienst zu verweigern. Die Klassifizierung, die das *Bundesverfassungsgericht* geliefert hat, ist also inhomogen. Sie umfaßt Gewissenspositionen, die durch verschiedene Moralpositionen begründbar sind, und Moralpositionen, die zur Begründung bestimmter Gewissenspositionen geeignet sind. Bildet man das in den Gründen Intendierte auf eine homogene Klassifizierung ab, so ergibt sich folgendes: Jede Gewissensentscheidung ist — wie die Gründe selbst betonen — situationsbedingt. Der sogenannte situationsbedingte Kriegsdienstverweigerer ist ein solcher, der noch keine oder nur eine solche Motivierung für seine Entscheidungen geliefert hat, die gerade seine Entscheidung (und möglicherweise nicht mehr) zu begründen in der Lage ist. Der zeitgebundene Pazifist ist als Kriegsdienstverweigerer ein solcher, der für seine Entscheidung eine Motivierung liefert, die für mehr Situationen gilt, als sie von ihm jemals eingenommen werden können. Der dogmatische Pazifist schließlich ist als Kriegsdienstverweigerer ein solcher, der für seine Entscheidungen eine Motivierung liefert, die für alle möglichen Gewissen in allen möglichen Situationen Gültigkeit beansprucht. Wenn oben § 15.3 ausgeführt wurde, daß eine Gewissensposition auch materiell sein muß, wenn sie anerkennungswürdig sein will, d. h. daß sie prinzipiell begründungsfähig sein muß, so widerspricht es dem Sinn dieser Forderung und somit Art. 4 GG, für die jeweilig vertretene Gewissensposition Begründungen zu verlangen, die über die jeweilige Position hinaus weitere umfassen[41].

Als Ergebnis ist also festzuhalten, daß § 25 WPflG auch in der ihm durch die Entscheidung des *Bundesverfassungsgerichts* vom 20. 12. 1960 gegebenen Interpretation Art. 4 GG nicht entspricht.

4. Die Frage des *Soldateneides* ist getrennt zu beantworten für den eigentlichen Eid der freiwillig dienenden Soldaten nach § 9 Abs. 1 SoldatenG und für das feierliche Gelöbnis der Wehrdienstpflichtigen nach § 9 Abs. 2 SoldatenG. Die Eidespflicht der freiwillig dienenden Soldaten steht unter dem üblichen Gewissensvorbehalt (§ 9 Abs. 1 Satz 3 Solda-

---

[41] Das ethische Problem, das hinter den Ausführungen des *Bundesverfassungsgerichts* steht, das hier aber nicht entwickelt werden kann, ist folgendes: Wird verlangt, daß nur solche Gewissenspositionen anerkennungswürdig sind, die durch generelle Normen begründbar sind, verschwindet die Relevanz der Gewissensposition. Darauf, daß dies Tendenz bundesrepublikanischer Gerichte ist, wurde bereits oben § 3, Anm. 15, hingewiesen. Diese Tendenz wird z. B. deutlich in der Gewissensumschreibung BVerwGE 7,242 (246). Diese normative Deutung des Gewissens rügt U. *Scheuner*, a. a. O., S. 203, Anm. 15. Nur wenn auch die allein situationsbedingten Gewissenspositionen anerkennungswürdig sind, behält das Gewissen die ihm durch Art. 4 GG zugedachte Funktion.

IV. Die Bedeutung für die Beamten und Soldaten

tenG). Hier ist wieder verfassungswidrig die Einschränkung auf Mitglieder von Religionsgesellschaften und die Notwendigkeit einer Privilegierung durch Bundesgesetz[41]. Der Text des Eides ist auf die besonderen Anforderungen freiwillig dienender Soldaten so abgestellt, daß Modifikationen aus Gewissensgründen nicht verlangt werden können.

Das *Gelöbnis* der Wehrdienstpflichtigen bietet keine Probleme für diejenigen Soldaten, die den Wehrdienst nicht aus Gewissensgründen ablehnen. Es bleiben die Fälle der situationsbedingten Kriegsdienstverweigerung aus Gewissensgründen, deren Gewissensposition nach der Entscheidung des *Bundesverfassungsgerichts* vom 20. 12. 1961 nicht durch Art. 4 Abs. 3 GG geschützt ist. Da es keine verallgemeinerungsfähige Moralregel ist, die erlaubt, jemanden rechtlich zu einem gewissenswidrigen Verhalten zu zwingen und darüber hinaus von dem Gezwungenen eine moralische Anerkennungserklärung zu verlangen[42], widerspricht der Zwang zu diesem Gelöbnis Art. 4 Abs. 1 GG. Zu beachten ist, daß dieses Ergebnis unabhängig davon ist, ob der Zwang zum Wehrdienst selbst mit Art. 4 Abs. 3 GG vereinbar ist oder nicht, ob also die Ausführungen im vorigen Abschnitt zutreffend sind oder nicht.

5. Die Gewissensproblematik wohl keines besonderen Gewaltverhältnisses ist zur Zeit so umstritten, wie die des besonderen Gewaltverhältnisses der Ersatzdienstleistenden. §§ 1 Abs. 1, 3 Abs. 1 WPflG bestimmt, daß die allgemeine Wehrpflicht durch den Wehrdienst oder im Falle des § 25 durch den zivilen Ersatzdienst erfüllt wird[43]. Die verfassungsrechtliche Zulässigkeit eines Ersatzdienstes ist durch Art. 12 Abs. 2 Satz 2 (seit dem 28. 6. 1968: Art. 12 a Abs. 2 Satz 1 GG) mindestens klargestellt worden. Gemäß Art. 12 Abs. 2 Satz 4 GG (jetzt: Art. 12 a Abs. 2 Satz 4 GG) ist die nähere rechtliche Ausgestaltung des Ersatzdienstes durch das Gesetz über den zivilen Ersatzdienst vom 13. 1. 1960 (BGBl. I, S. 10) erfolgt. Wie im vorigen Paragraphen gezeigt wurde, sind die Dienstgruppen oder die Einrichtungen, innerhalb deren die Ersatzdienstpflichtigen Dienst tun, für diese besondere Gewaltverhältnisse.

Seit Inkrafttreten dieser Regelung hat sich gezeigt, daß die Verpflichtung zur Ableistung der Wehrpflicht in der Form auch des zivilen Ersatzdienstes Gewissenspositionen verletzt.

---

[41] Ein solches Bundesgesetz dürfte es bisher nicht geben. Nach dem — verfassungswidrigen — Wortlaut des Gesetzes läuft die Gewissensklausel zur Zeit also leer.

[42] Man vgl. was I. *Kant*, Über die Pädagogik, S. 719 (A 50 f.) zu einem entsprechenden Fall der häuslichen Erziehung sagt. Das Verfahren war oder ist ein Mittel zur Reproduktion einer Untertanengesellschaft.

[43] Zur Systematik des Verhältnisses von Wehrpflicht zu Wehrdienst und Ersatzdienst vgl. G. *Dürig*, Art. 103 III GG und die „Zeugen Jehovas", S. 428. Bedenken gegen diese Systematik finden sich bei A. *Arndt*, in: NJW 1968, S. 979. Vgl. dazu jetzt unten Anm. 56.

§ 18. Gewissensprobleme

Es sind fast ausschließlich Angehörige einer 1874 von Ch. T. *Russel* begründeten Religionsgesellschaft, die früher „Russelliten", „Ernste Bibelforscher", heute meist „Zeugen Jehovas" genannt werden. Der offizielle Name der zivilrechtlich organisierten Religionsgesellschaft in der Bundesrepublik lautet „Wachtturm-, Bibel- und Traktat-Gesellschaft Deutscher Zweig e. V." Zu den Pflichten der Angehörigen gehört es u. a., daß jeder gewöhnliche Zeuge monatlich mindestens 8 Stunden, die Pionierverkündiger monatlich mindestens 100 Stunden und die Sonderpionierverkündiger monatlich mindestens 150 Stunden Felddienst, teils im Innen-, teils im Außendienst leisten müssen[44], wobei der Inhalt des Dienstes streng zentralistisch von der theokratischen Führung festgelegt wird. Außer der — nicht dogmatisch festgelegten und daher nicht von allen Zeugen Jehovas geltend gemachten — Verpflichtung, jeden aktiven Staatsdienst, der über die Steuerzahlung hinausgeht, zu verweigern, sind es hauptsächlich diese zeitlich und inhaltlich gebundenen Verpflichtungen der Pioniere, die eine Erfüllung der Ersatzdienstpflicht unmöglich machen. G. *Dürig* hat es sich daher etwas leicht gemacht, wenn er schreibt, er vermöge es „nun einmal trotz redlichen Mühens intellektuell, moralisch und theologisch bislang nicht nachzuvollziehen, was im Gewissensbereich jemanden hindern könnte, für einige Zeit etwa in Bethel dem Nächsten zu dienen"[45]. Ein Grund läßt sich in der Bibel finden. Z. B. übte der Apostel *Paulus* den Beruf als Zeltmacher (Act. Ap. 18, 3) nur aus, um seiner Missionstätigkeit nachgehen zu können. Was würde er wohl gesagt haben, wenn er zum Dienst etwa bei einem der sowohl in Rom als auch in Griechenland bestehenden Ämter für Kornverteilungen an Arme[46] verpflichtet worden wäre — was rechtlich damals freilich unzulässig gewesen wäre — und ihm dadurch seine Missionsreisen und -predigten unmöglich geworden wären? Daß der Dienst am Wort jedem karitativen Dienst unbedingt vorzuziehen sei, haben die Apostel für die Verkündiger deutlich zum Ausdruck gebracht (Act. Ap. 6, 2).

Das juristische Problem, das sich bei dieser Sachlage stellt, besteht erstens in der Frage, ob sich die Ersatzdienstverweigerer aus Gewissensgründen bei der Prüfung ihres Verlangens nach Freistellung auf Art. 4 Abs. 3 GG verwiesen sehen, oder ob ihnen die Berufung auf Art. 4 Abs. 1 GG noch offensteht und im letzteren Fall, ob ein Freistellungsverlangen auf Art. 4 Abs. 1 GG gestützt werden kann.

Die Frage des Verhältnisses der Absätze 1 und 3 des Art. 4 GG muß entweder vom Wortlaut oder der Systematik der Bestimmungen her entschieden werden. Der Wortlaut gibt für die Entscheidung der Frage nichts her, was insofern nicht verwunderlich ist, als im Parlamentarischen Rat ein möglicher Ersatzdienst nicht zur Debatte stand. Eine Systematik des Art. 4 GG, der alle Absätze und gewährten Einzelrechte in eine überprüfbare Beziehung zueinander bringt, ist bisher nicht entwickelt worden. Die Stellungnahmen dahingehend, daß die Anerkennung als Kriegsdienstverweigerer sozusagen die Berufung auf Art. 4 GG

---

[44] Vgl. dazu die Feststellungen in BVerwGE 14,318 (320).
[45] G. *Dürig*, a. a. O., S. 426.
[46] Vgl. dazu Th. *Mommsen*, Römisches Staatsrecht, 2. Bd., 1. Abt., S. 497, Anm. 1.

verbraucht[47] oder daß auch für den Ersatzdienstverweigerer die Berufung auf Art. 4 Abs. 1 GG wenigstens noch zulässig sei[48], sind infolgedessen meist ohne nähere dogmatische Begründung abgegeben.

Nach der oben §§ 5, 18.3 entwickelten Systematik des Art. 4 GG gibt es nur ein einheitliches, die Abs. 1 und 3 umfassendes Grundrecht der Gewissensfreiheit. Abs. 3 trifft nach dieser Systematik nur die verfassungskräftige Entscheidung, daß dem Kriegsdienstgegner gegenüber der Einwand der Unzumutbarkeit seiner Position für die Gesamtheit nicht entgegengesetzt werden kann. Daraus folgt, daß der Ersatzdienstverweigerer aus Gewissensgründen sich für sein Verlangen nach Freistellung auf Abs. 1 berufen kann und daß die Rechtspflicht zur unmodifizierten Ersatzdienstleistung ihm gegenüber nur verfassungsmäßig ist, wenn es Alternativlösungen für die Dienstleistung nicht gibt oder sie für die staatlich verfaßte Gesellschaft nicht tragbar sind.

Daß Art. 4 Abs. 3 GG für den Fall der Wehrpflicht abschließend die Reichweite der freien Gewissensentscheidung beschränkt, wie das *Bundesverfassungsgericht* in seiner Entscheidung vom 5. 3. 1968 (BVerfGE 23, 127 [132]) meint, ist nicht nur ein unbegründeter Satz, seine Begründungsfähigkeit setzt auch eine Systematik des Abs. 1 voraus, die das Gericht nicht gibt. Wären z. B. die Ansichten von H. J. *Scholler* oder R. *Zippelius* richtig[49], wonach die Gewissensfreiheit des Abs. 1 nur das forum internum schützt, so wäre Abs. 3 unter keinem möglichen Gesichtspunkt eine Beschränkung des Abs. 1. Nur wenn die Gewissensfreiheit des Abs. 1 in der anarchischen Interpretation[50] gewährleistet ist, legt sich für Abs. 3 eine restriktive Interpretation nahe.

Nach der hier vertretenen funktionalen Interpretation des Grundrechts der Gewissensfreiheit ist eine Berufung der Ersatzdienstverweigerer auf Art. 4 Abs. 1 wenigstens zulässig; ob sie auch begründet ist, bedarf noch der Prüfung. *Zulässigkeit* bedeute dabei in diesem Zusammenhang, daß die Berufung auf eine verletzte Gewissensposition die öffentliche hoheitlich handelnde Gewalt verpflichtet, in eine Prüfung der Frage nach möglichen und der Allgemeinheit zumutbaren Alternativen einzutreten. *Begründetheit* bedeute dabei das Fehlschlagen des Versuches, die Unmöglichkeit oder die Unzumutbarkeit solcher Alternativen zu erweisen.

Ob das Freistellungsverlangen der Ersatzdienstverweigerer *begründet* ist, soll hier nicht abschließend erörtert werden, ist wohl ohne tatsächliche Untersuchungen auch nicht abschließend feststellbar. Auf die konkreten Dienste, die der Ersatzdienstpflichtige im einzelnen leisten soll — in Krankenhäusern,

---

[47] BVerfGE 12,45 (54), 311 (317 f.); 19,135 (138); 23,127 (132); W. *Lewald*, in: NJW 1966, S. 152.

[48] A. *Arndt*, in: NJW 1965, S. 2195; ders., in: ebd. 1968, S. 980; H. *Hannover*, Ist die Bestrafung der Ersatzdienstverweigerung der Zeugen Jehovas mit dem Grundrecht der Glaubens- und Gewissensfreiheit vereinbar? S. 40 f.

[49] H. J. *Scholler*, Die Freiheit des Gewissens, S. 217; R. *Zippelius*, Art. 4, Rdnr. 44.

[50] Vgl. dazu oben § 2.3.

§ 18. Gewissensprobleme

Unfallstationen o. ä. — kann die Gesamtheit wohl verzichten[51]. In ihrem Beruf dürften die Ersatzdienstpflichtigen — insbesondere die als fleißig und korrekt geltenden Zeugen Jehovas — wohl mehr für die Gesamtheit leisten, als durch die Erfüllung des Ersatzdienstes. Schwieriger ist die Frage der Ungleichbehandlung zu beantworten[52]. Ersatzlose *Streichung* des Ersatzdienstes aus religiösen oder Gewissensgründen könnte — was hier nicht zu erörtern ist — gegen Art. 3 Abs. 3 GG verstoßen[53]. Die Schweiz kennt die Einrichtung einer *Wehrersatzabgabe*[54], die Nichtdienende entrichten müssen. Ihre Einrichtung wird auch in der Bundesrepublik erwogen. Sollte sie für die nichtdienenden Wehrdienstpflichtigen eingeführt werden, bestehen keine dogmatischen Bedenken, sie auch für nichtdienende Ersatzdienstpflichtige einzuführen[55]. Soweit die Ablehnung nicht vorwiegend auf Zeitgründen — wie meist bei den Pionierverkündigern — beruht, sondern auf der prinzipiellen Einstellung, keinen aktiven Staatsdienst zu leisten, wäre zu erwägen, ob die öffentlich-rechtliche Konstruktion des Ersatzdienstes nicht ersetzt werden könnte durch ein *zivilrechtliches Anstellungsverhältnis*. Rechtlich wäre dann nur vorzuschreiben, daß ein solches einzugehen sei — analog zur rechtlichen Verpflichtung, bestimmte zivilrechtliche Versicherungen abzuschließen — während der Ersatzdienstpflichtige nach seiner Wahl und seiner Zeitdisposition den Vertragspartner aus einer rechtlich vorgegebenen Anzahl — z. B. kommunale oder private Krankenanstalten — auswählt und die Dienstleistung nachweist[56].

---

[51] Ebenso H. *Hannover*, a. a. O., S. 43.

[52] Vgl. dazu oben § 4.5.

[53] Wären die Regelungen der § 11 Abs. 1 Nr. 1 bis 3 WPflG und § 10 Abs. 1 Nr. 1 bis 3 ErsatzdienstG jedem Einwand entzogen, könnte erwogen werden, Pionierverkündigern dasselbe Antragsrecht einzuräumen, wie den Geistlichen der christlichen Großkonfessionen. Nach den Entscheidungen BVerwGE 7,66 (76—79); 14,318 (320 f.) wäre dazu wohl eine gesetzliche Klarstellung erforderlich. Vgl. aber neuerlich BVerwGE 25,338, und dazu W. *Geck*, in: VVDStRL 26 (1968) S. 135 f. Gegen diese Bestimmungen bestehen aber ebenfalls Bedenken wegen eines möglichen Verstoßes gegen Art. 3 Abs. 3 GG.

[54] (Eidgenössisches) Bundesgesetz über den Militärpflichtersatz vom 12. 6. 1959.

[55] Solange übrigens Wehrdienstpflichtige in nicht unerheblicher Zahl zum Wehrdienst ersatzlos nicht herangezogen werden, grenzt es an Heuchelei, sich gegenüber den Zeugen Jehovas auf den Gleichheitssatz zu berufen. Der vermutlich verfassungswidrige Zustand, daß Jahrgänge nur teilweise einberufen werden, besteht jetzt über 10 Jahre. Die Erfassung der Zeugen Jehovas wird jedoch mit bürokratischem Perfektionismus betrieben, obwohl § 11 Abs. 4 und 5 ErsatzdienstG eine Rückstellung vom Dienst ermöglichen würde. Vgl. dazu G. *Dürig*, a. a. O., S. 427. Bei gutem, von der Verfassung inspiriertem Willen der Behörden könnte in entsprechender Anwendung von § 13 Abs. 1 Satz 3 auf § 11 Abs. 4 Satz 1 ErsatzdienstG die Rückstellung so lange erfolgen, bis eine erneute Heranziehung zur Ableistung des Dienstes praktisch nicht mehr in Frage kommt.

[56] Diesem Vorschlag entspricht der Entwurf eines Zweiten Gesetzes zur Änderung des Gesetzes über den zivilen Ersatzdienst, den die Bundesregierung am 30. 1. 1969 im Deutschen Bundestag eingebracht hat — Drucksache V/3795 — und dessen 1. Lesung am 26. 2. 1969 stattgefunden hat. Zur Vorbereitung des Gesetzentwurfs hat das Bundesjustizministerium — wohl erstmals — Vertreter der Zeugen Jehovas zur Beratung herangezogen.

IV. Die Bedeutung für die Beamten und Soldaten

§ 19. Sonstige Gewissensprobleme

1. Es läßt sich im Prinzip nicht voraussagen, welche Anordnungen in einem Beamten- oder ähnlichen Verhältnis bei einem Untergebenen Gewissensbedenken auslösen können. Um so wichtiger ist die Formulierung einiger allgemeiner Kriterien. Das schwächste Kriterium ist folgendes: *Sind Verhalten eines bestimmten Typs regelmäßig Gegenstand von Dienstpflichten einer bestimmten Stellung, so sind Gewissensbedenken gegen diese Pflichten unbeachtlich, wenn die Stellung freiwillig übernommen wurde oder die Übernahme vorsehbar zu den Pflichten einer freiwillig übernommenen Stellung gehört.*

So kann sich ein Bahnbeamter, ein Polizeibeamter oder ein Feuerwehrbeamter nicht unter Berufung auf die Gewissensfreiheit dem Sonntagsdienst entziehen, und zwar auch dann nicht, wenn dadurch der Besuch eines Gottesdienstes unmöglich wird. Ein freiwillig dienender Soldat kann sich nicht auf sein Recht aus Art. 4 Abs. 3 GG berufen.

Dasselbe gilt für Verhalten, die zwar nicht regelmäßig sind, aber in Notfällen zu den Dienstpflichten gehören.

Obwohl z. B. Bau- oder Ordnungsämter sonntags nicht besetzt sind, müssen ihre Angehörigen in Katastrophenfällen auch sonntags Dienst tun.

Mit diesen beiden Kriterien ist der Dienstbetrieb der meisten Behörden in den meisten Fällen gegen Verunsicherung durch Gewissenspositionen abgesichert.

Jedoch gibt es noch einen weiteren Problemkreis, der besonders die Bundeswehr betrifft. Sind Personen mit ihrem Verhalten in soziale Gebilde eingefügt (Behörden, militärische Einheiten), entsteht bei der Geltendmachung von Gewissenspositionen das Problem der *Geltendmachung zur Unzeit.*

Beispiele sind etwa im militärischen Bereich die Geltendmachung des Grundrechts der Kriegsdienstverweigerung während der Wache oder während eines Feindfluges.

Dieses Problem wird verschärft, wenn die oben § 18.3 gelieferte Interpretation des Art. 4 Abs. 3 GG anerkannt wird, wonach auch situationsbedingte Kriegsdienstverweigerung den Schutz der Gewissensfreiheit genießt. Das Problem entsteht durch die Kollision der Interessen der Allgemeinheit *und der übrigen Mitglieder des sozialen Gebildes* an der ordnungsgemäßen Funktion des Systems — von der u. U. Leben und Gesundheit abhängen können — einerseits und dem Interesse des Inhabers der Gewissensposition andererseits. Zur Lösung des Problems ist zweierlei zu beachten. Erstens fällt die Wahl des Zeitpunktes nicht unter den absoluten Schutz des Art. 4 Abs. 3 GG. Das Kriegsdienstverweigerungsrecht umfaßt nicht das Recht auf Geltendmachung der Gewissensposition zur Unzeit. Zweitens muß derjenige, der in ein

§ 19. Sonstige Gewissensprobleme

soziales Gebilde eintritt, insbesondere der Soldat, der bei der Heranziehung zum Wehrdienst sein mögliches Recht aus Art. 4 Abs. 3 GG nicht geltend gemacht hat, das Vertrauen, das die übrigen Mitglieder des Gebildes in ihn setzten, gegen sich gelten lassen[1]. *Bis die Gewissensposition in einem — nicht schikanös hinausgezögerten — Verfahren anerkannt ist, gehen die Interessen der Allgemeinheit und der übrigen Mitglieder dem Interesse desjenigen vor, der eine Gewissensposition geltend macht.*

2. Art. 136 Abs. 4 WV i. V. m. Art. 140 GG gewährleistet das oben § 1.2 so genannte Kultverweigerungsrecht, das unter anderem umfaßt, nicht zur Teilnahme an einer Kulthandlung gezwungen zu werden. Ausgegangen werde zur Klärung des Umfangs des Kultverweigerungsrechts für Beamte von zwei Beispielen anläßlich einer Gelegenheit. Anläßlich einer Fronleichnamsprozession werde erstens eine Einheit der Schutzpolizei zur Aufrechterhaltung der Ordnung eingesetzt, wobei einige Polizisten den Auftrag erhalten, die Spitze der Prozession zu begleiten, und zweitens eine Einheit der Bundeswehr als Ehrenkompanie zur Teilnahme an der Prozession abkommandiert.

Zu der Praxis, Einheiten der Bundeswehr als Ehrenkompanien zu Prozessionen abzukommandieren, und der Übung, Soldaten von dieser Teilnahme erst auf Antrag freizustellen unter Inanspruchnahme der Befugnis, die Anträge inhaltlich zu überprüfen, vgl. den Bericht „Befohlene Teilnahme von Soldaten an der Fronleichnamsprozession" in: Vorgänge 2 (1964), S. 442 f. Diese offensichtlich verfassungswidrige Praxis scheint in der Zwischenzeit aufgegeben zu sein.

Eine Fronleichnamsprozession ist ein *Gruppenbekenntnis*, d. h. — wie oben § 16.1 formuliert wurde — ein Verhalten einer Gruppe — hier der Prozessionsteilnehmer —, das auf Grund einer Gruppenwillensbildung zustande kommt — hier auf Grund der Leitung durch den Klerus und auf Grund des Entschlusses der Teilnehmer, sich der objektiven Ordnung dieser Leitung einzuordnen — und in gleichgerichteten, objektiv bekenntnishaften Charakter tragenden Verhalten — hier in Gebet, Gesang und Ehrfurchterweisung gegenüber dem Sakrament — aller räumlich-zeitlich anwesenden Glieder der Gruppe besteht — hier allen Teilnehmern der Prozession und allen Zuschauern, die sich durch die Ehrfurchterweisung das Gruppenbekenntnis zu eigen machen. Als *Teilnahme an einem Gruppenbekenntnis* ist dann diejenige räumlich-zeitliche Anwesenheit, die infolge der Ausgestaltung der betreffenden Situation die Unterscheidung nicht ermöglicht, ob eine innere Teilnahme

---

[1] Eine andere Frage ist es, ob es nicht zweckmäßig ist, gerade beim Militär unsichere Kantonisten rasch aus der Truppe zurückzuziehen. Vgl. dazu G. *Dürig*, Art. 103 III und die „Zeugen Jehovas", S. 427. Zu dem gesamten Problemkreis vgl. H. *Moller*, Die Kriegsdienstverweigerung des Soldaten, passim, mit Rechtsprechung und weiterer Literatur.

IV. Die Bedeutung für die Beamten und Soldaten

vorliegt oder nicht, zu verstehen, wobei die tatsächliche Vermutung dafür besteht, daß räumlich-zeitlich anwesende Gruppenfremde an einem Gruppenbekenntnis nicht teilnehmen. Der Polizist, der zur Aufrechterhaltung der Ordnung abkommandiert ist, fällt unter die Vermutung. Ähnlich ist es mit dem Sanitätspersonal, Feuerwehrleuten und anderen Hilfeleistungspersonen, die heutzutage bei keiner Massenversammlung fehlen. Einem solchen öffentlichen (staatlichen oder kommunalen) Ordnungsdienst kann sich niemand unter Berufung auf die Gewissensfreiheit und die sie schützenden Bestimmungen entziehen. Anders ist es mit der Ehrenkompanie der Bundeswehr. Sie gliedert sich entweder dem Zug ein und wird so Bestandteil der bekennenden Gruppe oder sie bezeugt am Rande der Prozession durch die Ausführung der Kommandos „Stillgestanden! Augen rechts!" dem Sakrament objektiv Ehrerbietung und nimmt dadurch an dem Gruppenbekenntnis teil. Daraus folgt, daß eine derartige Ehrenkompanie nur aus Freiwilligen bestehen darf[2].

Der erwähnte Bericht gibt Anlaß zu folgenden Ergänzungen. Wenn eine Ehrenkompanie an religiösen Feiern teilnimmt, darf sie nur aus Freiwilligen bestehen. Eine Ausnahme machen Totenfeiern, weil in unserem Kulturkreis die gesellschaftliche Norm gilt, daß Teilnahme an religiösen Totenfeiern nicht Teilnahme an dem religiösen Bekenntnis der Totenfeier bedeutet. Keinesfalls ist die Praxis mit Art. 4 GG und Art. 136 Abs. 3 WV vereinbar, die Einheit abzuordnen und Freistellung nur auf Antrag zu gewähren und den Antrag auf Stichhaltigkeit der Gründe zu überprüfen. Diese Praxis ist schon deswegen unzulässig, weil die Vorgesetzten offiziell weder von der Kirchenzugehörigkeit noch von der Einstellung ihrer Untergebenen zu Glaubens- und Kirchenfragen Kenntnis haben dürfen und es daher nicht feststeht, welcher Kreis befreiungsbedürftig ist und welcher nicht.

3. Schwierigkeiten können bei Beamtenverhältnissen auftreten, deren Dienstobliegenheiten sie in Berührung mit religiösen Problemen bringen können. In erster Linie trifft dies für Lehrer an Konfessionsschulen zu[3]. Art. 7 Abs. 3 GG berücksichtigt diese Problematik nur unvollkommen. Da entgegen einer früheren Ansicht[4] das betreffende Bekenntnis zu den Voraussetzungen für Lehrer an Konfessionsschulen — und strenggenommen dann auch an bekenntnismäßigen christlichen Gemeinschaftsschulen[5] — gehört[6], ist das Verhältnis dieser Ausnahmeregelung von Art. 3 Abs. 3, 33 Abs. 3 GG zu Art. 4 GG zu untersuchen. Erfordert der Unterricht in öffentlichen Konfessions- oder anderen Schulen ein

---

[2] Vgl. dazu P. *Lerche*, Grundrechte der Soldaten, S. 495.

[3] Vgl. dazu eingehend W. *Keim*, Schule und Religion, S. 210 ff.

[4] Hauptvertreter dieser Ansicht war G. *Anschütz*, Die Verfassung des Deutschen Reichs, Art. 136, Erl. 3.

[5] So negativ ausdrücklich E. R. *Huber*, Die Beschäftigung bekenntnisloser Lehrer nach der Reichsverfassung, S. 102 f.

[6] BVerwGE 17, 267 (270, 278); *Maunz-Dürig*, Grundgesetz, Art. 33, Rdnr. 30.

§ 19. Sonstige Gewissensprobleme

Bekenntnis, unterliegt die Verpflichtung zu diesem Bekenntnis dem Gewissensvorbehalt. Der Dienstherr eines Lehrers hat zwar ein berechtigtes Interesse an der Aufrechterhaltung des durch Dienstantritt und Einweisung eines Lehrers geschaffenen Zustandes. Gegenüber diesem Interesse steht das Interesse des Lehrers, bei Änderung seiner Einstellung nicht zu einem gewissenswidrigen Bekenntnis gezwungen zu werden, und das Interesse aller Beteiligten, Lehrer nicht zu Heuchlern[7] werden zu lassen[8]. Aus Art. 4 GG und in entsprechender Anwendung von Art. 7 Abs. 3 GG folgt also der Satz: *Kein Lehrer darf gegen seine Gewissensposition gezwungen werden, bekenntnismäßigen Unterricht zu erteilen*[9].

Das legt nahe, jedem Land schon aus beamtenrechtlichen Gründen die Verpflichtung aufzuerlegen, Volksschulen in der Form von Gemeinschaftsschulen zu errichten[10]. Der Zustand, wie er im Saarland vor dem Inkrafttreten der Verfassungsänderung vom 23. 2. 1965 — ABl. Saar, S. 189 — auf Grund des Art. 27 Abs. 2 Satz 1 a. F. der Verfassung des Saarlandes bestand, wäre daher nicht nur hinsichtlich der Schüler, sondern auch hinsichtlich der Lehrer verfassungswidrig. Zwar können Kirchen oder Religionsgesellschaften von ihren Mitgliedern die Verpflichtung entgegennehmen, lebenslänglich ein Bekenntnis

---

[7] Diesen harten Ausdruck gebraucht schon Fr. *Giese*, Die Anstellbarkeit dissidentischer Schulamtsbewerber in Preußen, S. 84. Ich würde im vorliegenden Zusammenhang mit der Verwendung des Ausdrucks keine moralische Mißachtung verknüpfen, da immer dann, wenn eine Rechtsordnung geistige Positionen mit materiellen Positionen verknüpft, wenigstens dann niemandem ein Vorwurf gemacht werden sollte dafür, daß er die geistige Position der materiellen wegen innehat, wenn die betreffende geistige Position nach der Wertordnung des Betreffenden nicht schutzwürdig ist. Vgl. dazu auch W. *Keim*, a. a. O., S. 218.

[8] Deutlich wird diese Problematik in der Entscheidung BVerwGE 19, 252 (258), in der die Feststellung des Berufungsgerichts ungerügt bleibt, der Kläger — ein um die Ernennung zum Rektor streitender Realschullehrer im Schuldienst des Landes Nordrhein-Westfalen — habe „eine bei dem Leiter einer katholischen Volksschule untragbare Unklarheit in der charakterlichen Haltung" dadurch gezeigt, daß er jahrelang in einer nur bürgerlichen Ehe lebte — obwohl eine kirchliche Eheschließung möglich war und später nachgeholt wurde — und gleichzeitig um die Missio canonica nachsuchte und sie erhielt. Warum der Kläger das Sakrament der Ehe nicht empfing, wurde nicht festgestellt. Da dem Empfang keine kanonischen Hindernisse im Wege standen — er also z. B. nicht geschieden war —, war es möglich, daß er Gewissensbedenken gegen den Empfang des Sakraments hatte oder er oder seine Frau einfach nicht kirchlich heiraten wollten. Liegt es am Charakter des Klägers oder an einer zur Heuchelei geradezu erziehenden Schulordnung, wenn der Kläger, um verwendungs- oder gar beförderungsfähig zu sein, so tat, als sei er geeignet zur Leitung einer Konfessionsschule? Ich würde sagen an beiden. Der Kläger hat nicht konsequent genug geheuchelt, wobei meine in der vorigen Anmerkung ausgedrückte Bewertung des Ausdrucks „heucheln" zu beachten ist.

[9] Undeutlich, aber wohl ebenso *Maunz-Dürig*, a. a. O., Art. 7, Rdnr. 58.

[10] Von dem beamtenrechtlichen Erfordernis, daß genügend nichtkonfessionelle Schulen vorhanden sind, um dissidentische Lehrer zu beschäftigen, geht wohl auch aus Fr. *Giese*, a.a.O., S. 93. Vgl. auch E. R. *Huber*, Die Beschäftigung bekenntnisloser Lehrer nach der Reichsverfassung, S. 108 f.

beizubehalten und auf dieses Bekenntnis einen Beruf zu gründen. Der Staat darf ein solches Versprechen auch nicht stillschweigend entgegennehmen. Dies geschieht aber, wenn er Volksschullehrer zu Beamten auf Lebenszeit ernennt und das Vertreten eines Bekenntnisses zu den Voraussetzungen zur Innehabung dieses Amtes gehört. M. E. geht es über die Pflichten hinaus, die durch das oben § 19.1 formulierte Kriterium umrissen werden, wenn der Dienstherr einen Beamten an einem Bekenntnis rechtlich festhält, das zur Grundlage eines Amtes geworden ist.

Das gleiche gilt für Dozenten an konfessionellen Pädagogischen Hochschulen.

Darüber hinaus dürfen Lehrer und Dozenten auch dann, wenn sie bereit sind, bekenntnismäßig zu unterrichten und zu lehren, nicht durch Anordnungen gezwungen werden, an Gottesdiensten, religiösen Feiern, Prozessionen u. ä. teilzunehmen[11]. Dies auch dann nicht, wenn die Anordnung damit begründet wird, daß die teilnehmenden Schüler zu beaufsichtigen seien. Lehrer und ihre Schüler bilden nämlich eine einheitliche Gruppe, und nach dem oben aufgestellten Kriterium ist selbst die Abordnung zur Beaufsichtigung Abordnung zur Teilnahme, weil man objektiv nicht feststellen kann, ob der abgeordnete Lehrer innerlich teilnimmt oder nicht. Ebenso darf kein Lehrer, auch nicht ein Lehrer an einer Konfessionsschule gezwungen werden, eine ein Schulgebet verrichtende Klasse zu leiten[12]. Es gilt also der Satz: *Kein Lehrer darf gegen seinen Willen gezwungen werden, eine objektiv bekenntnishafte Handlung vorzunehmen oder an einem Gruppenbekenntnis teilzunehmen.*

4. Eine besondere Kategorie von Gewissensproblemen ergibt sich bei *Impf- und Heilbehandlungsgegnern*[13]. § 17 Abs. 4 Satz 3 SoldatenG legt einen Impfzwang für Soldaten fest, und die Beamtengesetze kennen die Obliegenheit, sich einer Heilbehandlung zu unterziehen (z. B. § 149 Abs. 2 BBG). Beide Fälle sind verschieden zu behandeln, obwohl die Gewissensbedenken in beiden Fällen gleich sind, sie nämlich aus der Vorstellung herrühren, es sei verboten, in den Plan Gottes einzugreifen. Der *Impfzwang* hat einen doppelten Grund. Er soll einmal den Geimpften vor Krankheiten schützen und er soll die Gesamtheit vor der Verbreitung seuchenartiger Krankheiten schützen. Beide Schutzzwecke sind in der Regel nicht trennbar. Der Impfgegner kann nicht verlangen, daß sich andere erhöhter Krankheitsgefahr aussetzen, weil sein Ge-

---

[11] Die Berechtigung für diese Unterscheidung liegt schon darin, daß in der Praxis „bekenntnismäßig unterrichten" bedeuten kann „nicht bekenntniswidrig unterrichten". Zu der logischen, rechtstheoretischen und pragmatischen Frage, warum doppelte Verneinung oft nicht äquivalent ist der einfachen Bejahung vgl. L. *Philipps,* Rechtliche Regelung und formale Logik, S. 317 ff.

[12] Ebenso wohl *Maunz-Dürig,* Grundgesetz, Art. 7, Rdnr. 58.

[13] Vgl. oben § 4.4.

§ 19. Sonstige Gewissensprobleme

wissen die Impfung verbietet[14]. Dieser Gedanke läßt sich zu einem Kriterium präzisieren: *Eine Gewissensposition ist immer dann unbeachtlich, wenn ihre Berücksichtigung zur Gefährdung des Lebens oder der Gesundheit Dritter oder zu einer Erschwerung der Bekämpfung von Hunger, Krankheit oder anderen elementaren Lebensbedrohungen führt.*

Anders steht es mit der *Obliegenheit der Heilbehandlung*. Deren Grenze ist die Unzumutbarkeit[15]. Da in diesem Fall der Gewissensposition des einzelnen nur finanzielle Interessen der Gesamtheit gegenüberstehen, führt die Gewissenswidrigkeit einer Heilbehandlung zur Unzumutbarkeit. Allerdings kann dieser Satz nicht verallgemeinert werden, etwa derart, daß finanzielle Interessen der Allgemeinheit immer hinter Gewissenspositionen zurückzutreten hätten.

Kein Beamter kann z. B. außerordentlichen bezahlten Urlaub deswegen verlangen, weil er eine Wallfahrt gelobt hat.

Die Allgemeinheit kann die Weigerung der Heilbehandlungsgegner deswegen hinnehmen, weil die Folgen der Weigerung in erster Linie den Heilbehandlungsgegner selbst treffen und ihre Zahl daher immer sehr klein bleiben dürfte.

---

[14] Ebd.
[15] Dieser Gedanke ist ausgedrückt in § 149 Abs. 2 BBG, § 1243 Abs. 1 und 4 RVO.

V. Die Bedeutung des Grundrechts der Gewissensfreiheit für die besonderen Gewaltverhältnisse der Untersuchungs- und Strafgefangenen

§ 20. Die Rechtsverhältnisse der Untersuchungs- und Strafgefangenen als Sonderordnungen

Straf- und Untersuchungshaftanstalten sind primäre soziale Gebilde mit zwei disjunkten Klassen von Mitgliedern, nämlich dem Gefängnispersonal und den Haftinsassen. Alle Mitglieder der zweiten Klasse stehen zu allen Mitgliedern der ersten Klasse in einem diffusen Unterordnungsverhältnis. Für alle Haftinsassen gilt also eine Sonderordnung. Haftanstalten sind geschlossene Anstalten insofern, als jede Kommunikation der Haftinsassen mit Personen außerhalb der Anstalt von Rechts wegen der Kontrolle des Gefängnispersonals unterliegt.

Die Frage nach dem Zweck der Haftanstalten läßt sich nicht eindeutig beantworten. Der Zweck der Untersuchungshaft ist durch § 112 StPO abschließend festgelegt. Der Zweck der Strafhaft ist deswegen nicht eindeutig anzugeben, weil keine einheitliche Auffassung über den Strafzweck besteht[1]. Nun wird man die Frage nach dem Zweck der Strafhaft enger fassen können als die Frage nach dem Zweck der Haftstrafe. Die *Strafhaft*, das heißt die Eingliederung eines rechtskräftig Verurteilten in das soziale Gebilde Haftanstalt und seine Unterstellung dem diffusen Unterordnungsverhältnis gegenüber dem Gefängnispersonal dient der Vollstreckung der rechtmäßig angeordneten Haftstrafe. Der weitere Zweck dieser Haftstrafe ist zwar möglicherweise für die Ausgestaltung der für Strafgefangene geltenden Sonderrechtsordnung relevant, für die dogmatische Beurteilung der Strafanstalt als besonderes Gewaltverhältnis ist der Strafzweck nicht in erster Linie bestimmend. Auf diffuse Anordnungsverhältnisse kann in Haftanstalten nicht verzichtet werden, weil sonst eine Verhaltenskomplementarität aller Insassen nicht erreicht werden kann. Zwar ist die rechtliche Ausgestaltung des Strafvollzuges rechtsstaatlich durchaus erforderlich, besonders soweit er die Kommunikation mit der Außenwelt betrifft. Jede noch so weitgehende Verrechtlichung schließt aber die Notwendigkeit nicht aus,

---

[1] Vgl. dazu W. *Leisner*, Die schutzwürdigen Rechte im Besonderen Gewaltverhältnis, S. 620, Anm. 21. Ein Überblick über die Strafzwecktheorien findet sich bei R. *Maurach*, Deutsches Strafrecht, Allgemeiner Teil, S. 35 ff.

Einzelanordnungen derart zu erteilen, daß weder die Voraussetzungen der Anordnung (sozusagen ihr Tatbestand) genau festgelegt sind noch eine Überprüfung möglich ist, ob die Anordnung — z. B. gerade jetzt die Arbeit zu unterbrechen und sich zur Verfügung des Anstaltsarztes zu halten — zur Erreichung des Anstaltszweckes erforderlich ist. Kurz: aus tatsächlichen Gründen wird man die Voraussetzungen für Gefängnisanordnungen nicht so programmieren können wie die Voraussetzungen zur Zahlung der Einkommensteuer.

Die folgenden Ausführungen gelten entsprechend für Anstaltsverhältnisse zur Vollstreckung der Maßregeln nach §§ 42 b—42 i StGB, einer Anordnung nach §§ 79, 81 oder 126 a StPO sowie Anstalten zur Vollstreckung von Haftbefehlen nach §§ 380, 390, 901 oder 918 ZPO.

§ 21. Einzelne Gewissensprobleme

1. Die Bedeutung der Gewissensfreiheit für Haftanstalten zeigt, daß die These unrichtig ist, Art. 4 GG gewähre nur Abwehrrechte gegen die öffentliche hoheitlich handelnde Gewalt und nicht auch Rechte auf Tätigwerden derselben[1]. Würde die Gefängnisverwaltung nicht tätig, so könnte ein Häftling so gut wie nichts von dem ihm verbleibenden Grundrechtsrest in Anspruch nehmen.

Die Gefängnisverwaltung muß ihn ernähren, um sein Recht auf Leben zu respektieren (Art. 2 Abs. 2 Satz 1 GG), sie muß ihm gestatten, mit einem Notar in Verbindung zu treten[2], damit er sein Verfügungsrecht über ein Grundstück ausüben kann, und sie muß einen Gottesdienst veranstalten (veranstalten lassen) und einem Seelsorger Zutritt gestatten, damit er die Kultfreiheit ausüben kann.

Daraus ergibt sich, daß Häftlinge wie alle Grundrechte, die ihnen zustehen, auch das Grundrecht der Gewissensfreiheit nur ausüben können nach Maßgabe der — grundrechtskonform auszugestaltenden — Gefängnisordnung. Sie können nicht den Gottesdienst besuchen, wann sie wollen, sondern nur zu den von der Gefängnisverwaltung festgesetzten Zeiten, sie können nicht Seelsorger ihrer Wahl verlangen, sondern in der Regel nur zugelassene oder amtlich bestellte Seelsorger. Diese sich aus der Eigenart der Strafanstalten ergebende Ordnung ist alternativlos und von den Häftlingen daher auch nicht unter Berufung auf die Gewissensfreiheit rechtlich zu durchbrechen. Allerdings muß diese Ordnung selbst rechtsstaatlich und verfassungskonform ausgestaltet sein. Was zu einer rechtsstaatlichen und grundrechtskonformen Gefängnisordnung unter dem Gesichtspunkt der Gewissensfreiheit gehört, soll nun an einzelnen Beispielen erörtert werden.

---
[1] So jedoch z. B. W. *Geiger*, Gewissen, Ideologie, Widerstand, Nonkonformismus, S. 67.
[2] Vgl. dazu § 37 Abs. 4 BSeuchG.

V. Die Bedeutung für die Untersuchungs- und Strafgefangenen

2. Art. 141 WV i. V. m. Art. 140 GG bestimmt, daß nach Bedürfnis in Strafanstalten Religionsgesellschaften zur Vornahme religiöser Handlungen zuzulassen sind. Die Zulassung ist teilweise durch Konkordate geregelt[3]. Sind hauptamtliche Seelsorger an Strafanstalten[4] oder nebenamtliche Seelsorger für eine regelmäßige Betreuung der Häftlinge bestellt, so gilt folgender Satz: *Versehen bestellte Seelsorger einer bestimmten Konfession religiöse Funktionen in Haftanstalten (Gottesdienste, Seelsorgebesuche, Sakramentenspendung), können weitere Veranstaltungen dieser Art unter Berufung auf die Verpflichtungen der betreffenden Konfession nicht verlangt werden.* Da niemand seiner Religionszugehörigkeit wegen benachteiligt werden darf (Art. 3 Abs. 3 GG), sind die Gefängnisverwaltungen verpflichtet, auch Seelsorger, Geistliche, Prediger, Verkündiger, oder wie immer sie heißen mögen, von Religionsgesellschaften zuzulassen, wenn dies von Häftlingen gewünscht wird. Selbstverständlich muß der betreffende Seelsorger Gewähr für die Einhaltung der Sicherheitsvorschriften bieten und von den Justizbehörden zugelassen sein. Für die Zahl der Besuche wird man unter Gleichheitsgesichtspunkten keinen Unterschied zwischen Besuchen der Anstaltsgeistlichen bei den einzelnen Häftlingen und den Besuchen außerordentlich zugelassener Seelsorger bei den einzelnen Häftlingen machen dürfen. Die Zahl der Gottesdienste wird von den räumlichen Möglichkeiten abhängen. Finden (nur) interkonfessionelle christliche Feiern statt, wird man Angehörige christlicher Sekten auf diese verweisen können. Für Angehörige nichtchristlicher Religionen — Juden, Mohammedaner — gilt dies jedoch nicht.

Das im vorigen Absatz formulierte Kriterium gilt uneingeschränkt jedoch nur im forum externum, um einen kirchenrechtlichen Ausdruck zu gebrauchen. Verlangt die Verwirklichung der Gewissensposition ein besonderes Vertrauensverhältnis, wie etwa bei der Abnahme der Beichte, so braucht sich ein zu langjähriger Haftstrafe Verurteilter nicht für immer auf den Anstaltsseelsorger verweisen zu lassen. Es ist zwar offensichtlich, daß einem Häftling nicht das Recht unbegrenzt freier Seelsorgerwahl zustehen kann. Die Grenze liegt aber erst dort, wo die Gefängnisverwaltung die Unvereinbarkeit der jeweiligen Wahl mit der Sicherheit der Anstalt nachweisen kann. Die oben § 4.3 geforderte Alternativlosigkeit muß also begründet werden. Die näheren Modalitäten eines Wahlrechts können wohl nur im Zusammenhang der Reform des Vollstreckungsrechts diskutiert werden.

3. Vorstehende Regeln gelten ohne weiteres für Angehörige von Religionsgesellschaften des öffentlichen Rechts. Sie werden jedoch auch für

---

[3] Z. B. Art. 11 Abs. 1 des Konkordats mit dem Staate Bayern vom 24. 1. 1925.
[4] Zur Problematik einer solchen hauptamtlichen Bestellung vgl. E. *Fischer*, Trennung von Staat und Kirche, S. 220 ff.

§ 21. Einzelne Gewissensprobleme 143

Angehörige solcher Religionsgesellschaften zu gelten haben, die — wie z. B. die Zeugen Jehovas — nach staatlichen Regeln die Voraussetzungen hinsichtlich Bekenntnisstand, Mitgliederstand, Organisation und Dauer für den Erwerb der öffentlich-rechtlichen Anerkennung erfüllen, diesen Erwerb aber aus religiösen Gründen ablehnen. Selbstverständlich gelten sie auch für Mitglieder freireligiöser Gesellschaften[5].

Schwierig ist die Frage für Weltanschauungsgesellschaften zu entscheiden. Man wird kaum unter dem Gesichtspunkt der Gewissensfreiheit jedem Häftling das Recht zugestehen können, sich gelegentlich mit weltanschaulich Gleichgesinnten zu besprechen, obwohl nicht zu leugnen ist, daß besonders bei älteren, mehrjährige oder lebenslange Haftstrafen verbüßenden Häftlingen dieses Gewissensbedürfnis bestehen kann. Im Einzelfall kann bei hinreichender Konkretisierung des Bedürfnisses ein Recht auf Ermöglichung einer Aussprache bestehen. Zur Konkretisierung sind Häftlinge wohl auf die Hilfe von anstaltsinternem Personal angewiesen. Auch diese Frage kann jedoch nur im Zusammenhang mit der Vollstreckungsreform praktisch diskutiert werden[6]. Ein solches Recht könnte besonders bei sterbenden Häftlingen bestehen. In solchen Fällen ist es eine rechtsstaatliche Pflicht der Gefängnisverwaltung, den Häftling nicht durch Ablehnung entsprechender Anträge erst auf den Rechtsweg zu zwingen[7].

4. Besondere Schwierigkeit macht in Haftanstalten die Befolgung kultischer Vorschriften wie die Wasch- und Gebetsvorschriften der Mohammedaner oder die jüdischen Speisevorschriften. Ihre Erfüllung dürfte im allgemeinen an praktischen Hindernissen scheitern. Besonders scharf dürfte die Gewissensproblematik hinsichtlich solcher Vorschriften jedoch bei Untersuchungsgefangenen werden. Von Rechts wegen sind sie zwar einer strafbaren Handlung verdächtig, aber nicht schuldig gesprochen.

---

[5] Vgl. Gesetz über die Verleihung der Rechte einer Körperschaft des öffentlichen Rechts an die Freireligiöse Landesgemeinde Nordrhein-Westfalen vom 15. 5. 1956 — GV NW S. 154.

[6] Vgl. dazu die vorige Seite.

[7] Diese Situation ist ein Beispiel für eine allgemeinere Problemlage. Behörden können die Inanspruchnahme von Grundrechten durch Ausnützung des Zeitfaktors im Einzelfall endgültig verhindern. Im allgemeinen Verwaltungsrecht hilft dem Betroffenen meist der Umstand, daß solche Verwaltungsakte rechtswidrig sind. Vgl. dazu das grundlegende Urteil des *Bundesverwaltungsgerichts* vom 29. 10. 1963 (BVerwGE 17, 84). In besonderen Gewaltverhältnissen, in denen Grundrechtsbeanspruchungen in der Regel ein Tun der Verwaltung voraussetzen, führt ein rechtswidriges Unterlassen leichter zur endgültigen Grundrechtsverhinderung, da die aufschiebende Wirkung eines Rechtsmittels die tatsächliche Lage der Betroffenen nicht ändert. Es wäre daher zu erwägen, ob vorsätzliche (grobfahrlässige?) rechtswidrige Grundrechtsverkürzungen unter irreversibler Ausnützung des Zeitfaktors nicht als Amtsdelikt unter Strafe gestellt werden sollten, um diese für Behörden außerordentlich große Versuchung zur Lösung ihrer Probleme etwas einzuschränken.

V. Die Bedeutung für die Untersuchungs- und Strafgefangenen

Die öffentliche hoheitlich handelnde Gewalt greift durch die Verhaftung in den Lebensrhythmus eines Bürgers ein, möglicherweise ohne dessen Verschulden. Der Aufwand personeller und finanzieller Art, der den Anstaltsverwaltungen zumutbar ist, um Untersuchungshäftlingen ein gewissenskonformes Verhalten in der Anstalt zu ermöglichen, ist daher größer, zumal die Zahl solcher Untersuchungshäftlinge klein und die entsprechenden Haftzeiten in der Regel kurz sein dürften. Wenn es überhaupt technisch möglich ist, müssen daher religiöse Speisevorschriften von Untersuchungshäftlingen beachtet werden. Das gleiche gilt für weltanschauliche Vegetarier.

Ebenfalls Rücksicht genommen werden muß auf den religiösen Wochenrhythmus von Häftlingen. Juden, Adventisten und Mitglieder ähnlicher Religionsgesellschaften brauchen samstags nicht zu arbeiten, Mohammedaner an ihren Festtagen nicht. Haben Mohammedaner in der Bundesrepublik jedoch freitags gearbeitet, brauchen sie in der Haftanstalt freitags nicht von der Arbeit freigestellt zu werden.

5. Operations- und Impfgegner aus Gewissensgründen brauchen auch in der Haftanstalt keine Eingriffe zu dulden. Für Impfgegner gilt jedoch die oben § 19.4 formulierte Ausnahme bei akuter Seuchengefahr.

VI. Die Bedeutung des Grundrechts der Gewissensfreiheit für weitere besondere Gewaltverhältnisse

§ 22. Krankenanstaltsverhältnisse

1. Krankenanstalten sind primäre formale soziale Gebilde mit zwei — in der Regel — disjunkten Klassen von Mitgliedern, dem Anstaltspersonal und den Kranken (Patienten). Die Kranken stehen zu dem Anstaltspersonal in einem diffusen Unterordnungsverhältnis[1]. Nicht einfach ist die Frage zu beantworten, ob dieses diffuse Unterordnungsverhältnis ein rechtliches Sonderverhältnis im Sinne des oben § 11.1 eingeführten Wortgebrauchs ist[2]. Nun gibt es sicher Krankenanstalten oder Teile solcher, die besondere Gewaltverhältnisse sind, so z. B. Krankenanstalten oder Teile solcher, die der Unterbringung nach § 37 BSeuchG dienen, oder Heil- und Pflegeanstalten[3]. Aber auch wenigstens einige andere Krankenanstalten sind öffentliche Anstalten, in denen Gewalt auf öffentlich-rechtlicher Grundlage ausgeübt wird, d. h. Anordnungen kraft öffentlich-rechtlicher Befugnis erteilt werden[4]. Eine eindeutige Charakterisierung der in Krankenanstalten bestehenden diffusen Unterordnungsverhältnisse setzt eine genaue Beschreibung voraus entsprechend der, die oben § 8 für Schulen gegeben wurde. Der Aufwand stände vermutlich in keinem Verhältnis zu den die Gewissensfreiheit betreffenden Ergebnissen. Öffentliche Krankenanstalten werden daher hier vorläufig allgemein als besondere Gewaltverhältnisse bezeichnet, wobei es einer Spezialuntersuchung vorbehalten bleiben muß, die Verhältnisse in den einzelnen Typen von Krankenanstalten genauer zu charakterisieren.

2. Materien, die die Krankenpflege und das Sterben betreffen, sind von ihren religionsgeschichtlichen Ursprüngen her religions- und gewissensbezogen. Dabei kann die Gewissensproblematik sowohl auf seiten des Anstaltspersonals, speziell der Ärzte, als auch auf seiten der Patienten liegen.

Grundsätzlich gilt auch für Ärzte im öffentlichen Dienst das oben § 19.1 formulierte Kriterium, nach dem die Erfüllung regelmäßiger und voraussehbarer Verpflichtungen nicht aus Gewissensgründen verweigert

---

[1] Vgl. dazu H. J. *Wolff*, Verwaltungsrecht II, § 99 I, II a.
[2] Generell ablehnend H. *Jecht*, Die öffentliche Anstalt, S. 114.
[3] Vgl. dazu H. J. *Wolff*, a. a. O., § 99 IV b) 3.
[4] Vgl. dazu *ebd.*, § 99 I, II a.

146 VI. Die Bedeutung für weitere besondere Gewaltverhältnisse

werden kann. § 17 Abs. 1 Satz 3 bad.-württ. HochschulG vom 19. 3. 1968 — BW GBl. S. 81 — legt für die Universitätskliniken fest, daß vorgesetzte Ärzte Weisungen erteilen dürfen. Diese Bestimmung, die nach dem Kontext eine Grenzziehung zu der grundgesetzlich garantierten Freiheit von Forschung und Lehre ist (Art. 5 Abs. 3 Satz 1 GG), bestimmt zugleich eine Grenze individueller ärztlicher Gewissensentscheidungen. Der Grund hierfür liegt in folgendem Satz: *Jeder Benutzer einer öffentlichen Krankenanstalt hat ein Recht darauf, daß seine Behandlung nach allgemein anerkannten Regeln erfolgt und nicht durch individuelle ärztliche Gewissensentscheidungen eingeschränkt wird.*

Z. B. ist es weder rechts- noch standeswidrig, wenn Ärzte die „Craniotomie" genannte Operation ausführen, die das Leben einer Gebärenden zu Lasten des Foetus bewahrt. Die Ausführungen dieser Operation ist durch katholische Lehramtsentscheidungen untersagt[5]. Ebenso ist es lehramtlich untersagt, zur Vorbereitung etwa einer Tripperheilung eine Masturbatio directa procurata[6], eine Sterilisation oder eine Tubenligatur vorzunehmen, letztere nicht einmal aus medizinischen Indikationen[7].

Da Krankenanstalten (mindestens auch) Anstalten zur Erbringung von Leistungen gegenüber den Benutzern sind[8], haben öffentliche Krankenanstalten im Rahmen der Rechts- und der ärztlichen Standes-Ordnung diese Leistungen so zu erbringen, wie es den (Gewissens-)Entscheidungen der Benutzer entspricht. Die Festlegung dieses Rahmens mit seinen schwierigen Grenzfragen von Recht, Moral und ärztlicher Standesethik kann hier nicht erfolgen. Das oben formulierte Kriterium behauptet nur die Vorrangigkeit der individuellen Gewissen der Benutzer vor den individuellen Gewissen des öffentlichen Anstaltspersonals.

Das bedeutet praktisch, daß ein Patient in einer öffentlichen Krankenanstalt eine Behandlung dann vom ihn behandelnden Arzt verlangen kann, wenn es einen anderen Arzt gibt, der diese Behandlung an ihm rechtmäßig und standesgemäß vornehmen würde. Ablehnungen, die etwa den Ärzten eines katholischen Krankenhauses erlaubt sind — mit Ausnahmen, wenn sie Unfall-Notstationen haben —, sind nicht auch Ärzten in öffentlichen Krankenanstalten erlaubt. Dasselbe gilt jedoch auch umgekehrt. Die Waffe der Ärzte gegen Nichtbeachtung ihrer Anordnungen ist der Abbruch der Behandlung. Die Berücksichtigung der Gewissens-

---

[5] Vgl. Entscheidung des *Hl. Offiziums* vom 31. 5. 1889 (ASS 17 [1884] S. 556), Dz. 1889; P. *Pius XI.*, Enc. „Casti connubii", Nr. 53 (AAS 22 [1930] S. 539 ff.), Dz. 2243.

[6] Entscheidung des *Hl. Offiziums* vom 2. 8. 1929 (AAS 21 [1929] S. 490), Dz. 2201.

[7] P. *Pius XI.*, a. a. O., Nr. 57, Dz. 2245.

[8] Dieser Gedanke wird sehr stark betont von H. *Jecht*, Die öffentliche Anstalt, S. 52, 91, 109.

positionen von Patienten verlangt, daß die Aufnahme oder Weiterbehandlung eines Patienten in eine(r) öffentliche(n) Krankenanstalt nicht deswegen verweigert werden darf, weil der Patient eine bestimmte Behandlungsart aus Gewissensgründen ablehnt.

Dies gilt ebenso für Operationsgegner aus Gewissensgründen wie etwa bei Ablehnung der erwähnten Tripperbehandlung.

Wird eine bestimmte Behandlungsart aus Gewissensgründen abgelehnt, muß der Patient, so andere Behandlungsarten möglich sind, nach diesen weiterbehandelt werden. In solchen Fällen haben Ärzte ein volles Aufklärungsrecht sowohl über mögliche Behandlungsarten wie über die negativen Auswirkungsmöglichkeiten der vom Patienten gewünschten Unterlassungen. Allgemein formuliert: *Jeder Benutzer einer öffentlichen Krankenanstalt hat ein Recht darauf, daß eine nach ärztlichen Kunstregeln noch mögliche Behandlung nicht deswegen unterbleibt, weil der Benutzer von den Anstaltsärzten vorgesehene Behandlungsarten aus Gewissensgründen ablehnt.*

§ 23. Zeugenverhältnisse

1. Die Teilnehmer einer Gerichtsverhandlung — Richter, Parteien, Anwälte, Staatsanwälte, Angeklagte, Protokollführer, Wachtmeister, Zeugen, Sachverständige und Zuschauer — bilden ein primäres soziales Gebilde. Verzichtet man bei der die Formalität konstituierenden Mitgliedschaft — vgl. dazu oben § 8.2 — auf eine längere Dauer[1], so ist dieses Gebilde ein formales Gebilde. Alle sonstigen Teilnehmer stehen zum Einzelrichter oder dem Gerichtsvorsitzenden in einem Unterordnungsverhältnis (§ 176 ff. GVG). Grundsätzlich ist dieses Unterordnungsverhältnis durch den Zweck der Aufrechterhaltung der Sitzungsordnung begrenzt, mithin nicht diffus. Da jedoch das Ermessen des Vorsitzenden sehr weit ist[2] und nicht gegen alle Maßnahmen, selbst nicht gegen die Verhängung von Haftbußen, Rechtsmittel statthaft sind, erhält dieses Unterordnungsverhältnis wenigstens für Zeugen, Parteien, Angeklagte und Zuschauer Züge der Diffusivität. Dies rechtfertigt es, die Gerichtsverhandlung für diesen Personenkreis als besonderes Gewaltverhältnis zu bezeichnen[3].

---

[1] Immerhin kann die Mitgliedschaft wenigstens für einen Teil der Mitglieder bei sogenannten Mammut-Prozessen mehrere Monate, in Extremfällen sogar über ein Jahr reichen.

[2] „Jedes zur Erreichung des Zwecks geeignete Mittel steht ihm zu Gebote", *Baumbach-Lauterbach*, Zivilprozeßordnung, § 176 GVG, Anm. 3.

[3] Ebenso für das Zeugenverhältnis: H. *Nawiasky*, Forderungs- und Gewaltverhältnis, S. 35; P. *Kahn*, Das besondere Gewaltverhältnis im öffentlichen Recht, S. 19; für *Gerichtsbesucher*: P. *Kahn*, a. a. O., S. 31; W. *Thieme*, Die besonderen Gewaltverhältnisse, S. 522; für *Laienrichter*: H. *Nawiasky*, a. a. O.,

VI. Die Bedeutung für weitere besondere Gewaltverhältnisse

2. Gegenstand möglicher Gewissensbedenken ist bei Zeugen und Sachverständigen wiederum die Eidesleistung. Hier kann auf das oben § 18.1 Gesagte verwiesen werden. Das heißt, die in § 484 ZPO, § 66 c StPO vorgesehene Erfordernis, daß sich auf Gewissenspositionen nur Angehörige von Religionsgesellschaften berufen können und die Gewissensposition durch Rechtsvorschrift anerkannt sein muß, ist mit Art. 4 GG unvereinbar. Geht man von dem Wortlaut des § 66 c Abs. 1 StPO aus, so ergibt sich als Minimalverpflichtung die Verpflichtung zu folgender Beteuerung:

„Ich versichere, daß ich nach bestem Wissen die reine Wahrheit gesagt und nichts verschwiegen habe."[3a]

Weitere Probleme bietet die Handhabung der religiösen Beteuerungsformel. Fast alle derzeit in der Bundesrepublik gesetzlich festgelegten Eidesformeln haben eine Normalform mit religiöser Beteuerungsformel[4]. Durch eine zusätzliche Bestimmung wird dann die Eidesleistung ohne religiöse Beteuerung gestattet. In der Praxis der Gerichte spricht der vereidigende Richter die religiöse Normalform vor und fordert den Schwurpflichtigen auf, ihm die Worte „Ich schwöre es, so wahr mir Gott helfe!" nachzusprechen. Auf die Möglichkeit, den Eid ohne religiöse Beteuerung zu sprechen, wird nicht hingewiesen. Von Prozessualisten wird die Ansicht vertreten, daß nicht nur nicht eine Belehrung über die Möglichkeit der Eidesleistung in weltlicher Form erforderlich ist, sondern daß sie sogar zu unterbleiben hat[5]. Diese Praxis ist mit Art. 4 GG nicht vereinbar[6]. Das Vorsprechen der religiösen Formel und die anschließende direkte Aufforderung, den religiösen Text nachzusprechen, ist unter Berücksichtigung der Zeugensituation[7] eine Nötigung zur religiösen Formel. Zur Weigerung, den religiösen Text zu sprechen, und zur Bitte, die weltliche Form benützen zu dürfen, gehört ein solches Maß von Geistesgegenwart, Unerschrockenheit und genauer Kenntnis der Rechtslage, daß die gegenwärtige Praxis Gewissensverletzungen nicht

---

S. 35; W. *Thieme*, a. a. O., S. 522. A. A. für Laienrichter: J. *Hatscheck*, Deutsches und preußisches Staatsrecht, 1. Bd., S. 169; R. *Dame*, Das Verhältnis der Grundrechte zu den besonderen Gewaltverhältnissen, S. 10; diese Untersuchung oben § 17.

[3a] A. A. OLG *Düsseldorf*, Beschl. vom 22. 7. 66, in: NJW 66, 1933.

[4] Art. 111 der Verfassung des Landes Hessen sieht einen Eid nur in weltlicher Form vor. Art. 38 der Verfassung der Freien und Hansestadt Hamburg und Art. 23 der Landessatzung von Schleswig-Holstein sehen eine weltliche Normalform mit der Möglichkeit des religiösen Zusatzes vor. Aus Art. 4 GG wird man folgern können, daß jeder Eid in der religiösen Form geschworen werden kann.

[5] So ausdrücklich *Schwarz-Kleinknecht*, Strafprozeßordnung, § 66 c, Erl. 2. Ähnlich *Baumbach-Lauterbach*, a. a. O., § 481, Erl. 1 mit Hinweis auf eine Anordnung des Reichsjustizministers vom 15. 1. 1934; *Stein-Jonas*, Zivilprozeßordnung, § 481, Erl. 2; *Löwe-Rosenberg*, Strafprozeßordnung, § 66 c, Erl. 1.

[6] Ebenso B. *Wieczorek*, Zivilprozeßordnung, § 481, Erl. A II a; W. *Hamel*, Glaubens- und Bekenntnisfreiheit, S. 60; K. *Peters*, Strafprozeß, S. 274.

[7] Dazu ausdrücklich K. *Peters*, a. a. O., S. 277.

ausschließt[8]. *Die religiöse Eidesform ist als gesetzliche Normalform verfassungsmäßig nur dann, wenn mit ihr die Verpflichtung verbunden ist, auf die Möglichkeit der weltlichen Eidesleistung hinzuweisen.*

Verlangt ein Schwurpflichtiger den Gebrauch der weltlichen Eidesformel, taucht ein weiteres Problem auf. Prozessualisten vertreten die Auffassung, daß auch in diesem Fall der vereidigende Richter die religiöse Formel „Sie schwören bei Gott dem Allmächtigen und Allwissenden" verwenden *muß*[9] oder verwenden *darf*[10]. Auch diese Auffassung und Praxis ist mit Art. 4 GG nicht vereinbar[11]. Da der vorgesprochene Text zusammen mit der vom Schwurpflichtigen nachgesprochenen Beteuerung den einheitlichen Eid ausmachen, wird der Schwurpflichtige zur Teilnahme an einer religiösen Handlung gezwungen, wenn der Richter darauf beharrt, die religiöse Formel zu gebrauchen. Art. 4 GG und Art. 136 Abs. 4 WV i. V. m. Art. 140 GG geben dem Schwurpflichtigen in diesem Fall das Recht, die Eidesleistung zu verweigern.

3. Seit dem erwähnten *Kruzifix-Beschluß* des *OLG Nürnberg*[12] ist die Streitfrage der Öffentlichkeit unterbreitet, ob die Anbringung von Kruzifixen in Gerichtssälen die Gewissensfreiheit schwörender Zeugen verletzt. Da die Kruzifixe in Bayern auf Grund der Justizministerialentschließung vom 25. 6. 1958[13] deswegen in den Gerichtssälen der ordentlichen Gerichtsbarkeit angebracht wurden, weil ein Zeuge bei der Beeidung vergeblich ein Schwurkreuz verlangt hatte[14], ist kurz auf die Frage einzugehen, ob ein Zeuge die Anbringung oder Aufstellung von Kruzifixen (Schwurkreuzen) verlangen kann. Zweifellos war die Eidesleistung früher mit weiteren Zeremonien verbunden, wie etwa der Berührung eines Schwurkreuzes, des Evangelienbuchs oder der Bibel. Diese Praxis ist außer Übung gekommen.

Selbst zum kanonischen Eid gehört nur die Anrufung Gottes als Zeuge, nicht aber eine weitere Zeremonie (C. J. C., c. 1316 § 1.). Zwar kennen die Ritualbücher

---

[8] Merkwürdig mutet es daher an, wenn das *OLG Nürnberg* in seinem bekannten *Kruzifix-Beschluß* vom 14. 7. 1966 (NJW 1966, 1928) aus dem Umstand, daß die drei Richter des erkennenden Senats in ihrer langjährigen richterlichen Praxis nur in einem einzigen Fall einen Eid ohne religiöse Beteuerungsformel abgenommen haben, Rückschlüsse auf das Verhältnis der Bevölkerung zum religiösen Eid zieht.
[9] So *Kleinknecht-Müller*, Kommentar zur Strafprozeßordnung und zum Gerichtsverfassungsgesetz, § 66 c, Erl. 1.
[10] *Baumbach-Lauterbach*, a. a. O., § 481, Erl. 1.
[11] Ablehnend auch K. *Peters*, a. a. O., S. 277; E. *Fischer*, Trennung von Staat und Kirche, S. 98.
[12] Az.: 1 W 37/66, in: NJW 1966, 1926 ff.
[13] Az.: 5360 — 5361 — IV — 500/58.
[14] Zu den Vorgängen, die zu der Entschließung des bayerischen Justizministeriums führten, vgl. K. *Krüger*, Rechtsprechung unterm Kruzifix, passim.

VI. Die Bedeutung für weitere besondere Gewaltverhältnisse

Eide mit Schwurzeremonien, wie etwa anläßlich der Bischofsweihe — Pontificale Romanum, fasc. 2, de consecr. Electi in Episcopum, S. 132 ff. —, der Abtswahl — Rituale Monasticum, lib. 1, cap. 1, Nr. 14, 17, 28, 29 — und der Abtsweihe — ebd. lib. 1, cap. 7, Nr. 9. Sie kennen aber auch Eide ohne Schwurzeremonien, wie etwa den Antimodernisteneid — Rituale Romanum, Addenda, S. [49]; Rituale Monasticum, lib. 1, cap. 1, Nr. 50 — und den Eid anläßlich der Feier einer Synode — Pontificale Romanum, fasc. 5, Ordo ad Synodum, S. 780. Man kann sagen, daß auch in Ritualbüchern die neuen Eide ohne Zeremonien angeordnet werden. So werden z. B. anläßlich einer Abtswahl die zahlreichen alten Eide mit Zeremonie, der neu eingeführte Antimodernisteneid ohne Zeremonie geschworen.

Sollte ein Zeuge vor seinem Gewissen nur schwören können, wenn er angesichts des Kreuzes oder einer Bibel schwört, ist es ihm zumutbar, ein Kreuz oder eine Bibel mitzubringen. Ein Anspruch auf Gestellung durch den Staat besteht nicht.

Eine weitere Frage ist es, ob ein Schwurpflichtiger unter Berufung auf Art. 4 GG verlangen kann, in einem Raum ohne Kreuz zu schwören[15]. Dies ist nur dann der Fall, wenn die Anwesenheit des Kreuzes den vom Schwurpflichtigen geleisteten Eid auch dann zu einer religiösen Veranstaltung macht, wenn er den Eid in der weltlichen Form leistet. Ein weltliches Verhalten wird jedoch nicht dadurch zu einem religiösen, daß es in einem Raum stattfindet, der ein religiöses Symbol enthält.

Findet ein Lokaltermin in einer Kirche oder einer Synagoge statt, wird ein dort von einem Zeugen geleisteter Eid nicht allein deswegen zu einem christlichen oder jüdischen Eid.

Zumindest steht es dem Schwurpflichtigen immer frei, durch eine entsprechende Erklärung seinen Eid als weltlichen klarzustellen. Ein Zeuge hat also kein aus Art. 4 GG folgendes subjektiv-öffentliches Recht auf Entfernung des Kreuzes oder auf Eidesleistung in einem anderen Raum[16].

---

[15] Dabei liegt es nicht im Rahmen dieser Untersuchung, zu prüfen, ob die Anbringung objektiv verfassungsmäßig ist. Dagegen habe ich Bedenken. Vgl. dazu ob. Text u. folg. Anm. Interessanterweise sind die Justizbehörden der anderen Länder der ausdrücklichen Anregung des bayerischen Justizministers an sie, ebenfalls Kruzifixe in den Gerichtssälen anzubringen, nicht gefolgt. Vgl. dazu K. *Krüger*, a. a. O.

[16] Diese hier vertretene Rechtsauffassung möchte ich durch eine zwar persönliche — d. h. nicht wissenschaftliche —, aber im Rahmen der Erörterung des Art. 4 GG verbleibende Bemerkung ergänzen. Die Frage der Kruzifixe in Gerichtssälen hat die Emotionen in Bayern sehr erregt. Nachdem die Kreuze infolge eines Vorstoßes der Katholischen Aktion angebracht worden waren, hat das Bistumsblatt von Bamberg „St.-Heinrichs-Blatt" das Verlangen eines Zeugen, in einem Raum ohne Kreuz schwören zu können, als „hart an Blasphemie" grenzend bezeichnet und damit auf § 166 StGB angespielt. Vgl. dazu K. *Krüger*, Zweiter Akt, S. 296. M. E. ist jedoch die staatliche Rechtspflege kein geeigneter Gegenstand der Katholischen Aktion. Rechtsprechung ist eine Funktion des Staates im oben § 13.2 eingeführten Wortsinn. Von den anderen Funktionen des Staates — etwa Normsetzung, Verwaltung — unterscheidet sie sich nicht nur dadurch, daß — worauf N. *Luhmann*, Recht und Automation in

VII. Die Bedeutung der erarbeiteten Ergebnisse

§ 24. Der Kreis der besonderen Gewaltverhältnisse nach den vorgeschlagenen Kriterien

Zum Abschluß der Untersuchung eines Spezialproblems besonderer Gewaltverhältnisse soll noch einmal kurz auf die erste der oben § 6.1 so bezeichneten Ausgangsfragen eingegangen werden, nämlich auf die Frage, welche Gebilde besondere Gewaltverhältnisse sind. Dabei soll kein endgültiger Katalog aufgestellt werden, vielmehr sollen die in der Literatur häufiger — und meistens kontrovers — behandelten Gebilde kurz danach beurteilt werden, ob sie nach der in § 11.1 vorgeschlagenen Wortgebrauchsregelung besondere Gewaltverhältnisse sind oder nicht.

Die oben § 20 für *Haftanstalten* entwickelten Grundsätze gelten für alle geschlossenen Anstalten. Daher sind ebenfalls besondere Gewaltverhältnisse die *Arbeits- und Erziehungsanstalten*[1] und *geschlossene Krankenanstalten* (z. B. Heil- und Pflegeanstalten)[2].

Wie die Rechtsverhältnisse der *Beamten* und *Soldaten*[3] Sonderordnungen und ihre sozialen Substrate mithin besondere Gewaltverhältnisse sind, sind auch die Rechtsverhältnisse der Angehörigen des

---

der öffentlichen Verwaltung, S. 21 hingewiesen hat — jeder direkte politische Einfluß auf die Rechtsprechung illegitim ist, sondern auch jeder direkte weltanschauliche Einfluß. *Direkt* heiße dabei ein Einfluß, der nicht durch Rechtserzeugungsverfahren gefiltert ist.
Nachdem in allen Ländern nur zwei Mitglieder der Katholischen Aktion den Wunsch nach Anbringung der Kreuze geäußert hatten, wie Justizministerien der Länder feststellten, war es ein schlechter Dienst am konfessionellen Frieden, die Anbringung der Kreuze anzuordnen, denn die Entfernung der Kreuze muß naturgemäß größere Emotionen auslösen als die Ablehnung der Anbringung. Wenn ich auch nicht der Ansicht bin, daß Art. 4 GG ein subjektiv-öffentliches Recht auf Entfernung gibt, bin ich doch der Ansicht, daß Kreuze in Gerichtssälen objektiv verfassungswidrig sind. Gerichtsverhandlungen stehen unter der mit scharfen Mitteln ausgestatteten Sitzungspolizei der Richter (vgl. dazu oben § 23.1). Infolgedessen riskieren Gymnasiasten weniger als Zeugen in Gerichtsverhandlungen, wenn sie wie — laut einer dpa-Meldung — in Überlingen gegen die Verletzung der Religionsneutralität durch Anbringung von Kreuzen in allen Räumen eines Gymnasiums durch Anbringung von Gegen-Symbolen reagieren.

[1] Ebenso R. *Dame,* Das Verhältnis der Grundrechte zu den besonderen Gewaltverhältnissen, S. 11.
[2] Vgl. dazu oben § 22.1.
[3] Vgl. dazu oben § 17.

VII. Die Bedeutung der erarbeiteten Ergebnisse

Bundesgrenzschutzes und des *Zivilschutzkorps*[4] und der *Ersatzdienstleistenden*[5] Sonderordnungen und ihre sozialen Substrate besondere Gewaltverhältnisse.

Die oben in §§ 7 f. behandelten Verhältnisse bei *Schulen* lassen sich nicht ohne weiteres auf *Hochschulen* übertragen[6]. Die Antwort, ob Hochschulen für Studenten[7] besondere Gewaltverhältnisse sind oder nicht, hängt davon ab, ob die möglichen Verhalten der Studenten inventarisierbar sind oder nicht derart, daß ihre Pflichten in Satzungen, Seminarbenutzungsordnungen, Studienordnungen und ähnlichen generellen Regelungen festlegbar sind oder ob es zur Festlegung auch diffuser Anordnungen bedarf[8]. Eine differenzierende Untersuchung wird vermutlich zu dem Ergebnis kommen, daß die Rechte und Pflichten der Studenten als solche generell regelbar sind, daß aber etwas anderes dort gilt, wo sie in einen Arbeits- oder Forschungsprozeß eingegliedert sind, wie etwa in Laboratorien oder Anatomiesälen.

Nicht ohne Anordnungen in diffusen Unterordnungsverhältnissen kommt die Organisation der *Hand- und Spanndienste* aus. Sie kommen jedoch kaum mehr vor. Gegen ihre Einrichtung bestehen verfassungsrechtliche Bedenken[9].

Den meisten in der Literatur sonst noch erörterten besonderen Gewaltverhältnissen fehlen ein oder mehr Merkmale der oben in § 11 vorgeschlagenen Definition. Dabei ist in erster Linie die fehlende *Formalität*[10] zu nennen. Ohne Mitglieder im soziologischen und erst recht im juristischen Sinn sind die meisten in der Organisationsform der *Anstalt* organisierten Gebilde[11]. Kommunale *Versorgungsanstalten, Friedhöfe,*

---

[4] Vgl. §§ 18, 21, 33 Abs. 4 G über das Zivilschutzkorps vom 12. 8. 1965 (BGBl. I S. 782) und die VO über die Regelung des Vorgesetztenverhältnisses im Zivilschutzkorps vom 21. 7. 1967 (BGBl. I S. 799).

[5] Vgl. dazu oben § 17.

[6] Universitäten bezeichnen als besondere Gewaltverhältnisse E. *Forsthoff*, Lehrbuch des Verwaltungsrechts, S. 122; *Maunz-Dürig*, Grundgesetz, Art. 19 IV, Rdnr. 25; C. H. *Ule*, Öffentlicher Dienst, S. 616; I. v. *Münch*, Besonderes Gewaltverhältnis, Arbeitsverhältnis und Beamtentum, S. 210; W. *Thieme*, Besondere Gewaltverhältnisse, S. 522.

[7] Zu den Hochschullehrern, besonders den Ordinarien, vgl. oben § 17.

[8] Vorsichtig, die Frage nicht deutlich entscheidend, H. J. *Wolff*, Verwaltungsrecht II, § 93 III e) 2.

[9] Vgl. H. *Held*, Die Unzulässigkeit von Hand- und Spanndiensten nach geltendem Verfassungs-, Verwaltungs- und Völkerrecht, passim; v. *Mangoldt-Klein*, Das Bonner Grundgesetz, Art. 12, Anm. VII 1 b).

[10] Vgl. dazu oben § 8.2.

[11] Für Anstalten als besondere Gewaltverhältnisse E. *Forsthoff*, a. a. O., S. 11 ff., 370, kritisch jedoch S. 117, 188; P. *Kahn*, Das besondere Gewaltverhältnis im öffentlichen Recht, S. 27; vgl. auch R. *Dame*, a. a. O., S. 11. A. A. I. *von Münch*, a. a. O., S. 210; W. *Weber*, in: VVDStRL 15 (1957), S. 186 f.; H. *Ipsen*, ebd., S. 200.

§ 24. Der Kreis der besonderen Gewaltverhältnisse

Museen, Büchereien und die *Post*[12] haben keine Mitglieder, und darüber hinaus sind alle Rechte und Pflichten der Benutzer durch generelle Regelungen festzulegen. Etwas anderes mag für *Eisenbahnen*[13] gelten.

Reisende in Zügen sind primäre soziale Gebilde. Ihr Rechtsverhältnis zur Bahnverwaltung ist zwar zivilrechtlich geregelt. Die Existenz der Bahnpolizei und die Bahnbeamten — etwa dem Zugführer und seinem Personal — zukommenden öffentlich-rechtlichen Weisungsbefugnisse wenigstens in Ausnahmesituationen — Überfüllung des Zuges, Katastrophenfall — rechtfertigen es aber, von einem diffusen Unterordnungsverhältnis zu sprechen.

Eine weitere Gruppe von Gebilden oder Rechtsverhältnissen, bei denen schon die Formalität, teilweise sogar der Charakter eines sozialen Gebildes fehlt — wie etwa bei der einfachen *Steuerschuld*[14] — stellen die verschiedenen *Aufsichtsverhältnisse* dar, so die *Polizeiaufsicht*[15], die *Gesundheitskontrolle*[15a], die *Lebensmittelkontrolle*[15b], die besondere *Steueraufsicht* der §§ 190 ff. RAO[16] und die *Bewährungsaufsicht*[17]. Im einzelnen bedürfen diese Aufsichtsverhältnisse eingehender Untersuchung. Bei keinem scheint mir jedoch die Problematik über die der Generalklauseln und der Ermessenslehre des allgemeinen Verwaltungsrechts hinauszugehen. Die Bezeichnung dieser Aufsichtsverhältnisse als besondere Gewaltverhältnisse dürfte daher zu keinen neuen Lösungsmöglichkeiten für anfallende Probleme führen. Ähnlich dürfte es mit dem *Subventionsrechtsverhältnis*[17a] sein.

---

[12] Für besonderes Gewaltverhältnis P. *Kahn*, a. a. O., S. 27; W. *Thieme*, a. a. O., S. 522; R. *Dame*, a. a. O., S. 13; a. A. W. *Weber*, a. a. O., S. 187.

[13] Für besonderes Gewaltverhältnis P. *Kahn*, a. a. O., S. 28 f.; W. *Thieme*, a. a. O., S. 522.

[14] Für besonderes Gewaltverhältnis P. *Kahn*, a. a. O., S. 28, 52; R. *Nebinger*, Verwaltungsrecht, S. 276; O. *Bühler*, Allgemeines Steuerrecht, S. 86. A. A. R. *Dame*, a. a. O., S. 14; Kl. *Vogel*, Grenzen der „allgemeinen Steueraufsicht", S. 200.

[15] Für besonderes Gewaltverhältnis E. *Forsthoff*, a. a. O., S. 188; W. *Thieme*, a. a. O., S. 522; A. *Bender*, Allgemeines Verwaltungsrecht, S. 45; R. *Dame*, a. a. O., S. 14.

[15a] Für besonderes Gewaltverhältnis E. *Gernet*, Die Problematik des besonderen Gewaltverhältnisses des öffentlichen Rechts, S. 10; R. *Dame*, a. a. O., S. 14.

[15b] Für besonderes Gewaltverhältnis R. *Dame*, a. a. O., S. 14.

[16] Für besonderes Gewaltverhältnis H. *Nawiasky*, Forderungs- und Gewaltverhältnis, S. 14, 29; O. *Mayer*, Verwaltungsrecht, 1. Bd., S. 351, 355; P. *Kahn*, a. a. O., S. 26; Fr. *Fleiner*, Institutionen des Deutschen Verwaltungsrechts, S. 165; O. *Bühler*, a. a. O., S. 376; W. *Thieme*, a. a. O., S. 522; Kl. *Vogel*, a. a. O.; a. A. I. *v. Münch*, a. a. O., S. 16.

[17] Für besonderes Gewaltverhältnis E. *Heinitz*, Der Entwurf des Allgemeinen Teils des Strafgesetzbuchs vom kriminalpolitischen Standpunkt aus, S. 13; R. *Dame*, a. a. O., S. 15; a. A. H. J. *Bruns*, Zur rechtsdogmatischen Problematik strafrichterlicher Auflagen, S. 1396.

[17a] Für besonderes Gewaltverhältnis A. *Köttgen*, Fondsverwaltung in der Bundesrepublik, S. 51, Anm. 121; a. A. H. P. *Ipsen*, Verwaltung durch Subventionen, S. 266.

VII. Die Bedeutung der erarbeiteten Ergebnisse

Bei weiteren formalen sozialen Gebilden fehlt es an der *Diffusivität*[18] ihrer Anordnungsverhältnisse. An erster Stelle sind hier die gesetzlichen *Sozialversicherungskörperschaften* und -anstalten zu nennen[19]. Alle Rechte und Pflichten ihrer Mitglieder sind durch generelle Regeln — Gesetze, Verordnungen, Satzungen — festgelegt oder doch festlegbar.

Gelegentlich sind *Gemeinderäte*[20], *Parlamente*[21] und *Kabinette* (d. h. das Ministerverhältnis)[22] als besondere Gewaltverhältnisse bezeichnet worden. Hier liegt wohl die Auffassung zugrunde, daß statusbegründende Verhältnisse besondere Gewaltverhältnisse sein müßten. Jedoch geben die dogmatischen Kategorien „Status" und „besonderes Gewaltverhältnis" auf verschiedene Fragen Antwort. Gemeinderäte und Parlamentarier unterstehen rechtlich keinen diffusen Anordnungen. Ihre Rechte und Pflichten sind gesetzlich und durch Satzungen festgelegt. Ähnlich ist es mit Ministern. Auch hier führt die Bezeichnung als besonderes Gewaltverhältnis nicht zu einem neuen Problemansatz.

Die Bedeutung der dogmatischen Kategorie „besonderes Gewaltverhältnis" besteht darin, daß sie aus allen möglichen sozialen Gebilden und den für solche geltenden Teilrechtsordnungen diejenigen heraushebt, für deren Mitglieder ihre Rechte und Pflichten nicht in generellen rechtlichen Regelungen aufführbar sind, sondern zu deren voller Konkretion es auf Grund öffentlich-rechtlicher Befugnisse erteilter Einzelanordnungen bedarf. Mit der Notwendigkeit der Zulässigkeit solcher Einzelanordnungen ist allerdings noch nicht die Frage entschieden, ob es zu dieser Zulässigkeit einer gesetzlichen Ermächtigung bedarf oder ob sie aus „der Natur" des besonderen Gewaltverhältnisses folgt. Die oben in § 11.1 vorgeschlagene und begründete Formulierung gestattet einen Schluß auf die normative Zulässigkeit ohne gesetzliche Ermächtigung noch nicht. Die Diskussion dieser Frage geht jedoch über das Thema der vorliegenden Arbeit hinaus.

§ 25. Die Bedeutung des Grundrechts der Gewissensfreiheit
— ein Ausblick —

Auf eine kurze Formel gebracht, besteht die Funktion des Grundrechts auf Gewissensfreiheit darin, dem einzelnen bei rechtlich ver-

---

[18] Vgl. dazu oben §§ 8.7, 9.4 und 5.

[19] Für besondere Gewaltverhältnisse E. *Forsthoff*, a. a. O., S. 122; P. *Kahn*, a. a. O., S. 26 f. A. A. W. *Thieme*, a. a. O., S. 522; Kl. *Obermayer*, Verwaltungsakt und innerdienstlicher Rechtsakt, S. 86.

[20] Für besondere Gewaltverhältnisse Kl. *Obermayer*, a. a. O., S. 87; R. *Dame*, a. a. O., S. 10.

[21] Für besondere Gewaltverhältnisse W. *Thieme*, a. a. O., S. 522.

[22] So W. *Thieme*, a. a. O., S. 522.

§ 25. Die Bedeutung des Grundrechts der Gewissensfreiheit 155

mittelten Gewissenskonflikten nach Möglichkeit konfliktsvermeidende oder konfliktsvermindernde Verhaltensalternativen bereitzustellen. Dieses Eingehen der staatlich verfaßten Gesellschaft auf die Gewissensproblematik einzelner setzt allerdings auf seiten der einzelnen in der Regel voraus, daß sie ihre Gewissenspositionen in einem ersten Schritt den Rechtsgenossen verdeutlichen können, damit diskutierbar wird, welche Verhaltensalternativen die in Frage stehende Gewissensproblematik reduzieren können[1]. Diesem Sachverhalt trägt das oben § 15.3 formulierte Kriterium Rechnung, nachdem rein formelle Gewissenspositionen, die ein gegebenes Verhalten für geboten oder verboten halten ohne Rücksicht auf mögliche Folgen des Verhaltens, als solche noch kein Recht auf Berücksichtigung nach Art. 4 GG bewirken.

Allerdings ist zu beachten, daß durch die Einführung des Topos „rein formelle Gewissensposition" auch Argumente zugunsten der einzelnen gewonnen werden können, ja, daß die Möglichkeit weitgehender Gewährung der Religions- und Gewissensfreiheit darin beruht, Materien formeller Gewissenspositionen als für das staatlich verfaßte, das säkulare Gemeinwesen irrelevant aus den Rechtsmaterien auszuscheiden. Für eine säkulare Rechtsordnung rechnen nämlich nur diesseitig, innerweltlich feststellbare Folgen eines Verhaltens. Eine Eigenart vieler gewissensrelevanter Verhalten ist es jedoch, daß ihre intendierten Folgen nicht diesseitig feststellbar sind. Die Wirkungen der Taufe, eines gesprochenen oder abgeleugneten Bekenntnisses, eines manifesten Glaubensaktes, alle solche Verhalten sind dadurch ausgezeichnet, daß sie innerweltlich höchstens indirekte Folgen haben, insofern Dritte auf ein solches Verhalten reagieren. Daraus folgt, daß es keinen allgemein vermittelbaren Grund geben kann, solche Verhalten zu Rechtsmaterien zu machen. Die Frage, ob und nach welchem Ritus ein Glied der Rechtsgesellschaft sich oder sein Kind taufen lassen soll oder nicht soll, ist nicht mit diesseitigen Gründen diskutierbar — oder höchstens mit solchen, die den Sinn solcher Verhalten korrumpieren, wie etwa Zweckmäßigkeitsgründen. Insofern sind Positionen, die solche Verhalten für geboten oder verboten halten, prinzipiell formelle und scheiden aus rechtlichen Betrachtungen völlig aus[2].

Eine Schwäche des Grundrechts der Gewissensfreiheit zeigt sich darin, daß die Positionen einzelner in einer durch ständige Verstärkung von Interdependenzen ausgezeichneten Umwelt immer schwächer werden. Immer weniger Verhalten lassen sich auf ihren überschaubaren Kontext isolieren. War früher etwa die Alternative „Schulbesuch — Nicht-

---

[1] Vgl. dazu A. *Podlech*, Der Gewissensbegriff im Rechtsstaat, S. 221.
[2] So ausdrücklich H. *Weber*, Ersatzdienstverweigerung aus Gewissensgründen, S. 1610.

schulbesuch" eine mögliche Alternative und der Schulbesuch selbst ein übersehbares, auf wenige institutionalisierte Verhalten — wie etwa Anstellung eines Lehrers, Bereitstellung eines Raumes — zurückführbares Einzelverhalten[3], so ist heute das Schulwesen notwendige Bedingung der Existenz der einzelnen und der Gesellschaft und es selbst wiederum bedingt durch für den einzelnen unübersehbar gewordene Faktoren. Das führt dazu, daß Gewissenskonflikte nur selten noch durch eine Ja-Nein-Alternative lösbar sind. War früher die Errichtung und Unterhaltung etwa einer Konfessionsschule wenigstens in der einklassigen Form für fast jede Gemeinde tatsächlich möglich, sind heute die Anforderungen an Schulen derart gestiegen, daß die Errichtung einer Schule einer bestimmten Schulform aus tatsächlichen Gründen oft unmöglich wird. Allgemeiner gefaßt: rechtlich organisierte Institutionen sind nicht durch die Ausübung eines subjektiv-öffentlichen Rechts auf Gewissensfreiheit zu erzwingen[4], und je mehr das Verhalten einzelner durch — von der Allgemeinheit finanzierte — Institutionen bedingt ist, um so geringer wird die Chance, Verhalten nach individuellen, von der gesellschaftlichen Norm sehr abweichenden Regeln gestalten zu können. Während in sogenannten geschlossenen Gesellschaften individuelle Gewissensentscheidungen deswegen so selten waren, weil sie als sozial untragbar galten, sind sie in industrialisierten Gesellschaften deswegen so selten, weil die Interdependenz fast aller Gesellschaftsfunktionen ein Ausbrechen aus den festgelegten Verhaltensmustern unter für den einzelnen und die Gesellschaft kaum tragbare — meist in Geldbeträgen ausdrückbare — Belastungen stellt[5].

Nur ganz selten wird daher das Grundrecht der Gewissensfreiheit dem einzelnen einen neuen Verhaltensspielraum eröffnen. Bisher ist sein wichtigster Anwendungsbereich noch immer der Abbau von Verhaltensbeschränkungen aus der Zeit weltanschaulicher Identifikationen

---

[3] Als Beispiel sei auf meine Heimatstadt, eine Kleinstadt von heute 6000 Einwohnern, hingewiesen. Die erste Schule wurde 1706 als Lateinschule gegründet. Zwei „Professoren" wurden für 22 Schüler angestellt. Die Wollweber-Zunft stellte im Rathaus zwei ihrer heizbaren Zunfträume zur Verfügung. Heute hat der Ort 5 Schulen. In dem 1967 für über 4 Millionen DM fertiggestellten Gymnasialbau unterrichten 25 Lehrkräfte in 19 Klassen rund 600 Schüler.

[4] Ebenso P. *Badura*, in: VVDStRL 26 (1968) S. 149.

[5] Die sozialen Bedingungen für die Hochschätzung individueller Entscheidungen lassen sich genau angeben. Die Geschlossenheit einer Gesellschaft muß aufgebrochen sein, damit der Konformitätszwang gelockert ist, die Industrialisierung darf noch nicht so weit vorgeschritten sein, daß die Interdependenz der Gesellschaftsfunktionen neue Verhaltensmuster erzwingt, und die Gesellschaftsschicht, deren Verhalten normprägend ist, muß finanziell derart gestellt sein, daß die Kosten individuellen Verhaltens keine Rolle spielen. Diese Bedingungen treffen zu für die Zeit der Aufklärung (in Italien schon etwas früher) und des beginnenden Kapitalismus für die Klassen des Adels und des gehobenen Bürgertums. Diese Klassen haben die Bildungsgüter geschaffen, die noch heute durch die Schulen als Bildung schlechthin tradiert werden.

§ 25. Die Bedeutung des Grundrechts der Gewissensfreiheit

des Staates. Dennoch halte ich Art. 4 GG nicht für unwichtig. Die Art und Weise der Produktion von Rechtsvorschriften, wie sie die industriellen Gesellschaften seit etwa einem Jahrhundert ausgebildet haben, ist nicht beliebig fortsetzbar[6]. Mir scheint, daß von drei Grundrechten her die Produktion von Rechtsvorschriften in Zukunft unter neue, dogmatisch erst noch auszuformulierende Bedingungen gestellt wird. Art. 2 Abs. 1 GG in der Interpretation der *Sammlungsentscheidung* des *Bundesverfassungsgerichts* (BVerfGE 20, 150) stellt auch die Gesetzgebung unter das Prinzip der Verhältnismäßigkeit[7]. Art. 3 Abs. 1 GG stellt die mit jeder Rechtsetzung verbundene Differenzierung unter das Gebot der Begründbarkeit[8]. Art. 4 GG in der oben § 4.1 vorgeschlagenen Interpretation stellt Eingriffe in Gewissenspositionen ebenfalls unter den Vorbehalt der Möglichkeit einer besonderen Begründbarkeit, die oben § 4.3 als Argumentationslast bezeichnet wurde. Beachtet man, daß auch der Nachweis der Verhältnismäßigkeit eine spezifische Form der Begründbarkeit ist[9], so bedeutet dies, daß Art. 2 Abs. 1, 3 Abs. 1 und 4 Abs. 1 und 2 GG die Produktion von Rechtsvorschriften unter jeweils verschiedenen Gesichtspunkten unter den Vorbehalt der Mit-Produzierbarkeit rechtfertigender Gründe stellen. Diese Regelung der Produktion von Rechtsvorschriften ist nicht inhaltlich von Sachgebieten oder einzelnen angebbaren Freiheitsräumen — wie etwa Kommunikations-, Berufs- oder Eigentumsfreiheit — her gedacht, sondern formell in dem Sinne, daß sie jede mit der Produktion von Rechtsvorschriften verbundene Verhaltensbeschränkung unter den Vorbehalt einer nicht allein durch den Zweck oder das Ziel der Rechtsvorschrift vermittelte Begründbarkeit stellt[10].

---

[6] Stellt man die Zahl der jeweils geltenden Rechtsvorschriften — von den inter- und supranationalen Rechtsvorschriften über die Bundes- und Landesgesetze, die Verordnungen, Satzungen bis hin zu den außenwirksamen Behördenerlassen — als Funktion der Zahl der von den Rechtsvorschriften Betroffenen dar, so erhält man vermutlich eine Exponentialfunktion. Ungedämpft ansteigende Exponentialfunktionen im Bereich von Lebewesen oder Sozialgebilden sind ein Indiz dafür, daß die quantitative Zunahme bald in einen nur qualitativ anders zu beschreibenden Zustand übergeht.
[7] Vgl. dazu H. H. *Rupp*, Das Urteil des Bundesverfassungsgerichts zum Sammlungsgesetz — eine Wende in der Grundrechtsinterpretation des Art. 2 Abs. 1 GG?, S. 2039 f.
[8] Vgl. dazu N. *Luhmann*, Öffentlich-rechtliche Entschädigung rechtspolitisch betrachtet, S. 59; ders., Grundrechte als Institution, S. 169 f.; L. *Philipps*, Rechtliche Regelung und formale Logik, S. 321; M. *Kriele*, Plangewährleistungsansprüche, S. 534 ff.; P. *Noll*, Liberté et égalité en tant que problème législatif. S. 228 f. Vgl. dazu die oben §§ 3.1, 4.1 und 4 gegebenen Hinweise auf den Gleichheitssatz.
[9] So ausdrücklich H. H. *Rupp*, a. a. O., S. 2040. Vgl. auch W. *Weber*, Die verfassungsrechtlichen Grenzen sozialstaatlicher Forderungen, S. 435.
[10] Vgl. dazu N. *Luhmann*, Grundrechte als Institution, S. 172 f.; ders., Positives Recht und Ideologie, S. 557 ff.

VII. Die Bedeutung der erarbeiteten Ergebnisse

Für den Bereich der Gewissensproblematik läßt sich dies etwas vergröbernd so formulieren: In die moralische Selbstdarstellungssphäre des einzelnen darf die Gesamtheit mittels erzwingbarer Rechtsvorschriften nicht schon deswegen eingreifen, weil dieser Eingriff irgendeinem angebbaren Zweck dient. Art. 4 GG hat für die Ordnung einer Gesellschaft, für deren Existenz ein immer enger werdendes Geflecht von Rechtsnormen notwendige Bedingung ist, die Funktion, zu verhindern, daß dieses Geflecht so eng wird, daß dem einzelnen ein (relativ) konsistentes moralisches Verhalten nicht mehr möglich ist. Mag es auch selten vorkommen, daß dieser Funktion durch einen Rechtsstreit Wirksamkeit verliehen wird, so bleibt Art. 4 GG dennoch der Topos, der eine stete Reflexion darauf bewirken soll, daß die Rechtsordnung moralisches Verhalten der Bürger nicht verunmöglicht.

Literaturverzeichnis

Abaelard: Petri Abaelardi Opera omnia, MPL 138, Paris 1885.

Abelein, M.: Rechtsstaat und besonderes Gewaltverhältnis, in: Zeitschrift für Politik, 14 (1967), S. 313—332.

Almond, G. A.: A Developmental Approach to Political Systems, in: World Politics 17 (1964/65), S. 183—214.

Anonym: Die Kriegsdienstverweigerung im deutschen Wehrpflichtgesetz, in: Herder-Korrespondenz, 10 (1955/56), S. 576—580.

Anschütz, G.: Die Verfassungsurkunde für den preußischen Staat vom 31. Januar 1850. Ein Kommentar für Wissenschaft und Praxis, Berlin 1912.
—: Die Verfassung des Deutschen Reichs vom 11. August 1919, 14. Aufl. (1933), Nachdruck Darmstadt 1960.
—: Die Religionsfreiheit, in: G. *Anschütz*, R. *Thoma* (Hrsg.), Handbuch des Deutschen Staatsrechts, 2. Bd., Tübingen 1932, S. 675—689.

Arndt, A.: Aufgaben und Grenzen der Staatsgewalt im Bereich der Schulbildung, in: K. *Forster* (Hrsg.), Schule und Staat. Studien und Berichte der kath. Akademie in Bayern, 9. Heft, München 1959, S. 11—50.

Augustinus: Sermo ad Caesariensis ecclesiae plebem, in: MPL 43, Sp. 690 bis 698, Paris 1865.
—: Epistola 98, in: MPL 33, Sp. 360—364, Paris 1865.
—: De civitate Dei, MPL 41, Paris 1844.

Bachof, O.: Verwaltungsakt und innerdienstliche Weisung, in: Verfassung und Verwaltung in Theorie und Wirklichkeit, Festschrift für W. Laforet, München 1952, S. 285—316.
—: Begriff und Wesen des sozialen Rechtsstaats, in: VVDStRL 12 (1954), S. 37 —344.

Badura, P.: Generalprävention und Würde des Menschen, in: JZ 1964, S. 337 —84.

Bank, B.: Zur Einschränkung der Grundrechte im Beamtenverhältnis, in: Zeitschrift für Beamtenrecht 11 (1963), S. 227—229.

Barion, H.: Feudaler oder neutraler Staat. Das religionsrechtliche Problem der Bremer Klausel (Art. 141 GG), in: DÖV 19 (1966), S. 361—368.

Barnasch, Ch. I.: The Functions of the Executive, Cambridge Mass. 1938.

Baumbach, A., *Lauterbach*, W.: Zivilprozeßordnung, 29. Aufl. München/Berlin 1966.

Bellarmin, R.: Quarta controversia generalis de conciliis, in: *ders.*, Opera omnia, ed. J. *Fèbre*, 2. Bd, Paris 1870, Nachdruck Frankfurt/M. 1965, S. 187—408.

Bender, A.: Allgemeines Verwaltungsrecht, 2. Aufl., Freiburg i. Br. 1956.

Berkenhoff, A. H.: Schulaufsicht und Kommunalaufsicht in Nordrhein-Westfalen, in: DVBl. 12 (1959), S. 117–121.

Bloch, E.: Thomas Münzer als Theologe der Revolution, Frankfurt/M. 1962.

Böckenförde, E.-W.: Gesetz und gesetzgebende Gewalt von den Anfängen der deutschen Staatsrechtslehre bis zur Höhe des staatsrechtlichen Positivismus, Berlin 1958.

–: Religionsfreiheit und öffentliches Schulgebet. Eine Auseinandersetzung mit dem Urteil des Hess. Staatsgerichtshofs vom 27. 10. 1965, in: DÖV 19 (1966), S. 30–38.

–: Erklärung über die Religionsfreiheit, Einleitung (Zweites Vatikanisches Konzil, Erklärung über die Religionsfreiheit, Authentischer lateinischer Text, Deutsche Übersetzung im Auftrage der deutschen Bischöfe), Münster 1968.

–: Rechtsfragen der Neuordnung des Schulwesens im Lande Nordrhein-Westfalen. Rechtsgutachten erstattet im Auftrag des Kultusministers des Landes Nordrhein-Westfalen von E. W. Böckenförde unter Mitarbeit von R. *Grawert* und A. *Podlech*, Düsseldorf 1969 (zitiert als „Rechtsgutachten").

Bötcher, R.: Die politische Treupflicht der Beamten und Soldaten und die Grundrechte der Kommunikation, Berlin 1967.

Breasted, J. H.: Die Geburt des Gewissens, Zürich 1950.

Brinkmann, K.: Grundrecht und Gewissen im Grundgesetz. Eine rechtsphilosophisch-staatsrechtliche Untersuchung, Bonn 1965.

Brohm, W.: Verwaltungsvorschriften und besonderes Gewaltverhältnis, in: DÖV 17 (1964), S. 238–251.

Bruns, H. J.: Zur rechtsdogmatischen Problematik strafrichterlicher Auflagen, in: NJW 12 (1959), S. 1393–1398.

Buch, G.: Die Rechtsstellung des Lehrers zu Kirche und Staat bei der Erteilung des Religionsunterrichts, Hamburg 1932.

Bühler, O.: Allgemeines Steuerrecht, Berlin 1927.

Campenhausen, A. v.: Erziehungsauftrag und staatliche Schulträgerschaft. Die rechtliche Verantwortung für die Schule, Göttingen 1967.

Carnap, R.: Einführung in die symbolische Logik, 2. Aufl., Wien 1960.

Clauberg, K. W., *Dubislav*, W.: Systematisches Wörterbuch der Philosophie, Leipzig 1923.

Clemens von Alexandrien: Stromata, in: MPG 8, Sp. 685–1382, Paris 1891.

Comfort, A.: Der aufgeklärte Eros, 2. Aufl., München 1966.

Comte, A.: La Philosophie positive, 2 Bde, Paris 1880/1881.

Cooley, Ch. H.: Social Organization (1902), Glencoe Ill. 1956.

Cyprian: De catholicae ecclesiae unitate, in: MPL 4, Sp. 509–536, Paris 1891.

Dahrendorf, R.: Homo Sociologicus. Ein Versuch zur Geschichte, Bedeutung und Kritik der Kategorie der sozialen Rolle, 5. Aufl. Köln Opladen 1965.

Dame, R.: Das Verhältnis der Grundrechte zu den besonderen Gewaltverhältnissen nach dem deutschen und französischen Staats- und Verwaltungsrecht, jur. Diss. Köln 1965.

Daniels, H.: Pflichten und Rechte der Beamten, in: G. *Anschütz,* R. *Thoma* (Hrsg.), Handbuch des Deutschen Staatsrechts, 2. Bd., Tübingen 1932, S. 41–49.

Darwin, Ch.: Die Abstammung des Menschen und die geschlechtliche Zuchtwahl, 2 Bde, Halle 1893/1894.

Denzinger, H.: Enchiridion Symbolorum. Definitionum et declarationum de rebus fidei et morum, 26. Aufl. bearb. v. J. B. *Umberg,* Freiburg i. Br. 1946.

Doemming, Kl. B. v., *Füßlein,* R. W., *Matz,* W.: Entstehungsgeschichte der Artikel des Grundgesetzes, in: Jahrbuch des öffentlichen Rechts der Gegenwart. N. F. 1 (1951).

Dolch, J.: Das Elternrecht, Langensalza 1928.

Drath, M.: Grund und Grenzen der Verbindlichkeit des Rechts, Tübingen 1963.

Dürig, G.: Die Rechtsstellung der katholischen Privatschulen im Lande Bremen, Tübingen 1964.

–: Art. 103 III GG und die Zeugen Jehovas. Zur Mehrfachbestrafung der Ersatzdienstverweigerung aus Gewissensgründen, in: JZ 1967, S. 426–431.

–: s. *Maunz,* Th.

Easton, D.: A Framework for Political Analysis, Englewood Cliffs N. Y. 1965.

–: A Systems Analysis of Political Life, New York/London/Sidney 1965.

Ebers, G. J.: Religionsgesellschaften, in: H. C. *Nipperdey* (Hrsg.), Die Grundrechte und Grundpflichten der Reichsverfassung, 2. Bd., Berlin 1930, S. 361 bis 427.

–: Staat und Kirche im neuen Deutschland, München 1930.

Eichmann, E., *Mörsdorf,* Kl.: Lehrbuch des Kirchenrechts auf der Grundlage des Codex Juris Canonici, 7. Aufl., 3 Bde, Paderborn 1953.

Eisenhuth, A.: Die Entwicklung der Schulgewalt und ihre Stellung im Verwaltungsrecht in Deutschland, Würzburg 1932.

Erler, A.: Kirchenrecht. Ein Studienbuch, 3. Aufl. München/Berlin 1965.

Evers, H. U.: Verwaltung und Schule, in: VVDStRL 23 (1966), S. 147–198.

Feuchte, P., *Dallinger,* P.: Christliche Schule im neutralen Staat. Die Formen der Volksschule im Lichte des Verhältnisses von Staat und Kirche, in: DÖV 20 (1967), S. 361–374.

Fichte, J. G.: Das System der Sittenlehre nach den Prinzipien der Wissenschaftslehre, Jena/Leipzig 1789.

Fichter, J. H.: Grundbegriffe der Soziologie, hrsg. von E. *Bodzenta,* Wien/New York 1968.

Fischer, E.: Trennung von Staat und Kirche. Die Gefährdung der Religionsfreiheit in der Bundesrepublik, München 1964.

–: Schulgebet in Hessen, in: Vorgänge 4 (1965), S. 342 f.

–: Die Entscheidungen über Schulgebet und Religionsunterricht, in: Vorgänge 4 (1965), S. 457–459.

–: Bekenntnis- oder Gemeinschaftsschule? Die Antwort des Grundgesetzes, München 1966.

Flechtner, H. J.: Grundbegriffe der Kybernetik. Eine Einführung, 3. Aufl. Stuttgart 1968.

Fleiner, Fr.: Institutionen des Deutschen Verwaltungsrechts, 8. Aufl. (1928), 2. Nachdruck Aalen 1963.

Flindt, G.: Über die Rechtsnatur der öffentlichen Schule, in: DÖV 13 (1960), S. 885—890.

—: Über die Rechtsnatur der öffentlichen und der privaten Schule und über die staatliche Schulaufsicht, in: DÖV 15 (1962), S. 888—891.

Flume, W.: Allgemeiner Teil des Bürgerlichen Rechts, 2. Bd.: Das Rechtsgeschäft, Berlin/Heidelberg/New York 1965.

Forsthoff, E.: Lehrbuch des Verwaltungsrechts, 1. Bd.: Allgemeiner Teil, 7. Aufl. München/Berlin 1958.

Freud, S.: Zeitgemäßes über Krieg und Tod (1915), in: ders., Gesammelte Schriften, 10. Bd. Leipzig/Wien/Zürich 1924, S. 315—346.

Frey, G.: Imperativ-Kalküle, in: The Foundations of Statements and Decisions. Int. Coll. of Methods of Science (1961), Polish Scientific Publ., Warschau 1965, S. 369—383.

Friedberg, E.: Lehrbuch des katholischen und evangelischen Kirchenrechts, 3. Aufl. Leipzig 1889.

Friesenhahn, E.: Der politische Eid, Bonn 1928.

Fuß, E. W.: Kirche und Staat unter dem Grundgesetz, in: DÖV 14 (1961), S. 734—740.

—: Verwaltung und Schule, in: VVDStRL 23 (1966), S. 199—248.

Geiger, Th.: Demokratie ohne Dogma. Die Gesellschaft zwischen Pathos und Nüchternheit, München 1963.

Geiger, W.: Die verfassungsrechtlichen Grundlagen des Verhältnisses von Schule und Staat, in: K. *Forster* (Hrsg.), Schule und Staat. Studien und Berichte der kath. Akademie in Bayern, 9. Heft, München 1959, S. 11—50.

—: Gewissen, Ideologie, Widerstand, Nonkonformismus. Grundfragen des Rechts, München 1963.

Gericke, H.: Theorie der Verbände, Mannheim 1963.

Gernet, E.: Die Problematik des besonderen Gewaltverhältnisses des öffentlichen Rechts, jur. Diss. Erlangen 1954.

Gerson, J.: Propositio coram Anglicis, in: J. *Gersoni* Opera omnia, ed. M. L. *Ellies du Pin*, 2. Bd., 2. Aufl. Den Haag 1728, Sp. 123—130.

Giacometti, Z.: Quellen zur Geschichte der Trennung von Staat und Kirche, Nachdruck Aalen 1961.

Giese, F.: Die Anstellbarkeit dissidentischer Schulamtsbewerber in Preußen, in: AöR 61 (1932), S. 82—98.

Grabmann, M.: siehe *Ruf*, P.

Gross, W.: Um die Freiheit des Gewissens. Zum Beschluß des Bundesverfassungsgerichts vom 20. 12. 1960, in: JZ 1961, S. 480—482.

Grundmann, S.: Landschulreform und Bekenntnisschule, in: BayVBl. 12 (1966), S. 27—34.

—: Die Gewissensfreiheit im Verfassungsrecht, in: BayVBl. 13 (1967), S. 181 bis 183.

Habscheid, W. J.: Arbeitsverweigerung aus Glaubens- und Gewissensnot? in: JZ 1964, S. 246–249.

Haecker, Th.: Satire und Polemik 1914–1920, Innsbruck 1922.

Haenel, A.: Das Gesetz im formellen und materiellen Sinne, 1. Aufl. Leipzig 1888, Neudruck Darmstadt 1968.

Hamann, A.: Das Grundgesetz, 2. Aufl. Neuwied/Darmstadt 1961.

Hamel, W.: Die Bekenntnisfreiheit, in: Zeitschrift für die gesamte Staatswissenschaft 109 (1953), S. 54–77.

–: Glaubens- und Gewissensfreiheit, in: Die Grundrechte, hrsg. von K. A. *Bettermann* u. a., 4. Bd., 1. Teil, Berlin 1960, S. 37–110.

–: Die Gewissensfreiheit im Grundgesetz. Eine Erwiderung, in: AöR 89 (1964), S. 322–335.

–: Die Bekenntnisfreiheit in der Schule. Zum Urteil des Hess. Staatsgerichtshofes über das Schulgebet, in: NJW 1966, S. 18–21.

Hanckel, H.: Theorie der komplexen Zahlensysteme, Leipzig 1867.

Hannover, H.: Ist die Bestrafung der Ersatzdienstverweigerung der Zeugen Jehovas mit dem Grundrecht der Glaubens- und Gewissensfreiheit vereinbar? in: Goldtammers Archiv für Strafrecht, 1964, S. 33–46.

Hartley, E. L., *Hartley*, R. E.: Die Grundlagen der Sozialpsychologie, Berlin 1955.

Hartmann, A.: Toleranz und christlicher Glaube, Frankfurt/M. 1955.

Hartmann, N.: Ethik, 3. Aufl., Berlin 1949.

Hassenstein, B.: Belastete Begriffe, in: Deutsche Universitätszeitung 6 (1951), Nr. 11, S. 14–15.

–: Abbildende Begriffe, in: Verhandlungen der Deutschen Zoologischen Gesellschaft, 1954, S. 197–202.

Hatschek, J.: Deutsches und Preußisches Staatsrecht, 2 Bde, 1. Aufl. Berlin 1922/1923.

Heckel, H.: Deutsches Privatschulrecht, Berlin/Köln 1954.

–: Die Rechtsstellung des bergbaulichen Schulwesens in Nordrhein-Westfalen, in: DÖV 14 (1961), S. 46–51.

Heckel, H., *Seipp*, P.: Schulrechtskunde. Ein Handbuch für Lehrer, Eltern und Schulverwaltung, 3. Aufl. Neuwied/Berlin 1965.

Heckel, J.: Budgetäre Ausgabeninitiative im Reichstag zugunsten eines Reichskultusfondus, in: AöR 51 (1927), S. 420 ff.

–: Melanchthon und das heutige Staatskirchenrecht, in: Um Recht und Gerechtigkeit. Festgabe für E. Kaufmann, Stuttgart 1950, S. 83–102.

–: Lex Charitatis. Eine juristische Untersuchung über das Recht in der Theologie Martin Luthers, München 1953.

–: Zur Frage der Vereinbarkeit der Bekenntnisschule mit dem Grundgesetz, in: DÖV 7 (1954), S. 144.

–: Gegenwartsprobleme des Schulrechts und der Schulverwaltung, in: DVBl. 10 (1957), S. 482–488.

Heckel, M.: Die Kirchen unter dem Grundgesetz, in: VVDStRL 26 (1968), S. 5–56.

Heer, Fr.: Aufgang Europas. Eine Studie zu den Zusammenhängen zwischen politischer Religiosität, Frömmigkeitsstil und dem Werden Europas im 12. Jahrhundert, Wien/Zürich 1949.

Hegel, G. Fr. W.: Grundlinien der Philosophie des Rechts oder Naturrecht und Staatswissenschaft im Grundriß, Ausg. H. *Glockner*, Stuttgart 1952.

Heinitz, E.: Der Entwurf des Allgemeinen Teils des Strafgesetzbuches vom kriminalpolitischen Standpunkt aus, in: Zeitschrift für die gesamte Strafrechtswissenschaft 70 (1958), S. 1–24.

Held, H.: Die Unzulässigkeit von Hand- und Spanndiensten nach geltendem Verfassungs-, Verwaltungs- und Völkerrecht, in: DVBl. 7 (1954), S. 345 bis 348.

Heller, H.: Staatslehre, hrsg. von G. *Niemeyer*, 2. Aufl. Leiden 1961.

Hempel, C. G., Oppenheim, P.: Der Typusbegriff im Lichte der neueren Logik. Wissenschaftstheoretische Untersuchungen zur Konstitutionsforschung und Psychologie, Leiden 1936.

Herbig, J. C.: Wörterbuch der Sittenlehre, 1834.

Hesse, K.: Der Rechtsschutz durch staatliche Gerichte im kirchlichen Bereich, Göttingen 1956.

–: Freie Kirche im demokratischen Gemeinwesen. Zur Gegenwartslage des Verhältnisses von Staat und Kirche in der Bundesrepublik, in: Zeitschrift für evangel. Kirchenrecht 11 (1964/65), S. 337–362.

–: Grundzüge des Verfassungsrechts der Bundesrepublik Deutschland, 2. Aufl. Karlsruhe 1968.

Hinzmann, M.: Die aktuelle Kriegsdienstverweigerung als beachtliche Gewissensentscheidung, Hamburg 1959.

Hobbes, Th.: Leviathan or the matter, form and power of a commonwealth, ecclesiastical and civil, Ed. Everyman's Library, London 1957.

Hofmann, W.: Die religiöse Kindererziehung in verfassungsrechtlicher Sicht, in: Ehe und Familie (FamRZ) 12 (1965), S. 61–67.

Hollerbach A.: Die Kirchen unter dem Grundgesetz, in: VVDStRL 26 (1968), S. 57–106.

Holstein, G.: Die beamtenrechtlichen Normen der Reichsverfassung und die Stellung der Geistlichen und Kirchenbeamten, in: AöR 52 (1927), S. 153–208.

Huber, E. R.: Verträge zwischen Staat und Kirche im Deutschen Reich, Breslau 1930.

–: Die Beschäftigung bekenntnisloser Lehrer nach der Reichsverfassung, in: AöR 61 (1932), S. 99–109.

Humboldt, W. v.: Ideen zu einem Versuch die Grenzen der Wirksamkeit des Staates zu bestimmen (1792), in: *ders.*, Schriften zur Anthropologie und Geschichte, hrsg. von A. *Flitner* und Kl. *Giel*, Darmstadt 1960, S. 56–233.

Innozenz XI.: Const. „Coelestis Pastor" vom 20. 11. 1687, in: Magnum Bullarium Romanum, Ed. nova, Luxemburg/Genf 1742 ff., 10. Bd., Sp. 212 b ff.

Ipsen, H. P.: Verwaltung durch Subventionen: in: VVDStRL 25 (1967), S 257 –307.

Jacobi, E.: Die Rechtsverordnungen, in: G. *Anschütz*, R. *Thoma* (Hrsg.), Handbuch des Deutschen Staatsrechts, 2. Bd., Tübingen 1932, S. 236–255.

Jacobi, E.: Die Verwaltungsverordnungen, in: *ebd.*, S. 255–263.

Jaenke, G.: Verwaltungsvorschriften im Steuerrecht, Düsseldorf 1959.

Jaspers, K.: Philosophie, 3 Bde, Berlin 1932.

Jecht, H.: Die öffentliche Anstalt. Wandlungen und gegenwärtige Struktur, Berlin 1963.

Jellinek, G.: System der subjektiven öffentlichen Rechte, 2. Aufl., Tübingen 1905.

Jellinek, W.: Die Rechtsformen des Staatsdienstes – Begriff und rechtliche Natur des Beamtenverhältnisses, in: G. *Anschütz*, R. *Thoma* (Hrsg.), Handbuch des Deutschen Staatsrechts, 2. Bd., Tübingen 1932, S. 20–33.

Jesch, D.: Gesetz und Verwaltung, Tübingen 1961.

Johannes der Turrecremata: Summa de ecclesia domini, Venedig 1561.

Jone, H.: Gesetzbuch der lateinischen Kirche. Erklärung der Kanones, 2. Aufl., 3 Bde, Paderborn 1950–1952.

Jung, C. G.: Das Gewissen in psychologischer Sicht, in: Studien aus dem C. G. Jung-Institut, 7 (1958), S. 185–207.

Kahn, P.: Das besondere Gewaltverhältnis im öffentlichen Recht, jur. Diss. Heidelberg 1912.

Kähler, M.: Das Gewissen. Eine ethische Untersuchung. Die Entwicklung seines Namens und seines Begriffs (1878), Neudruck Darmstadt 1967.

Kalisch, W.: Grundrechte und Berufsbeamtentum nach dem Bonner Grundgesetz, in: AöR 78 (1952/53), S. 334–354.

Kambartel, F.: Logische Stellung und konstruktive Bedeutung mathematischer Permanenzprinzipien, in: Der Mathematikunterricht, 7 (1961), S. 57–78.

Kant, I.: Kritik der reinen Vernunft (1781), hrsg. von W. *Weischedel*, Darmstadt 1956.

–: Über das Mißlingen aller philosophischen Versuche in der Theodizee (1791), in: *ders.*, Schriften zur Anthropologie, Geschichtsphilosophie, Politik und Pädagogik, hrsg. von W. *Weischedel*, Darmstadt 1964, S. 103–124.

–: Über Pädagogik (1803), in: *ebd.*, S. 693–761.

Kaufmann, E.: Das Wesen des Völkerrechts und die clausula rebus sic stantibus. Eine rechtsphilosophische Studie zum Rechts-, Staats- und Vertragsbegriff, Tübingen 1911, Neudruck Aalen 1964.

Kaufmann, H.: Die Einrede der entgegenstehenden Gewissenspflicht, in: Archiv für die civilistische Praxis 161 (1962), S. 289–316.

Kaufmann-Bühler, W.: Logische und begriffliche Probleme bei der näheren Regelung des Grundrechts der Kriegsdienstverweigerung gemäß Art. 4 Abs. 3 GG, jur. Diss. Heidelberg 1960.

Keim, W.: Schule und Religion. Die religiös-weltanschauliche Neutralität des Staates und die Verbreitung religiösen Gedankenguts mit Hilfe des Schulwesens in den Vereinigten Staaten und Deutschland, Frankfurt/M., Berlin 1967.

Kellner, H.: Zum gerichtlichen Rechtsschutz im besonderen Gewaltverhältnis, in: DÖV 16 (1963), S. 418–429.

Kempski, J. v.: Grundlegung zu einer Strukturtheorie des Rechts, Wiesbaden 1961.

—: Zur Logik der Ordnungsbegriffe, besonders in den Sozialwissenschaften (1952), in: H. *Albert* (Hrsg.), Theorie und Realität, Tübingen 1964, S. 209 bis 232.

Kleinknecht, Th., *Müller*, H.: Kommentar zur Strafprozeßordnung, 5. Aufl., Nürnberg/Düsseldorf/Berlin 1963.

Klug, U.: Juristische Logik, 3. Aufl., Berlin/Heidelberg/New York 1966.

Knopp, A., *Biederbick*, K. H.: Bundessozialhilfegesetz vom 30. Juni 1961. Erläuterungsbuch für die Praxis, Berlin/Frankfurt/M. 1962.

Köhl, G.: Die besonderen Gewaltverhältnisse im öffentlichen Recht, Zürich 1955.

—: Zur Frage des Besonderen Gewaltverhältnisses, in: Zeitschr. für Beamtenrecht 5 (1957), S. 121–124.

Koellreutter, O.: Staat, Kirche und Schule im heutigen Deutschland, Tübingen 1926.

Köttgen, A.: Verwaltungsrecht der öffentlichen Anstalt, in: VVDStRL 6 (1929), S. 105–143.

—: Schule und Lehrer im modernen Staat, Langensalza 1930.

—: Kirche im Spiegel deutscher Staatsverfassungen der Nachkriegszeit, in: DVBl. 5 (1952), S. 485–488.

—: Fondsverwaltung in der Bundesrepublik, Stuttgart 1965.

Kriele, M.: Plangewährleistungsansprüche? in: DÖV 20 (1967), S. 531–538.

Krüger, Herb.: Die Einschränkung von Grundrechten nach dem Grundgesetz, in: DVBl. 3 (1950), S. 625–629.

—: Rechtsverordnung und Verwaltungsanweisung, in: Rechtsprobleme in Staat und Kirche. Festschrift für R. Smend zum 70. Geburtstag, Göttingen 1952, S. 211–241.

—: Der Verwaltungsrechtsschutz im besonderen Gewaltverhältnis, in: NJW 6 (1953), S. 1369–1373.

—: „Verbot mit Erlaubnisvorbehalt" und Gewährung mit Auslesevorbehalt, in: DÖV 11 (1958), S. 673–678.

—: Das besondere Gewaltverhältnis, in: VVDStRL 15 (1957), S. 109–132.

—: Allgemeine Staatslehre, Stuttgart/Berlin/Köln/Mainz 1964.

Krüger, Hildeg.: Die Grundrechte im besonderen Gewaltverhältnis, in: Zeitschr. für Beamtenrecht 4 (1956), S. 309–312.

Krüger, K.: Rechtsprechung unterm Kruzifix, in: Vorgänge 5 (1966), S. 145 f.

—: Rechtsprechung unterm Kreuz, Zweiter Akt, in: ebd., S. 296–298.

Laband, P.: Das Staatsrecht des Deutschen Reiches, 5. Aufl., 2 Bde, Tübingen 1911.

Landé, W.: Bildung und Schule, in: H. C. *Nipperdey* (Hrsg.), Grundrechte und Grundpflichten der Reichsverfassung, 3. Bd., Berlin 1930, S. 1–98.

—: Die staatsrechtlichen Grundlagen des deutschen Unterrichtswesens, in: G. *Anschütz*, R. *Thoma* (Hrsg.), Handbuch des Deutschen Staatsrechts, 2. Bd., Tübingen 1932, S. 690–724.

Landé, W.: Preußisches Schulrecht, Berlin 1933.

Lassar, G.: Die verfassungsrechtliche Ordnung der Zuständigkeiten, in: G. *Anschütz*, R. *Thoma* (Hrsg.), Handbuch des Deutschen Staatsrechts, 1. Bd., Tübingen 1930, S. 301–311.

Lehmann, H.: Allgemeiner Teil des Bürgerlichen Gesetzbuches, 9. Aufl., Berlin 1955.

Leinfellner, W.: Einführung in die Erkenntnis- und Wissenschaftstheorie, Mannheim 1965.

Leisner, W.: Die schutzwürdigen Rechte im Besonderen Gewaltverhältnis, in: DVBl. 13 (1960), S. 617–626.

Lerche, P.: Grundrechte der Soldaten, in: Die Grundrechte, hrsg. von K. A. *Bettermann* u. a., 4. Bd., 1. Halbbd., Berlin 1960, S. 447–535.

Levy, M. J.: The Structure of Society, Princeton N. J. 1952.

Lewin, K.: Principles of Topological Psychology, New York 1936.

Link, Chr.: Art. „Bekenntnisschule, III Juristisch", in: Evangelisches Staatslexikon, Berlin 1966, Sp. 143.

–: Verfassungsrechtliche Fragen zur Aufhebung der „Staatskirche", in: BayVBl. 12 (1966), S. 297–304.

Löwe-Rosenberg: Die Strafprozeßordnung und das Gerichtsverfassungsgesetz, 21. Aufl., 1. Bd., Berlin 1963.

Lorenzen, P.: Einführung in die operative Logik und Mathematik, Berlin/ Göttingen/Heidelberg 1955.

–: Methodisches Denken, Frankfurt/M. 1968.

Lübbe, H.: Säkularisierung. Geschichte eines politischen Begriffs, Freiburg i. Br. 1965.

Luhmann, N.: Wahrheit und Ideologie, in: Der Staat 1 (1962), S. 431–448.

–: Funktionen und Folgen formaler Organisation, Berlin 1964.

–: Öffentlich-rechtliche Entschädigung rechtspolitisch betrachtet, Berlin 1965.

–: Grundrechte als Institution. Ein Beitrag zur politischen Soziologie, Berlin 1965.

–: Die Gewissensfreiheit und das Gewissen, in: AöR 90 (1965), S. 257–286.

–: Positives Recht und Ideologie, in: Archiv f. Rechts- u. Sozialphilosophie 53 (1967), S. 531–571.

Malz, H.: Das Beamtenverhältnis als besonderes Gewaltverhältnis, in: Zeitschr. für Beamtenrecht 12 (1964), S. 97–102.

v. Mangoldt, H.: Das Bonner Grundgesetz, Berlin/Frankfurt/M. 1953.

v. Mangoldt, H., *Klein*, Fr.: Das Bonner Grundgesetz, 2. Aufl. Berlin/Frankfurt/M. 1955 ff.

Marré, H.: Zur Koordination von Staat und Kirche, in: DVBl. 19 (1966), S. 10 bis 15.

Marsilius von Padua: Der Verteidiger des Friedens (Defensor pacis), auf Grund der Übersetzung von W. *Kunzmann* bearb. und hrsg. von H. *Kusch*, 2 Bde, Darmstadt 1958.

Maurach, R.: Deutsches Strafrecht, Allgemeiner Teil, Karlsruhe 1954.

Maurer, M.: Das Elternrecht und die Schule, jur. Diss. München 1962.

Maunz, Th.: Toleranz und Parität im deutschen Staatsrecht, München 1954.

–: Deutsches Staatsrecht, 15. Aufl., München/Berlin 1966.

–: Staat und Schule im Verfassungsrecht, in: Für Kirche und Recht. Festschrift für J. Heckel, Köln/Graz 1959, S. 1–12.

Maunz, Th., *Dürig*, G.: Grundgesetz. Kommentar, München/Berlin 1958 ff.

Maury, K.: Elterliche Erziehungsgewalt und öffentliche Schulgewalt nach deutschem Recht, Breslau 1931.

Mayer, H.: Elternrecht, Schule und Kirche, in: DVBl. 8 (1953), S. 581–589.

Mayer, O.: Zur Lehre vom öffentlich-rechtlichen Vertrag, in: AöR 3 (1888), S. 1–86.

–: Deutsches Verwaltungsrecht, 2. Aufl., 2 Bde, München/Leipzig 1914–1917.

Menniken, J. B.: Einige Probleme der Gesetzgebung über die jüdischen Kultusgemeinden in den Bundesländern, in: DVBl. 19 (1966), S. 15–21.

Mess, Fr.: Wer gehört der Kirche an? in: AöR 49 (1926), S. 1–123.

Meyer, G., *Anschütz*, G.: Lehrbuch des Deutschen Staatsrechts, 7. Aufl., 2 Bde, München/Leipzig 1919.

Mikat, P.: Kirchen und Religionsgemeinschaften, in: Die Grundrechte, hrsg. von K. A. *Bettermann* u. a., 4. Bd., 1. Halbbd., Berlin 1960, S. 110–243.

–: Kirche und Staat in nachkonziliarer Sicht, in: Kirche und Staat, Festschrift für Hermann Kunst, hrsg. v. K. *Aland* und W. *Schneemelcher*, Berlin 1967, S. 105–125.

Mirbt, H.: Glaubens- und Gewissensfreiheit, in: H. C. *Nipperdey* (Hrsg.), Die Grundrechte und Grundpflichten der Reichsverfassung, 2. Bd., Berlin 1910, S. 319–360.

Mohs, W.: Schulgewalt und Elternrecht in Preußen, Langensalza 1930.

Moller, H.: Die Kriegsdienstverweigerung des Soldaten, in: NJW 9 (1966) S. 905–910.

Mommsen, Th.: Römisches Staatsrecht, 3 Bde. (in 5 gebunden), 3. Aufl., Leipzig 1887, 1888, Nachdruck Darmstadt 1963.

Müller, M.: Ethik und Recht in der Lehre von der Verantwortung, Regensburg 1932.

Münch, I. v.: Freie Meinungsäußerung und besonderes Gewaltverhältnis, jur. Diss. Frankfurt/M. 1957.

–: Besonderes Gewaltverhältnis, Arbeitsverhältnis und Beamtentum, in: Zeitschr. für Beamtenrecht 7 (1959), S. 209–211.

Nawiasky, H.: Forderungs- und Gewaltverhältnis. Ein Beitrag zum allgemeinen Teil des privaten und öffentlichen Rechts, in: Festschrift für E. Zitelmann, München/Berlin 1913 (ohne durchgehende Seitenangabe).

Nebinger, R.: Verwaltungsrecht. Allgemeiner Teil, 2. Aufl. 1949.

Noll, P.: Liberté et égalité en tant que problème législatif, in: Archiv für Rechts- und Sozialphilosophie 53 (1967), S. 215–232.

Obermayer, Kl.: Verwaltungsakt und innerdienstlicher Rechtsakt, Stuttgart/München/Hannover 1956.

–: Staatskirchenrecht im Wandel, in: DÖV 20 (1967), S. 9–17.

Obermayer, Kl.: Gemeinschaftsschule — Auftrag des Grundgesetzes, München 1967.

Ophüls, C. Fr.: Ist der Rechtspositivismus logisch möglich? in: NJW 21 (1968), S. 1745–1753.

Origines: In Jesu Nave homiliae, in: *Originis* opera omnia, ed. C. H. E. *Lommatzsch,* 25 Bde, Berlin 1831–1848, 11. Bd., S. 34.

Parsons, T.: The Structure of Social Action, Glencoe Ill. 1937.

—: General Theory in Sociology, in: Sociology Today, hrsg. v. R. *Merton* u. a., New York 1959, S. 3–38.

Parsons, T., *Smelser,* N. J.: Economy and Society, Glencoe Ill. 1956.

Paulsen, Fr.: Das deutsche Bildungswesen in seiner geschichtlichen Entwicklung, 3. Aufl., Leipzig/Berlin 1912.

Peters, H.: Die Gegenwartslage des Staatskirchenrechts, in: VVDStRL 11 (1954), S. 177–214.

—: Elternrecht, Erziehung, Bildung und Schule, in: Die Grundrechte, hrsg. von K. A. *Bettermann* u. a., 4. Bd., 1. Halbbd., Berlin 1960, S. 369–445.

Peters, K.: Strafprozeß. Ein Lehrbuch, Karlsruhe 1952.

Petrilowitsch, U. (Hrsg.): Das Gewissen als Problem, Darmstadt 1966.

Petzold, J.: Positivistische Philosophie, in: Zeitschrift für Philosophie 1 (1913), S. 1–16.

Philipps, L.: Rechtliche Regelung und formale Logik, in: Archiv für Rechts- und Sozialphilosophie 50 (1964), S. 317 ff.

Pius VI., P.: Const. „Auctorem fidei" vom 28. 8. 1794, in: Bullarii Romani Continuatio, ed. A. *Spita,* Rom 1835 ff., 9. Bd., Sp. 398 b ff.

Pius IX., P.: Enc. „Quanta conficiamur moerore" vom 10. 8. 1863, in: *Pii* XI Pontificis Maximi Acta, Rom 1854 ff., 3. Bd., S. 613 ff.

—: Enc. „Quanta cura" vom 8. 12. 1864, in: Acta Sanctae Sedis 3 (1867), S. 161 ff.

Pius XI., P.: Enc. de christiana iuventutis educatione „Divini illius magistri" vom 31. 12. 1929, in: Acta Apostolicae Sedis 22 (1930), S. 49–86.

—: Enc. „Casti connubii" vom 31. 12. 1930, in: Acta Apostolicae Sedis 22 (1930), S. 539 ff.

Podlech, A.: Der Gewissensbegriff im Rechtsstaat. Eine Auseinandersetzung mit Hamel und Witte, in: AöR 88 (1963), S. 185–221.

—: Grundrechte und Staat, in: Der Staat 6 (1967), S. 341–354.

—: Die Rechtsnatur der Verkehrszeichen und die öffentliche-rechtliche Dogmatik, in: DÖV 20 (1967), S. 740–745.

—: Logische Anforderungen kybernetischer Systeme an ihre Anwendung auf Rechtssätze, in: Der Betriebsberater 23 (1968), S. 106–110.

—: Gewissensfreiheit und Beamteneid — BayVerfGHE 17, 94, in: JuS 8 (1968), S. 120–125.

Pohlenz, M.: Die Stoa. Geschichte einer geistigen Bewegung, 2. Aufl., 2 Bde, Göttingen 1959, 1955.

Pontificale Romanum Summorum Pontificum jussu editum a *Benedicto* XIV. et *Leone* XIII. Pontificibus Maximis recognitum et castigatum, Mecheln 1934.

Popper, K. R.: Logik der Forschung (1934), 2. Aufl. Tübingen 1966.

Popper, K. R.: Die offene Gesellschaft und ihre Feinde, 1. Bd.: Der Zauber Platons, 2. Bd.: Falsche Propheten, Stuttgart 1957/1958.

—: Das Elend des Historismus, Tübingen 1965.

Redelberger, O.: Zur Frage der Vereinbarkeit der Bekenntnisschule mit dem Grundgesetz, in: DÖV 7 (1954), S. 102—108.

Rehm, H.: Die rechtliche Natur des Staatsdienstes nach deutschem Staatsrecht historisch-dogmatisch dargestellt, 2. Teil: Dogmatische Darstellung, in: Annalen des Deutschen Reichs, 17 (1885), S. 65—212.

Rehmert, Fr. G.: Verwaltungsgerichtliche Probleme des Schülerrechts, in: DÖV 11 (1958), S. 437—445.

Rein, W.: Die deutsche Schule im deutschen Staat mit Beziehung auf die Reichsschulgesetzgebung, Langensalze 1926.

Rentsch, H.: Über die Rechtsnatur der öffentlichen Schule, in: DÖV 14 (1961), S. 445—449.

—: Über die Rechtsnatur der öffentlichen und der privaten Schule und über die staatliche Schulaufsicht, in: DÖV 15 (1962), S. 891—892.

Ritter, J.: „Naturrecht" bei Aristoteles. Zum Problem einer Erneuerung des Naturrechts, Stuttgart 1961.

Rituale Monasticum secundum consuetudinem Congregationis Beuronensis Ordinis S. Benedicti editum R. *Walzer,* Regensburg 1930.

Rituale Romanum Pauli V. Pontificis Maximis jussu editum atque auctoritate S. D. N. *Pii* P. XI. ad normam Codicis Canonici accomodatum, Rom 1933.

Robson, Ch. B.: Der Begriff des „politischen Systems", in: Kölner Zeitschrift für Soziologie 17 (1965), S. 521—527.

Ross, A.: On Law and Justice, London 1958.

Ruf, P., *Grabmann,* M.: Ein neu aufgefundenes Bruchstück der Apologia Abaelards, München 1930.

Rupp, H. H.: Grundfragen der heutigen Verwaltungsrechtslehre. Verwaltungsnorm und Verwaltungsrechtsverhältnis, Tübingen 1965.

—: Das Urteil des Bundesverfassungsgerichts zum Sammlungsgesetz — eine Wende in der Grundrechtsinterpretation des Art. 2 Abs. 1 GG? in: NJW 19 (1966), S. 2037—2040.

Russel, B.: Woran ich glaube (1925), in: *ders.,* Warum ich kein Christ bin, München 1963.

Sander, U.: Axel Springer als „Erzieher der Jugend", als Manuskript gedruckt Wiesbaden 1967.

Sartre, J. P.: Kritik der dialektischen Vernunft, 1. Bd., Theorie der gesellschaftlichen Praxis, Reinbek 1967.

Schaar, E.: Elternhaus und Schule. Ihre gegenseitige Abgrenzung, Langensalza 1930.

Scheler, M.: Der Formalismus in der Ethik und die materiale Wertethik. Neuer Versuch der Grundlegung eines ethischen Personalismus, 4. Aufl. Bern 1954.

—: Vom Ewigen im Menschen, 4. Aufl. Bern 1954.

Schelsky, H.: Wandlungen der deutschen Familie, 3. Aufl. 1955.

Schelsky, H.: Schule und Erziehung in der industriellen Gesellschaft, 5. Aufl. Würzburg 1965.

Scheuner, U.: Der Schutz der Gewissensfreiheit im Recht der Kriegsdienstverweigerer, in: DÖV 14 (1961), S. 201–205.

–: Auseinandersetzungen und Tendenzen im deutschen Staatskirchenrecht. Kirchenverträge und Gesetz, Kirchensteuern, Gemeinschaftsschule, Religionsfreiheit, in: DÖV 19 (1966), S. 145–153.

Scheven, D.: Ist der kirchliche Dienst öffentlicher Dienst? in: Zeitschr. für Beamtenrecht 12 (1964), S. 289–294.

Schick, W.: Der Beamte als Grundrechtsträger, in: Zeitschr. für Beamtenrecht 11 (1963), S. 67–73.

Schillen, H.: Eidesaufforderung und Eidesleistung unter besonderer Berücksichtigung des nordrhein-westfälischen Beamtenrechts, in: Zeitschr. für Beamtenrecht 4 (1956), S. 40–44.

Schmidt, H. A.: Mathematische Gesetze der Logik, 1. Bd.: Vorlesungen über die Aussagenlogik, Berlin/Göttingen/Heidelberg 1960.

Schmitt, C.: Verfassungslehre, 3. Aufl. Berlin 1957.

–: Inhalt und Bedeutung des zweiten Hauptteils der Reichsverfassung, in: G. *Anschütz*, R. *Thoma* (Hrsg.), Handbuch des Deutschen Staatsrechts, 2. Bd., Tübingen 1932, S. 572–606.

Schmitthenner, Fr.: Grundlinien des allgemeinen oder ideellen Staatsrechts, Gießen 1845.

Schneider, E.: Logik für Juristen. Die Grundlagen der Denklehre u. der Rechtsanwendung, Berlin/Frankfurt/M. 1965.

Schnur, R.: Weltfriedensidee und Weltbürgerkrieg 1791/92, in: Der Staat 2 (1963), S. 297–317.

Scholler, H.: Die Freiheit des Gewissens, Berlin 1958.

–: Das Gewissen als Gestalt der Freiheit. Das Gewissen als Sinngestalt und Strukturprinzip im Verfassungsrecht, Köln/Berlin/Bonn/München 1962.

Scholz H., *Hasenjaeger*, G.: Grundzüge der mathematischen Logik, Berlin/Göttingen/Heidelberg 1961.

Scholz, H., *Schweitzer*, H.: Die sogenannten Definitionen durch Abstraktion. Eine Theorie der Definitionen durch Bildung von Gleichheitsverwandtschaften, Münster 1935.

Schwarz, E.: Die Ethik der Griechen, Stuttgart 1951.

Schwarz, O., *Kleinknecht*, Th.: Strafprozeßordnung, 25. Aufl. München/Berlin 1965.

Schwerding, J.: Praktische Anwendung aller unter der Regierung... Leopolds II.... in Glaubens Sachen, Publica Ecclesiasticis ergangenen Verordnungen..., Cilli 1793.

Seydel, M. v.: Bayerisches Staatsrecht, 3. Aufl., 4 Bde, Tübingen 1913.

Sieger, G. J.: Toleranz im Staat, Hannover 1956.

Simitis, Sp.: Rechtliche Anwendungsmöglichkeiten kybernetischer Systeme, Tübingen 1966.

Simon, H.: Das Recht der Kriegsdienstverweigerung in Gesetzgebung und Rechtsprechung der Bundesrepublik, in: M. *Schröter* (Hrsg.), Kriegsdienstverweigerung als christliche Entscheidung, München 1965, S. 32–58.

Sorel, G.: Über die Gewalt, Innsbruck 1928.

Spanner, H.: Zum gerichtlichen Rechtsschutz im besonderen Gewaltverhältnis, in: DÖV 16 (1963), S. 497.

Spranger, E.: Die wissenschaftlichen Grundlagen der Schulverfassungslehre und Schulpolitik, Berlin 1928.

–: Die Individualität des Gewissens und der Staat, in: Logos 22 (1933), S. 171 bis 202.

Stegmüller, W.: Das Universalienproblem einst und jetzt, in: Archiv für Philosophie 6 (1956), S. 192–225, 7 (1957), S. 45–81.

–: Das Wahrheitsproblem und die Idee der Semantik. Eine Einführung in die Theorien von A. Tarski und R. Carnap, Wien 1957.

Stein, E.: Die Grenzen des dienstlichen Weisungsrechts, Tübingen 1965.

–: Das Recht des Kindes auf Selbstentfaltung in der Schule. Verfassungsrechtliche Überlegungen zur freiheitlichen Ordnung des Schulwesens, Neuwied/Berlin 1967.

Stein, L. v.: Die Verwaltungslehre, 8 Teile, Stuttgart 1866–1884.

Stelzenberger, J.: Syneidesis, conscientia, Gewissen. Studien zum Bedeutungswandel eines moraltheologischen Begriffes, Paderborn 1963.

Stocker, H. G.: Das Gewissen, Bonn 1925.

Stutz, U.: Das Studium des Kirchenrechts an den deutschen Universitäten, in: Deutsche Akademische Rundschau 6 (1924), 12. Semesterfolge, Nr. 2.

Süsterhenn, A.: Zur staatskirchenrechtlichen Stellung kirchlicher Hochschulen unter besonderer Berücksichtigung der Rechtslage in Rheinland-Pfalz und Nordrhein-Westfalen, in: DVBl. 14 (1961), S. 181–186.

Talmud: Der babylonische, hrsgg. und übersetzt von L. Goldschmidt, 9 Bde., Leipzig 1897–1935.

Thieme, W.: Die besonderen Gewaltverhältnisse, in: DÖV 9 (1956), S. 521–529.

–: Der öffentliche Dienst in der Verfassungsordnung, 1961.

–: Der Gesetzesvorbehalt im besonderen Gewaltverhältnis, in: JZ 1964, S. 81 bis 85.

Thoma, R.: Der Polizeibefehl im badischen Recht, 1. Teil, Tübingen 1906.

–: Die juristische Bedeutung der grundrechtlichen Sätze der Deutschen Reichsverfassung im allgemeinen, in H. C. *Nipperdey*, (Hrsg.), Die Grundrechte und Grundpflichten der Reichsverfassung, 1. Bd., Berlin 1929, S. 1–53.

–: Grundbegriffe und Leitsätze, in: G. *Anschütz*, R. *Thoma* (Hrsg.), Handbuch des Deutschen Staatsrechts, 2. Bd., Tübingen 1932, S. 108–159.

–: Der Vorbehalt der Legislative und das Prinzip der Gesetzmäßigkeit der Verwaltung, in: *ebd.* S. 221–236.

–: Das System der subjektiven öffentlichen Rechte und Pflichten, in: *ebd.*, S. 607–623.

Thomas von Aquin: Quaestiones disputatae Vol. I: De veritate, ed. F. R. *Spiazzi*, 8. Aufl. Turin/Rom 1949.

Thomasius, Chr.: Fundamenta Juris Naturae et Gentium, Halle/Leipzig 1718.

Tilch, H.: Der Rechtsschutz gegen Verwaltungsakte im Schulverhältnis, jur. Diss. München 1961.

Toews, H. J.: Die Schulbestimmungen des niedersächsischen Konkordats, Göttingen 1967.

Tönnies, F.: Gemeinschaft und Gesellschaft. Grundbegriffe der reinen Soziologie, 8. Aufl. 1935, Nachdruck Darmstadt 1963.

Treitschke, H. v.: Politik, 5. Aufl. Leipzig 1922.

Troeltsch, E.: Die Trennung von Staat und Kirche, der staatliche Religionsunterricht und die theologischen Fakultäten, Tübingen 1907.

Ule, C. H.: Das besondere Gewaltverhältnis, in: VVDStRL 15 (1957), S. 133–185.

—: Öffentlicher Dienst, in: K. A. *Bettermann* u. a. (Hrsg.), Die Grundrechte, 4. Bd., 2. Halbbd., Berlin 1962, S. 537–671.

Vogel, Kl.: Grenzen der „allgemeinen Steueraufsicht", in: G. *Felix* (Hrsg.), Vom Rechtsschutz im Steuerrecht, Düsseldorf 1960, S. 199–225.

Vormbaum, R.: Die evangelischen Schulordnungen des 16. bis 18. Jahrhunderts, 3 Bde., Gütersloh 1860–1864.

Weber, H.: Grundprobleme des Staatskirchenrechts, in: JuS 7 (1967), S. 433–444.

—: Ersatzdienstverweigerung aus Gewissensgründen? in: NJW 21 (1968), S. 1610–1611.

Weber, W.: Die gegenwärtige Lage des Staatskirchenrechts, in: VVDStRL 11 (1954), S. 153–176.

—: Die verfassungsrechtlichen Grenzen sozialstaatlicher Forderungen, in: Der Staat 4 (1965), S. 409–439.

Welzel, H.: Vom irrenden Gewissen. Eine rechtsphilosophische Studie, Tübingen 1949.

—: Gesetz und Gewissen, in: Hundert Jahre deutsches Rechtsleben. Festschrift zum hundertjährigen Bestehen des Deutschen Juristentags, 1. Bd., Karlsruhe 1960, S. 383–400.

Werner, Fr.: Zur Lage des Schulverwaltungsrechts, in: DÖV 11 (1958), S. 433 bis 437.

Wimmer, R.: Sind die deutschen Schulverwaltungen rechtsstaatlich? in: DVBl. 19 (1966), S. 846–854.

Winnefeld, Fr.: Pädagogischer Kontakt und pädagogisches Feld, München/Basel 1957.

Wisman, H. V.: Political Systems. Some Sociological Approaches, London 1966.

Wolf, Ernst: Vom Problem des Gewissens in reformatorischer Sicht, in: *ders.*, Peregrinatio, 1. Bd., München 1954, S. 81–112.

—: Gewissen zwischen Gesetz und Evangelium, in: *ebd.*, 2. Bd., München 1965, S. 261–283.

—: Kirche, Staat, Gesellschaft, in: *ebd.*, S. 261—283.

Wolff, H. J.: Organschaft und juristische Person, 1. Bd., Juristische Person und Staatsperson, 2. Bd., Theorie der Vertretung, Berlin 1933, 1934.

Wolff, H. J.: Verwaltungsrecht, 3 Bde., München/Berlin; 1. Bd., 6. Aufl. 1965; 2. Bd., 2. Aufl. 1967; 3. Bd., 1. Aufl. 1966.

Zezschwitz, Fr. v.: Staatliche Neutralitätspflicht und Schulgebet. Zum Urteil des Hess. StGH vom 27. 10. 1965, in: JZ 1966, S. 337–344.

Zippelius, R.: Kirche und Staat und die Einheit der Staatsgewalt, in: Zeitschr. für evangelisches Kirchenrecht 9 (1962/63), S. 42–68.

–: Art. 4, in: Kommentar zum Bonner Grundgesetz (Bonner Kommentar), bearb. von H. J. *Abraham* u. a., Hamburg 1950 ff., 17. Lief., 1966.

Personenverzeichnis

Abaelard, P., 25 ff., 28
Abelein, M., 52, 66, 71
Ackermann, W., 79
Alexander III., Papst, 81
Alexander IV., Papst, 23
Almond, G. A., 78
Anschütz, G., 20, 23, 24, 27, 70, 80, 82, 136
Aristoteles, 26
Arndt, A., 29, 90, 95, 104, 126, 130, 132
Augustinus, Au., 84, 98

Bach, J. S., 103
Bachof, O., 45, 58, 60
Badura, P., 34, 156
Banck, B., 69
Barion, H., 100
Barnasch, Ch. I., 59
Bellarmin, R., 81
Bender, A., 153
Berkenhoff, A. H., 87
Bloch, E., 25
Böckenförde, E. W., 77, 84, 85, 86, 95, 99, 100, 101, 103, 104, 106, 107, 110
Bötcher, R., 122
Breastedt, J. H., 75
Brinkmann, K., 31, 98
Brohm, W., 58, 71, 86
Bruns, H. J., 153
Bühler, O., 153

Campenhausen, A. v., 41, 75, 84, 87, 88, 89, 92, 95, 99
Carnap, R., 44, 49, 50, 55, 70, 79, 82
Clauberg, K. W., 23
Clemens v. Alexandrien, 81
Comfort, A., 91
Comte, A., 34
Cooley, Ch. H., 53
Cyprian, 98

Dahrendorf, R., 50
Dallinger, P., 84, 89, 92, 106
Dame, R., 49, 66, 117, 148, 151, 154
Daniels, H., 64, 67
Darwin, Ch., 21
Dolch, J., 89
Drath, M., 61
Dubček, A., 17, 97
Dubislav, W., 23
Dürig, G., 35, 36, 49, 60, 66, 68, 70, 71, 76, 83, 92, 100, 117, 124, 130, 131, 133, 135, 137, 138, 142

Easton, D., 78
Ebers, G. J., 73, 84
Eichmann, E., 83, 97, 99, 100
Eisenhuth, A., 50, 86, 88
Erler, A., 82, 84
Ernst der Fromme, Herzog, 89
Evers, H. U., 89, 90

Feuchte, P., 84, 89, 92, 106
Fichte, J. G., 26
Fichter, J. H., 50, 53, 59, 73
Fischer, E., 76, 77, 78, 82, 84, 92, 102, 106, 107, 143, 149
Flechtner, H. J., 55
Fleiner, Fr., 44, 67, 86, 153
Flindt, G., 74
Flume, W., 46
Forsthoff, E., 49, 58, 69, 72, 86, 115, 117, 152, 153, 154
Freud, S., 127
Frey, G., 62
Friedberg, E., 81
Friesenhahn, E., 118, 119, 120, 121
Fuß, E. W., 87

Geck, W., 133
Geiger, Th., 53
Geiger, W., 21, 29, 35, 36, 42, 84, 89, 90, 99, 107, 141
Gerber, C. Fr. v., 64
Gericke, H., 50
Gernert, E., 44, 153
Gerson, J., 81
Giese, F., 137
Gödel, K., 61
Grabmann, M., 25
Gross, W., 124
Grundmannn, S., 21, 92

Habscheid, W. J., 33, 35
Haecker, Th., 127
Haenel, A., 68, 71, 81
Hamann, A., 23, 42
Hamel, W., 20, 22, 23, 29, 35, 36, 42, 95, 103, 106, 107, 124, 125, 148
Hankel, H., 48
Hannover, H., 31, 37, 132
Hartley, E. L., 53

Hartley, R. E., 53
Hartmann, A., 83
Hartmann, N., 21
Hasenjäger, G., 48
Hassenstein, B., 46, 47, 48, 53
Hatschek, J., 148
Heckel, H., 52, 67, 74, 76, 77
Heckel, J., 57, 73, 80, 84, 100
Heckel, M., 82, 84
Heer, Fr., 26
Hegel, Fr. W., 27
Heinemann, G., 124
Held, H., 152
Heinitz, E., 153
Heller, H., 78
Hempel, C. G., 47
Herbig, J. C., 28
Herrfahrdt, H., 87
Hesse, K., 68, 84
Hilbert, D., 79
Hinzmann, M., 21, 27, 31, 32, 35, 40, 124, 125, 126
Hobbes, Th., 61
Hofmann, W., 92, 95
Hollerbach, A., 82
Holstein, G., 82
Huber, E. R., 80, 81, 136, 137
Humboldt, W., v., 87

Innozenz II., Papst, 25
Innozenz XI., Papst, 98
Ipsen, H., 152, 153

Jacobi, E., 64, 70, 71
Jaenke, G., 58
Jaspers, K., 21
Jecht, H., 69, 72, 145, 146
Jellinek, G., 60
Jellinek, W., 64, 117
Jesch, D., 68
Johannes v. Turrecremata, 81
Jone, H., 112
Josua, 128
Jung, C. G., 21

Kahl, W., 23
Kahn, P., 49, 54, 57, 60, 64, 67, 147, 152, 153, 154
Kähler, M., 21
Kalisch, W., 68
Kambartel, F., 48
Kant, I., 27, 61, 91, 97, 98, 130
Kaufmann, A., 63
Kaufmann, E., 61
Kaufmann, H., 33, 34, 35, 43
Kaufmann-Bühler, W., 123, 124, 125
Keim, W., 21, 23, 41, 75, 76, 82, 92, 95, 103, 104, 106, 112, 136, 137
Kellner, H., 69
Kempski, J. v., 47, 61

Klein, Fr., 20, 23, 29, 30, 36, 61, 76, 77, 125, 152
Kleinknecht, Th., 148, 149
Klug, U., 49
Köhl, G., 59, 65, 69
Koellreuther, O., 83
Korff, W., 25
Köttgen, A., 67, 80, 81, 88, 153
Kriele, M., 157
Krüger, Herb., 50, 58, 59, 64, 69, 71, 78, 83, 84, 87, 120, 121
Krüger, Hild., 69
Krüger, K., 148, 149

Laband, P., 23, 64
Landé, W., 74, 76, 87
Larenz, K., 63
Lassar, G., 63
Lauterbach, W., 147, 148, 149
Lehmann, H., 71
Leinfellner, W., 46
Leisner, W., 56, 63, 66, 67, 68, 69, 71, 140
Leo I., Papst, 24
Lerche, P., 68, 136
Levy, M. J., 79
Lewald, W., 21, 132
Lewin, K., 54
Link, Chr., 95, 101
Lorenzen, P., 62
Lübbe, H., 90, 119
Luhmann, N., 20, 21, 30, 32, 34, 35, 36, 50, 51, 56, 58, 59, 65, 66, 67, 78, 79, 100, 120, 150, 157

Malz, H., 68, 69, 81
Mangold, H. v., 42, 68
Marré, H., 84
Marsilius v. Padua, 81
Maurach, R., 126, 140
Maunz, Th., 23, 29, 61, 83, 84, 87, 95, 115, 136
Maury, K., 89, 90
Mayer, H., 89, 101
Mayer, O., 57, 64, 70, 153
Menniken, J. B., 82
Mess, Fr., 80, 111, 113
Meyer, G., 23
Mikat, P., 82, 84
Mirbt, H., 42
Mohs, W., 52, 86, 90, 113
Mommsen, Th., 131
Moller, H., 155
Mörsdorf, Kl., 83, 97, 99, 100
Müller, M., 25, 26
Münch, I. v., 46, 49, 115, 117, 152

Nawiasky, H., 47, 147, 153
Nebinger, R., 46, 153
Noll, P., 157

Personenverzeichnis

Obermayer, Kl., 45, 58, 67, 68, 69, 71, 78, 84, 92, 95, 154
Ophüls, C. Fr., 61
Oppenheim, P., 47
Origines, 98

Parsons, T., 50, 53, 79
Partsch, K., 50
Paulsen, Fr., 83, 86, 88
Paulus, Apostel, 91, 131
Peters, H., 48, 75, 76, 77, 80, 83, 84, 87, 88
Peters, K., 148, 149
Petrus, Apostel, 26
Petzold, J., 75
Philipps, L., 138, 157
Pitzer, Fr., 104, 106
Pius VI., Papst, 98, 112
Pius IX., Papst, 98, 112
Pius XI., Papst, 91, 96, 99, 100
Platon, 26
Podlech, A., 20, 21, 22, 23, 29, 36, 47, 61, 62, 71, 78, 79, 118, 119, 121, 122, 155
Pohlenz, M., 26
Popper, K., 34, 75, 88

Quaritsch, E., 84

Redelberger, O., 76, 95
Rehm, H., 64, 70
Rehmert, Fr. G., 71
Rein, W., 88
Rentsch, H., 74
Ritter, J., 26
Robson, Ch. B., 59, 78
Rosenberg, L., 61, 148
Ross, A., 61
Rothenbücher, K., 113
Ruf, P., 25
Rupp, H. H., 58, 64, 71, 78, 86, 157
Russel, B., 21, 79
Russel, Ch. T., 131

Sander, U., 89
Sartre, J. P., 119
Schaar, E., 90
Scheler, M., 27, 34
Schelsky, H., 93
Scheuner, U., 21, 32, 104, 106, 124, 126, 129
Scheven, D., 83
Schick, W., 52, 68
Schmidt, H. A., 103
Schmitt, C., 23, 63, 105
Schmitthenner, Fr., 64
Schneider, E., 119
Schnur, R., 34
Scholler, H., 20, 22, 23, 24, 28, 35, 42, 126, 132

Scholz, H., 47, 48, 49
Schulze, H., 64
Schwarz, E., 26
Schweizer, H., 47, 49
Seip, P., 52, 73, 76
Seydel, M. v., 23
Sieger, G. J., 83
Simitis, Sp., 61
Simon, H., 21
Smelser, N. J., 79
Sorel, G., 119
Spanner, H., 69
Spranger, E., 21, 27, 30, 35, 82, 87, 88, 89
Springer, A., 89
Stegmüller, W., 75, 79
Stein, E., 57, 58, 67, 71, 76, 86, 95, 106, 108, 115
Stein, L. v., 87
Stelzenberger, J., 22, 25, 26
Stocker, H. G., 25
Stutz, U., 82
Süsterhenn, A., 42, 99

Thieme, W., 44, 49, 52, 68, 69, 147, 148, 152, 1531
148, 152, 153
Thoma, R., 63, 65, 68, 70, 71
Thomas v. Aquin, 21
Thomasius, Chr., 26, 27, 30
Tilch, H., 49
Toews, H. J., 95
Tönnies, F., 53
Treitschke, H. v., 120
Troeltsch, E., 81, 82, 84, 86

Ule, C. H., 49, 52, 57, 59, 61, 69, 71, 86, 115, 117, 121

Vogel, Kl., 153

Wacke, G., 115
Weber, H., 29, 35, 82, 83, 84, 95, 125, 126, 155
Weber, M., 47
Weber, W., 61, 152, 153, 157
Welzel, H., 35
Werner, Fr., 71
Wieczorek, B., 148
Wimmer, R., 56, 66, 89
Winnefeld, Fr., 54
Wisman, H. V., 87
Wolf, E., 21, 84
Wolff, H. J., 36, 42, 59, 63, 66, 67, 68, 69, 70, 71, 72, 79, 115, 145, 152
Wright, G. H. v., 63

Zezschwitz, Fr. v., 78, 84, 92, 95, 106
Zippelius, R., 35, 83, 84, 95, 32

Sachverzeichnis

(Definitions- oder Einführungsstellen sind hervorgehoben)

Abbildung, 47
Abgrenzbarkeit von Handlungszusammenhängen, 59
Abstinenzgebot, 30
Adventist, 113, 144
Alternativlösungen, 35, 38, 41, 97, 125, 132, 141, 142, 155 f.
Amtseid, siehe Eid,
Anarchie des Gewissens, 27, 43, 97
Angestellter, 115
Anordnung, 50, 64
Anordnungsverhältnis, **54**, 55 ff., 115 ff., 140
Anstalt, 71, **72**, 152
Antinomie, siehe Paradoxie,
Antragsschule, 106
Anweisung, siehe Anordnung,
Arbeiter, 57
Arbeitsanstalt, 49, 151
Arbeitsrecht, 33
Atheismus, Atheisten, 22, 23, 118, 137
Äquivalenz, funktionale, 98
Archetypen, 21
Argumentationslast, **37 f.**, 126
Argumentationszusammenhang, siehe Begründungszusammenhang,
Arzt, 145 ff.
Aufklärung, 91, 156
Ausgangsfrage, 45
Ausnahmeregelung, 82 f.
Autorität, 21

Baupolizei, 42
Beamter, 24, 49, 55, 64, 68, 86, 87, 115 ff., 134 ff., 151
Beamteneid, siehe Eid,
Beamtenrecht, 116
Begriffsrealismus, 22, 76, 80
Begründungszusammenhang, 18, 19, 95, 125
Begründungszwang, 56, 157
Behördenbetrieb, **115**, 116
Behördenverhalten, 18, 15
Beichte, 142
Bekenntnisfreiheit, **24**, 28, 40 ff.
Bekenntnisschule, 17, 52, 75, **76**, 78, 91 f., 94 ff., 101, 105 ff., 110 ff., 136 f.

Bekennntniszugehörigkeit, 110 ff., 113
Beleidigung, 43
Berufsschule, 91
Beteiligter der Schule, **73**, 87 ff., 91, 109 f.
Bewährungsaufsicht, 153
Bewährungsaussetzung, 58
Beziehung, soziale, **50**
Biafra, 127
Bildung, 156
Bildungszweck, 66, 73
„Bravo", 89
Brauchtum, kirchliches, 90, 96, 102 f.
Bücherei, 153
Buddhismus, 23
Bundesbank, 116
Bundesgrenzschutz, 152
Bundesrechnungshof, 116
Bürgereid, siehe Eid,

Calvinismus, 92
Chef, 57
Christentum, 93, 104 f., 118
Contergan-Kind, 38
Craniotomie, 146

Definition, Wahrheit einer, 47
Deismus, 118
Dienstbefehl, siehe Anordnung,
Diensteid, siehe Eid,
Dienstvorgesetzter, 116
Diffusivität, siehe Unterordnungsverhältnis,
Direktionsverhältnis, arbeitsrechtliches, 33, 57, 60
Disjunktheit, **51**
Diskriminierung, 94
Dissident, 137
Dogmatik, dogmatisch, 17, 18, **44 ff.**, 64, 70, 71
Dresden, 127

Ehre, 43
Ehrenkompanie, 135 f.
Eid, 118 ff.
 Amtseid, 121
 Beamteneid, 118 ff., **120**
 Bürgereid, 121

Diensteid, 118
Soldateneid, 129 f.
Richtereid, 122 f.
Verfassungseid, 121
Eigentum, 43
Eingriffsverwaltung, 63
Eisenbahn, 153
Epikie, 97
Erforderlichkeit, 56, 66
Erlaubnis, 63
Erlaubnisordnung, 62, 63 ff., 67 f.
Erlaubnisvermutung, 62, 68 f.
Ermessen, 67, 153
Ersatzdienst, 116 f., 130 ff., 152
Ersatzdienstverweigerung, 19, 40, 130 ff.
Ersatzschule, 87
Erziehung, 73, 74 ff., 86, 90
Erziehungsanstalt, 49, 107 f., 151
Erziehungsanspruch, 90, 93, 94, 101 f., 103
Erziehungsberechtigter, 57, 92, 99, 101
Erziehungsmonopol des Staates, 89
Erziehungsprogramm, 90, 91, 93, 102
Erziehungstotalität, 89
Ethik, 22, 73
Existenzphilosophie, 21
Explikation, 21, 46
Exponentialfunktion, 157
Extension, 44

Familie, 33
Fegefeuer, 112
Feiertagsgebot, 37, 113 f., 134
Findungszusammenhang, 19
Forderungsrechte, 43
Formalität, siehe Gebilde, fomales,
Formelkompromiß, dilatorischer, 104 f.
forum internum, 20, 35, 132
Französische Revolution, 26, 128
Freiheit, 43
Freiwilligkeit einer Mitgliedschaft, 51, 52
Friedhof, 152 f.
Funktion der Gewissensfreiheit, siehe Gewissensfreiheit,
Fürsorgezögling, 86

Gebet, siehe auch Schulgebet, 24 f., 41, 108
Gebiet, siehe Personen-Raum-Zeit-Gebiet,
Gebilde, 50
—, formales, 51, 57, 70, 115, 117, 145, 147, 152
—, geschlossenes, 53, 57, 108, 140
—, offenes, 53
—, primäres, 53, 57, 70, 117, 145, 147

—, soziales, 45, 50, 57, 66, 70, 80, 85 f., 92, 108, 115, 117, 140, 145, 147
Gebot, 63
Geistlicher, 133
Gedankenfreiheit, 23
Gefängnis, siehe Haftanstalt,
Geistlicher, 83, 133
Gelöbnis, siehe Eid
Gemeinschaft, 21
Gemeinschaftsschule, 76, 94, 96 ff., 101 ff., 107, 110, 137
—, christliche, 76, 94, 104 ff.
—, christliche, bekenntnismäßige, 76, 103, 104, 105 f., 107, 109, 136 f.
—, christliche, bildungsmäßige, 76, 104, 105 f., 107, 110
Gemeinderat, 154
Gemeinwesen, 79, 80 ff., 89
Geschlechtsverkehr, 91
Geschlossenheit, siehe Gebilde, geschlossenes,
Gesellschaft, 78 f., 79
Gesetzesvorbehalt, 22, 29, 35 f., 41, 42
Gesetzmäßigkeit der Verwaltung, 64
Gesundheit, Recht auf, 38 f., 43, 134, 138 f.
Gesundheitskontrolle, 49, 143
Gewährleistungsschranken, 29 f.
Gewalt, 19
Gewaltverhältnis, 18
—, allgemeines, 63 ff.
—, besonderes, 63 ff., 67 ff., 70, 115, 145, 154
Gewissensbegriff, 21, 26, 42
Gewissensbindung durch kirchliche Entscheidungen, 98
Gewissensentscheidung, Richtigkeit einer, 26, 30
Gewissensfähigkeit, 30
Gewissensfreiheit, 20, 35, 41, 132
—, anarchische Interpretation der, 29, 30 f., 35, 132
—, Funktion der, 33 ff., 99, 154 f.
—, funktionale Interpretation der, 35, 36 f., 126
—, Geltendmachung zur Unzeit, 143 f.
Gewissensirrtum, 27, 31, 126
Gewissenskonflikt, 32, 38, 105, 120
Gewissenslosigkeit, 22
Gewissensmaßstab, 27, 128
Gewissensparadoxie, siehe Paradoxon des Gewissens,
Gewissensposition, formelle, 96, 98 f., 101 f., 155
—, heteronome, 98
—, kontingente, 98
—, materielle, 96, 98 f., 129
Gewissensphänomen, 22, 25, 28 ff.
Gewissenstheorie, 22, 25, 28, 32
Glaubensfreiheit, 20, 22, 28, 40 f.

Glaubenslosigkeit, 22
Gleichheitssatz, 33, 36, 40, 56, 100 f., 110, 121, 133, 142, 157
Gott, 21, 23, 26 f., 41, 75, 91, 118 f.
Gottesdienst, 24 f., 28, 40, 138, 141 f.
Grundrechtsgeltung im besonderen Gewaltverhältnis, 68 f.
Grundrechtsvereitelung, 143
Grundverhältnis, 59
Gruppenbekenntnis, **106**, 107 ff., 135 ff., 138
Güterabwägung, 39
Gymnasium, 71, 91, 105, 151

Haftanstalt, 18, 45, 49, 66, 68, 107 f., 140 ff., 151
Hand- und Spanndienst, 152
Handlungssystem, **58**, 59 ff., 66, 79, 85, 115
Handlungszusammenhang, 58
Häresieprozeß, 23
Hausandacht, 28
Hausangestellte, 57
Hausfrau, 57
Heilbehandlungsgegner, siehe Operationsverweigerung,
Herrschaftsstruktur, 25
Heterogenität, siehe Kontinuum, heterogenes,
Hierarchie, **81**, 82, 116
Hiroshima, 127
Hitler-Jugend, 90
Hochschule, siehe Universität,
Hochschullehrer, 117 f.
Hölle, 112
Hypothesenbelastetheit, 53

Ideologie, ideologisch, 18, 91
Idealtypus, 47
Ignorantio elenchi, 119
Impfgegner, 39, 138 f., 144
Imputationstheorie, 25
Indifferentismus, **83**, 94
Individualität, 156
Innen-Außen-Schema, 49, 51, 58 ff.
Inquisitionsprozeß, siehe Häresieprozeß,
Intension, **44**
Interiorisierung, 21
Inventarisierung, 61 ff., 71, 116
Irrtum, siehe Gewissensirrtum,

Jericho, 128
Jude, jüdisch, 30, 76, 113, 118, 142, 143 f.
Jüdisches Gesetz, 30

Kabinett, 154
„Kalkumer Empfehlungen", 100
Kanonisches Recht, 23, 83, 95, 96 ff., 102, 112 f., 137, 146, 149 f.

Katholische Aktion, 150 f.
Katholizismus, Katholik, 75, 92, 97, 99 ff.
Kind, 57
Kindermädchen, 21
Kirche, siehe Religionsgesellschaft
Kirchenleitung, **81**, 83
Kirchenraison, 100
Klasse, siehe Schulklasse,
Kombination von Schulformen, 93, **94**, 95 ff.
Kommunikation, 49, 52 f., 140
Kommunikationsabbruch, 97 f.
Kommunismus, 24, 75
Kompetenz, 69
Kompetenznorm, 63
Komplementarität von Verhalten, 58
Konditionalprogrammierung, 55 f., 65
Konferenz, 51
Konfessionsschule, siehe Bekenntnisschule,
Konfliktsituation, 22, 32
Konkordat, Bayerisches, 99
Kontinuum, heterogens, 47, 48, 75
Körperschaft, 71
Krankenanstalt, 86 f., 145 ff., 151
Kriegsdienstverweigerung, 17, 31, 41, 124 ff.
Kriegsdienstverweigerungsrecht, **41**, 124 ff.
„Kruzifix-Beschluß", 149
Kultfreiheit, siehe Religionsausübungsfreiheit,
Kultverweigerungsrecht, 24, 96, 135 f., 149
Kurban-Beyram, 113

Lateinschule, 87
Latenz von Funktionen, 66, 120
Leben, Recht auf, 38 f., 43, 134, 141
Lebensmittelkontrolle, 153
Lehrer, 50 ff., 85, 136 f.
Leitgebilde, **47**, 48 ff., 69
Leninismus, siehe Kommunismus,
Lücke im Gesetz, 61
Luthertum, 92
„Lütticher Kindtötungsfall", 38

Macht, 19, 52
Magie, 120
Marxismus, siehe Kommunismus,
Maßstab, siehe Gewissensmaßstab,
Masturbation, 146
Meinungsfreiheit, 24
Minderheitenschüler, 92, 95, 99
Minister, 116
Mitgliedschaft, 51 f.
— auf absoluter Zwangsbasis, 52
— auf relativer Zwangsbasis, 52
—, juristische, 24, **71**

Sachverzeichnis

—, soziale, **51**
Mittel, 63
Mittel-Zweck-Schema, siehe Zweck-Mittel-Schema,
Mohammedaner, 113, 142 ff.
Moral, Moralregel, 31, **73,** 88 ff., 125, 128 f., 158
Moralordnung, siehe Sittengesetz,
Moralordnung, Korrumpierung der, 127
Moraltheologie, 91
Museum, 49, 153
Mythus, **199,** 120

Naturrecht, 26, 61, 91
Neutralität, absolute, 94
—, relative, **90, 91** f., 93 ff., 99, 102 f.
— von Gewissenstheorien, 26, 27 f.
— der Schule, 91
— des Staates, 33, 88 ff., 93, 107 ff.
Nichtigkeit, 37
Nihilismus, Nihilist, 23
Norm, 21, 56
—, rechtliche, 23 f., 56
—, soziale, 56, **120**
Normsprache, 45
Notar, 116

Obrigkeitsstaat, 19, 69
Offenheit, siehe Gebilde,
Offenheit einer Schulform, **103**
Öffentlichkeit, 84
Öffentlicher Dienst, 115
Operationsverweigerung, 39, 138 f., 144, 147
Ordinarius, siehe Hochschullehrer,
Organ, **69,** 70, 81 ff., 116 f.
Organwalter, **70,** 82 f., 85, 109

Paradoxie, 34
Paradoxon des Gewissens, **27,** 28, 34, 42
Parität, 33
Parlament, 154
Parlamentarischer Rat, 17, 36, 42, 131
Partialerziehung, **90,** 94
Patient, 145 ff.
Pazifismus, 124 ff.
Peloponnesischer Krieg, 26
Permanenzprinzip, **48**
Personen-Raum-Zeit-Gebiet, 61 f., 79
Pflichtschule, 77, 105 f., 109, 111
Pionierverkündiger, 131 ff.
Polis, 26
Polizeiaufsicht, 49, 58, 153
Polizist, 107, 135 f.
Positivismus, 61, 75
Post, 49, 72, 153
Präferenzskala, 89, 95
Preußen, 113 f.

Primärgruppe, siehe Gebilde, primäres
Privatschule, 100, 102 f.
Protestantismus, 92
Prozeß, stochastischer, 55 f., 116
Prozession, 42, 107, 135 f.

Rationalismus, 88, 91
Rationalität, 74 f., 89, 98, 126
Rechte Dritter, 38, 41 ff., 138 f.
Rechtsgut der Gewissensfreiheit, 34
Rechtsnorm, siehe Norm,
Rechtsordnung, 61, 98
Rechtspositivismus, siehe Positivismus,
Rechtssatz, 64
Rechtsstaat, 18 f., 140 f., 143
Rechtstheorie, rechtstheoretisch, 23, 61 f., 63 ff., 70
Rechtsverhältnis, 70 f.
Reconquista, 127
Reformation, 26
Regelschule, 106
Religionsausübungsfreiheit, **24,** 40 ff.
Religionsfreiheit, 20, 22 ff.
Religionsgesellschaft, **80,** 81 ff., 84, 137 f.
Religionslehrer, 83
Religionslosigkeit, 22, 77
Religionsunterricht, 76
Rentenkonkubinat, 37
Richter, 117 f.
Richtigkeit von Gewissensentscheidungen, siehe Gewissen,
Rolle, soziale, 51
Rotterdam, 127

Sakrament, 120
Sanhedrium, 26
Sanktion, informelle, 57
Schachtelverhältnis, 59 f.
Schrankenklausel, siehe Gesetzesvorbehalt,
Schule, 45, 48 f., 66, 69, 72, **73,** 85, 87, 92, 152
—, katholische, **99,** 100
—, kirchliche, 99
—, öffentliche, 72, 74
Schulart, **74,** 77
Schulaufsicht, 87
Schüler, 50 ff., 58, 66, 86, 107 ff., 113
Schulform, 74, 77, 93 ff., 103, 106
Schulgebet, 54, 102, 105, 106 ff.
Schulideal, katholisches, 100
Schulklasse, 53 f.
—, geleitete, **54,** 108 ff.
—, ungeleitete, **108**
Schulmonopol, 89, 100
Schulpflicht, 52, 113 f.
Schulspezies, **77,** 111 f.
Schulträger, 87, 100

Schultyp, **74**
Schulwesen, 29
Schulzwang, 89
Schwurpflichtiger, **120**
„Sechstagekrieg", 127
Seelsorge, 141 f.
Sekretärin, 57
Sekte, 80, 98, 101, 142 f.
Selbstdarstellung, 32, 158
Semantik, 65, 75
Seuchenpolizei, 42
Simultanschule, siehe Gemeinschaftsschule,
Sinnkriterium, 75 f.
Sittengesetz, Sittenordnung, Sittlichkeit, 20, 30 f., 34, 42
Skeptiker, Skeptizismus, 22 f.
Sklave, 57
„Söhne der Freiheit", 38
Soldat, 19, 30, 49, 66, 86 f., 116 f., 123 ff., 138 f., 151
Sonderordnung, 63, **70**, 108, 116, 140
Sonderverhältnis, **70**, 145
Sonntagspflicht, siehe Feiertagsgebot,
Sophist, 26
Sozialhilfe, 39
Sozialpsychologie, 21, 32
Sozialversicherungsträger, 72, 154
Springer-Konzern, 89
Staat, 70, **78**, 85 f., 91 f., 115
Standpunkt, weltanschaulicher, **24**, 41, 75
Status, 154
Sterilisation, 146
Steueraufsicht, 46, 153
Steuerschuld, 153
Steuerverweigerung, 38
Stimme Gottes, 21
Strafanstalt, siehe Haftanstalt,
Strafgefangener, 58, 86, 140 ff.
Strafhaft, **140**
Strafzweck, 66, 140
Struktur, 18, 48, **50**
Student, 152
Subvention, 153
Sünde, 21
System, analytisches, 50
—, funktionales, 78 f., 85
—, konkretes, 50
—, soziales, 59 f., 115
Systemforschung, 59, 65 f., 69, 78, 115

Talmud, 30
Taufe, 110 ff., 115
Teilnahme an einem Gruppenbekenntnis, **107**, 109 f., 135 f., 138
Toleranz, 18, **83**, 85, 103, 105
Toleranzgebot, 94, 102
Topos, 22, 28, 32, 33, 49, 81, 88, 103, 155, 158

Totenfeier, 136
Tötung auf Verlangen, 38
Transzendenz, 23
Trennung von Staat und Kirche, 33, 77 ff., 81, **82**, 83 ff., **84**, 85, 93
Treue, 119
Tubenligatur, 146
„Twen", 89
Typentheorie, 79 f.

Umgangssprache, 32 f.
Unendlichkeit, praktische, 62
Unentscheidbarkeitstheorem, 61
Universität, 45, 87, 108, 152
Untergebener, 19, **55**, 64, 67
Unterlassungsanspruch, 107 f., 141
Unterordnungsverhältnis, 18, 55 ff., 115, 117
Unterordnungsverhältnis, diffuses, **56**, 57, 63 ff., 70, 86, 115 ff., 140, 145, 154, 157
Unterricht, 53, **73**, 74 ff., 92

Variable, 45, 128
Verbalfassade, 18
Verbot, **63**
Verbotsordnung, 18, **62**, 63 ff., 67 f.
Verbotsvermutung, **62**, 68 f.
Verfassungseid, siehe Eid,
Verhalten, 23
Verhaltenskomplementarität, 27, 67
Verhaltensmuster, 73, 88 ff.
Verhältnismäßigkeit, 56, 66, 157
Verkündigung in Schulen, 102 f.
Vermutung, 61 ff., **62**, 126, 136
Verschweigungsrecht, **23**
Verwaltung, gebundene, 62
Vietnam-Konflikt, 127
Volkshochschule, 42
Vollständigkeit einer Rechtsordnung, 61
Vorarbeiter, 57
Voraussetzung, Voraussetzungslosigkeit, 74 f., 88 f.
Vorgesetzter, **55**, 57, 64, 66 ff., 116 f.
Vorstaatlichkeit, 91

„Wachtturmgesellschaft", siehe Zeugen Jehovas,
Wallfahrt, 139
Wehrersatzabgabe, 133
Wehrpflicht, 123 ff., 130
Weltanschauung, 21 f., 24, 61, 88, 92, 101, 103, 151
Weltanschauungscharakter einer Schule, **74**, 77, 88 ff., 91 ff.
Weltanschauungsgesellschaft, 143
Weltanschauungsschule, 76, **77**, 94, 106
Weltkrieg, 127

Wert, **19**, 21 f., 67, 94 f.
Wertbereich, logischer, 45
Werterfahrung, 21
Wertordnung des Grundgesetzes, 34
Wertphilosophie, 20 f., 67
Wertprämisse, 18 f.
Westfälischer Friede, 87
Wissenschaftstheorie, wissenschaftstheoretisch, 19
Wohl des Kindes, 101, 114
Worthülse, 90

Zeit, 65 ff., 116
Zeitgeist, 18
Zeuge, 147 ff.
„Zeuge Jehovas", 19, 40, 42 f., 101, 131 ff., 143
Zitiergebot, 37
Zivilschutzkorps, 152
Zuständigkeit, siehe Kompetenz,
Zwangsmitgliedschaft, **52**, 71
Zweck, 56, 63, 65, 67, 140 f.
Zweck-Mittel-Schema, 66 f.
Zweckprogrammierung, 56 f., 65 ff.

Printed by Libri Plureos GmbH
in Hamburg, Germany